U0941040

盘点年度资讯 · 预测时代前程

YELLOW BOOK

权威 · 前沿 · 原创

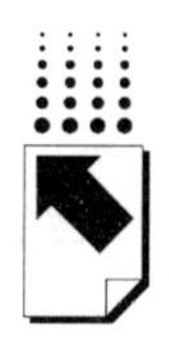

世界经济黄皮书
YELLOW BOOK
OF WORLD ECONOMY

2009年
世界经济形势分析与预测

WORLD ECONOMY ANALYSIS AND FORECAST (2009)

主编／王洛林　李向阳
副主编／王立强

社会科学文献出版社
SSAP
SOCIAL SCIENCES ACADEMIC PRESS (CHINA)

图书在版编目（CIP）数据

2009年世界经济形势分析与预测/王洛林，李向阳主编. -北京：社会科学文献出版社，2008.12
（世界经济黄皮书）
ISBN 978-7-5097-0513-1

Ⅰ.2… Ⅱ.①王…②李… Ⅲ.①世界经济-分析-2008 ②世界经济-经济预测-2009 Ⅳ.F113.4

中国版本图书馆CIP数据核字（2008）第197121号

法律声明

世界经济黄皮书编委会

主　　编　王洛林　李向阳

副 主 编　王立强

编 审 组　王洛林　余永定　李向阳　王立强　高海红
孙　杰　宋　泓　何　帆　王　新　郗艳菊

主要编撰者简介

王洛林 男，1938年6月出生，湖北武昌人，1960年毕业于北京大学经济系，曾任厦门大学副校长、中国社会科学院常务副院长；现任中国社会科学院特邀顾问，中国社会科学院研究生院教授、博士生导师。研究领域：国际贸易、国际投资、世界经济、宏观经济和金融等。代表性作品有：《世界经济形势分析与预测》（主编）、《关于国有外贸企业转换经营机制的几个问题》（1995）、《日元贬值及其对亚洲经济的影响》（1999）、《日本的通货紧缩性经济危机》（2000）、《日本金融考察报告》（2001）、《未来50年——中国西部大开发战略》（2002）、《后发地区的发展路径选择》（2002）、《中国西部大开发政策》（2003）等。

李向阳 男，1962年出生，河南内黄人，经济学博士，中国社会科学院世界经济与政治研究所副所长、研究员、博士生导师，中国世界经济学会副会长、全国美国经济学会副会长。曾先后就读于中央财政金融学院、中国社会科学院研究生院。主要研究领域包括国际经济学、企业理论等。著有《市场缺陷与政府干预》（1992）、《企业信誉、企业行为与市场机制》（1998）等。

王立强 男，云南昆明人，博士，中国社会科学院科研局国际研究学部工作室主任，研究员，主要研究方向为行政学与公共行政比较、欧盟法等。著有《美元霸权的因果剖析》等。

中文摘要

我们正在面对20世纪30年代以来最严重的国际金融危机。它的影响正在从发达国家蔓延到发展中国家，从金融市场蔓延到实体经济。2009年发达国家经济将会整体陷入衰退，发展中国家经济也将大幅减速。但国际金融危机会持续多久，美元汇率能否持续走强，全球经济走向通货紧缩还是通货膨胀，国际油价是否会继续滑落等诸多问题都还存在不确定性。更重要的是，中长期内全球经济增长的方式将发生什么变化，经济全球化的步伐是否会因此而停顿，新一轮经济周期的带头产业会是什么，我们必须给予高度关注。

Abstract

We have fallen into the worst international financial crisis since 1930s. It has begun to spread from developed countries to developing countries, from the financial market to the real economy. Advanced economies are projected to enter a major downturn, developing economies are projected to slow substantially in 2009. However, it is uncertain about the trends of the international financial crisis, of the U. S. dollar appreciation, of the deflation (or inflation), and of the oil price, et al. More importantly, we have to pay close attention to its long-term implications, such as the new directions in the growth pattern of world economy, in the economic globalization, and in the driving industries of next cycle.

目 录

总 论

国别与地区篇

专 题 篇

热　点　篇

世界经济统计资料

CONTENTS

Overview

Country / Region study

Special Reports

Hot Topic

Statistics of the World Economy

总　　论

2008～2009年世界经济形势分析与展望

李向阳*

摘　要：国际金融危机开始从金融领域蔓延到实体经济，2008年发达国家经济已经陷入衰退，全球经济增长率大幅放慢。鉴于主要发达国家房地产市场尚在调整之中，国际金融危机向发展中国家蔓延，2009年全球经济增长率会进一步降低。但伴随房地产市场走稳，油价下跌，通货膨胀压力减轻，主要大国采取政府干预措施以及经济政策的国际协调，全球经济发生大萧条的可能性不大。

关键词：次贷危机　国际金融危机　大萧条

2008年的世界经济走势总体上与我们上年度的预测是吻合的。在上年度的报告中，我们指出：

* 李向阳，经济学博士，中国社会科学院世界经济与政治研究所副所长，主要研究领域为国际经济学、企业理论等。

——全球经济将会继续减速，但不会出现经济衰退。

——美国房地产市场及次级贷危机还在发展之中，对实物经济的负面延迟效应将会显现出来。美国经济受到的冲击将会比预期的要大。如果房地产市场下跌与次级贷危机诱发全球性的金融危机，美国经济发生衰退的风险将会加大。

——综合供需两方面的因素，在国际游资找不到合适的投机领域之前，国际油价短期内仍然有可能创出新高；但短期需求面并不支持油价的继续走高。鉴于2008 年全球经济减速的可能性非常大，油价回落将是不可避免的。

但是，由于我们对次贷危机的严重程度估计不足，对发达国家经济走势的同步性判断存在偏差（认为欧元区与日本不会随美国经济陷入衰退）；同时，也没有能预测到美元汇率从 2008 年下半年开始的走强趋势。①

依照前三个季度的数据，2008 年全球经济走势呈现出下述特征：

——次贷危机的深度和广度都在进一步发展，已经演变为一场全球性金融危机。次贷危机经历了货币市场的流动性短缺，次级债所引发的“两房”危机，金融衍生产品导致的投资银行和保险机构破产，股票市场暴跌，能源与大宗商品价格大幅回落，信贷紧缩等阶段。受此影响，越来越多的国家开始被卷入到金融危机之中。为此，发达国家政府采取了前所未有的全面市场干预措施。

——美国、日本和欧元区经济都出现了衰退，世界经济增长率大幅放慢。国际金融危机对发达国家实体经济的影响已经从信贷、投资领域扩展到私人消费领域。

——国际石油价格和大宗商品价格在创出历史高点之后已经出现了大幅回落，但通货膨胀仍在高位运行。

——美元汇率在持续贬值后呈现出止跌回升的迹象。世界主要货币之间的汇率波动巨大。

针对 2009 年全球经济形势，我们的判断如下：

——国际金融危机还将呈现出继续蔓延和恶化的趋势。发达国家实体经济衰退可能会加剧金融市场的动荡。但在 2009 年下半年，美国房地产市场会趋于走稳；发达国家政府干预措施和大国之间经济政策协调机制的作用会逐步显现出来，此次国际金融危机演变为类似 20 世纪 30 年代大萧条的可能性不大。

① 王洛林、李向阳主编《2008 年世界经济形势分析与预测》，社会科学文献出版社，2007。

——主要发达国家实体经济衰退会进一步降低全球经济的增长速度。受国际金融危机的冲击，发展中国家，尤其是新兴市场经济体增速会明显放慢，但会维持在较高的水平。据国际货币基金组织的预测，2008年全球经济增长率维持在3.7%，2009年会进一步放慢到2.2%。① 这一速度不仅远低于过去10年5%左右的平均增长速度，而且也正在滑向全球经济衰退的边缘。②

——国际石油价格趋于小幅下降，但仍会维持在较高水平上。一方面发达国家经济衰退和发展中国家经济减速会降低对石油的需求；另一方面，石油输出国减产的动力很足。

——全球经济进一步减速会降低全球通货膨胀的短期压力，甚至发达国家会出现通货紧缩。但中期内，伴随金融市场走稳，通货膨胀仍然是全球经济的一大隐患。

——主要货币之间的汇率波动加剧，为吸引资本流入，缓解金融危机，美国政府可能会推行强势美元政策。

一　全球主要经济体的增长前景

在已经公布的前三个季度数据中，2008年第一季度和第二季度美国经济保持了正增长，从第三季度开始出现了下降（见表1）。2007年我们曾经预期美国经济会在更早时期出现负增长。③ 这主要是由于美国政府实施了减税政策，次贷危机对私人消费的负面影响被推迟了。美国家庭实际可支配收入在2008年上半年一度上升了5个百分点。④ 因而，私人消费支出成为前两个季度经济增长的主要拉动因素，对经济增长的贡献度分别为0.6个和0.9个百分点。进入第三季度之后，私人消费支出对经济增长的贡献度下降为-2.3个百分点。拉动经济增长的另外一个因素是净出口。受美元汇率贬值的影响，美国贸易收支状况改善，对

① IMF，*World Economic Outlook：Update*，Nov. 2008.

② 考虑到人口自然增长因素，如果全球经济的增长速度低于2.5%，即被认为进入经济衰退阶段。但国际货币基金组织通常还会考虑其他因素，因而并未宣布2009年全球经济即将进入衰退。许多国际机构认为，2009年进入衰退是不可避免的。参见Economist，*World Economy：Bad，or Worse*，Oct. 9th 2008。

③ 王洛林、李向阳主编《2008年世界经济形势分析与预测》，社会科学文献出版社，2007。

④ Federal Reserve Bank of New York，*National Economic Indicator*，Nov. 22，2008.

经济增长的贡献度分别为0.8个、2.9个和1.1个百分点。政府支出作为拉动经济增长的因素表现得越来越明显。2008年前三个季度的贡献度分别为0.4个、0.8个和1.2个百分点。这是和美国政府扩大财政赤字，救助金融机构相吻合的。相比之下，投资是受次贷危机冲击最早和最直接的领域，因而对经济增长的贡献度一直为负数，前三个季度分别为-0.9个、-1.7个和-0.3个百分点。①

表1 主要发达经济体经济增长前景

单位：%

主要发达经济体		美国	日本	欧元区
2007年实际增长率		2.0	2.1	2.6
2008年实际增长率	第一季度	0.9	2.5	2.7
	第二季度	2.8	-3.7	-0.7
	第三季度	-0.3	-0.4	-0.8
IMF的预测结果	2008年	1.4	0.5	1.2
	2009年	-0.7	-0.2	-0.5
OECD的预测结果	2008年	1.4	0.5	1.1
	2009年	-0.9	-0.1	-0.5
英国《经济学家》的预测结果	2008年	1.4	0.5	1.1
	2009年	-0.2	-0.1	-0.1

资料来源：IMF, *World Economic Outlook: Update*, November 2008.
OECD, *Economic Projections for the US, Japan & Euro Area*, Nov. 2008.
Economist, *Economic Forecasts*, Nov, 2008. From The Economist Print edition.
Federal Reserve Bank of New York, *Global Economic Indicator*, Nov. 23, 2008.

2009年美国经济的前景不容乐观。其一，美国房地产市场继续呈现下滑趋势，证券市场加速下跌，道琼斯指数过去一年间已经从14000点回落到8000点以下。多年来支撑消费增长的正财富效应已经转化为负财富效应。其二，次贷危机已经从早期阶段货币市场的流动性短缺进入到信贷紧缩阶段（基于对实体经济衰退的担心），投资萎缩仍将会持续下去。其三，从2008年下半年开始，多年疲软的美元汇率呈现出连续走强趋势，这将会阻止美国经常账户的改善，降低净出口对增长的贡献度。因而，美国经济从2008年下半年到2009年将进入经济衰退期。

① Federal Reserve Bank of New York, *Global Economic Indicator*, Nov. 23, 2008.

日本经济已经连续两个季度出现了负增长（见表1）。日本中央银行宣称，其经济已经陷入衰退。导致日本经济下降的主要原因是外部世界经济状况的恶化。受次贷危机影响，消费者信心降低，截止到9月份失业率已经上升到4%。私人消费支出对经济增长的贡献度从第一季度的2.8个百分点变为第二季度的-2.0个百分点，第三季度为1.1个百分点。投资对经济增长的贡献连续三个季度为负。多年来，出口导向型模式一直是支撑经济增长的最主要因素。但受外部需求下降和日元汇率升值的影响，① 日本的净出口对经济增长的贡献出现了连续两个季度（第二、三季度）为负数的情况（均为-0.4个百分点），这是多年来罕见的现象。但是，和美国经济相比，在这次经济周期中，日本金融体系相对比较健康，② 卷入次贷危机的程度较低；不存在房地产泡沫的风险；通货膨胀压力较小。因而，我们认为，日本经济的前景要好于美国，即使衰退，程度也比较轻。

欧元区经济从第二季度开始也出现了连续两个季度的负增长（见表1）。导致经济下降的主要因素是受美国次贷危机影响，消费和投资下降。欧元区金融体系卷入次贷危机的程度较深；部分国家存在严重的房地产泡沫，并已经出现了崩溃（如西班牙的房地产泡沫崩溃成为欧元区第二季度内需下降的重要因素）；失业率从年初的7.2%上升到9月份的7.5%；消费者信心指数从2007年年中的-1%下降到2008年9月份的-18.9%，同期投资者信心指数从1.6%下降到-0.8%。所幸的是，欧元区的全功能银行体制对次贷危机的抵御能力要高于美国；主要大国（德国）没有房地产泡沫风险；欧元对美元汇率的长期升值趋势已经开始逆转。在未来推行刺激经济政策方面，欧元区经济可以说是喜忧参半。一方面欧元区降息空间要远大于美国和日本；另一方面，受欧盟“稳定与增长公约”的限制，欧元区国家难以自主地采取扩张性财政政策，否则就会超越公约所设定的3%赤字的上限。目前，欧盟内部正在讨论如何协调各国立场，退出同等力度的

① 日元实际汇率指数从2007年中期的65上升到2008年10月的79.2。8月份日本出现了多年来少见的巨额贸易逆差，达到3245亿日元。日元汇率升值源于国际金融市场上的日元套利交易，即借入低利率的日元投资于其他高收益的国际金融资产，从而形成了对日元的需求。

② 近期日本银行积极活跃在美国金融市场进行购并就是证明。日本银行未来面临的风险来自证券市场的暴跌，原因是日本金融机构与企业的交叉持股。企业股价下跌会危及银行资产。为此，日本政府正在改变按照市场价值计算资产的会计准则。

财政刺激措施。综合上述因素，欧元区这一轮经济衰退的程度也会低于美国。

次贷危机爆发之初，发展中国家与发达国家的“脱钩论”曾一度流行，即发展中国家能够免受次贷危机冲击，保持独立的增长势头。事实证明，在全球金融一体化的环境下，没有任何一国能够独善其身。美国次贷危机已经广泛波及新兴市场经济体、转轨经济和广大发展中国家的金融市场。从俄罗斯到匈牙利、乌克兰，从韩国、巴西到中国、印度，金融体系和实体经济都已经受到了严重的冲击。伴随发达国家的经济衰退，发展中国家经济减速是不可避免的结果。另一方面，由于绝大多数发展中国家，尤其是新兴市场经济体的金融体系没有直接卷入到次贷危机之中，他们受到的冲击更多的是外生的。此外，长期以来多数发展中国家面临的高油价压力已经趋缓，其未来的经济增长前景要远远好于发达国家。从表 2 可以看出，新兴市场经济体的增速尽管会有所放慢，但仍将保持较高的速度。避免全球经济衰退的风险将寄希望于发展中国家的经济增长，这是多年来少有的现象。

表 2　发展中大国经济的增长前景

单位：%

发展中大国	2007 年实际增长率	IMF 预测结果		《经济学家》预测结果	
		2008 年	2009 年	2008 年	2009 年
中　国	11.9	9.7	8.5	9.6	8.0
印　度	9.3	7.8	6.3	6.3	6.1
巴　西	5.4	5.2	3.0	5.3	2.7
南　非	5.1	3.8	3.3	3.5	2.5
俄罗斯	8.1	6.8	3.5	7.5	6.8

资料来源：IMF, *World Economic Outlook*: *Update*, November 2008.

IMF, *World Economic Outlook* : *Financial Stress*, *Downturns*, *and Recoveries*, October 2008.

Economist, *Output*, *Prices and Jobs*, Nov. 20, 2008. From The Economist Print edition.

二　全球经济面临的主要风险

2009 年全球经济将面临前所未有的不确定性。各方对全球金融危机自身走势和影响的看法存在严重的分歧。我们的基本判断是，基于政府干预经济的能力提高，大国经济政策的协调性增强，发展中国家整体经济增长，这次全球金融危

机不会演变为20世纪30年代的大萧条。

第一，次贷危机存在向纵深发展的可能。从房地产价格下跌到金融危机之间存在很长的链条：房价下跌→次级贷款违约率（或丧失抵押品赎回权率）上升（风险转移到发放贷款的金融机构）→抵押债券风险提高（风险转移到次级抵押贷款RMBS持有者）→证券市场的信心下降使担保债务凭证（CDO）风险提高（风险转移到对冲基金、保险机构等）→违约风险加大了信用违约掉期（CDS）的风险（风险转移到提供保险的机构）。考虑到金融衍生产品的巨大杠杆效应①，次贷危机链条的不同环节对整个金融体系的危害程度呈现为几何级数。目前，次贷危机尚未全面扩展到信用违约掉期领域。其发展前景一方面将取决于政府干预措施能否遏制金融市场的信心危机，另一方面将取决于能否遏制房地产价格的继续下跌。此外，货币市场的流动性短缺、信贷市场的紧缩以及股票市场的暴跌还可能进一步威胁到企业和个人之间的债务链稳定。我们认为，从调整的时期（美国始于2006年年初）和幅度来看，美国房地产市场会在2009年下半年进入稳定状态。进而，金融市场会趋于稳定。

第二，发达国家经济衰退可能会进一步引发金融市场动荡。次贷危机的下一阶段将给实体经济带来衰退。除了信贷紧缩，消费者来自资产和股票的负财富效应会限制其负债消费的能力。长期以来，美国经济增长的一个主要推动力就是居民户可以依靠房价的升值支撑消费。金融危机打破了居民户的原有的资产负债结构，偿还债务的唯一出路是提高储蓄率。经济衰退和失业率的提高会降低消费者的收入预期，从而也会降低消费。消费需求降低，企业收益必然会下降。这可能会引发证券市场新一轮的恐慌，投资者对金融机构的担心扩展到对所有上市公司的担心。

第三，国际资本流动的方向存在不确定性。流动性短缺是金融危机的一个必然结果。这就是凯恩斯所强调的“流动性陷阱”现象。为缓解金融市场的流动性短缺，美欧承诺要注入数万亿美元的流动性。不论是通过政府发债，还是企业为缓解融资压力主动发行债务都需要资本回流到发达国家市场。然而，发达国家

① 例如，很多投资银行的杠杆水平都在20～30倍；两房的杠杆水平甚至超过了60倍，2007年底其核心资本仅为832亿美元，但其债务和担保总额却高达5.2万亿美元。美国信用违约掉期高达62万亿美元，超过了它所代表的债券和贷款总额。金融机构一旦出现违约亏损，其收缩的规模同样也是巨大的。金融危机所造成的这种现象被称之为“去杠杆化”（deleveraging）。

的金融危机和经济衰退（相对于新兴市场经济体的较高速增长）又会制约国际资本流入。在发达国家之间，金融危机和经济衰退的程度差异也会改变国际资本流动的方向。目前，因欧洲和日本率先进入衰退，国际资本有向美国流入的趋势。伴随美国经济进入衰退，国际资本流动的方向还是一个未知数。对美国而言，在本国经济恶化的情况下，只有其他国家的经济状况更坏才能吸引到足够的资本流入。近来，某些美国智囊机构已经提出通过发动战争来摆脱金融危机，其目的也是为国际资本流入创造条件。

第四，国际石油价格下跌，但全球经济仍然处于高油价时代。截止到2008年7月份的国际油价大幅上涨已经证明是国际投机资本炒作的结果。投资者对经济衰退的担忧最终使油价大幅回落，国际油价已经从最高点回落了60%以上，由此也引发了欧佩克减产的决定。石油消费国与石油输出国正在进入新一轮的价格博弈阶段。对消费国来说，油价下跌有助于降低经济衰退的程度。油价下跌将降低通货膨胀风险，为今后一个时期采取宽松的货币政策创造条件。对石油输出国而言，他们不会轻易放弃60～80美元的心理承受价。事实上，在2007年的欧佩克峰会上，其成员就已经提出了“石油供给安全”的担忧，这是欧佩克以往的历史上所没有过的。在欧佩克内部，反美的势力趋于强大；作为非欧佩克成员的主要石油输出国，俄罗斯与西方的政治蜜月期已经结束。这两股势力在维持油价上的合作立场越来越明显。因此，我们认为，尽管短期内对石油的需求客观上在降低，但国际油价仍将会维持在相对高的水平，期望回归到这一轮周期的起点是不现实的。

第五，短期通货膨胀压力降低，甚至发达国家有可能发生通货紧缩的风险。国际油价和大宗商品价格下跌有利于降低全球通货膨胀压力；发达国家经济衰退会进一步减少需求，遏制通货膨胀。2009年全球通货膨胀率会大幅下降。据国际货币基金组织的预测，发达国家的通货膨胀率会从2008年的3.6%下降到2009年的1.4%，发展中国家的通货膨胀率会从9.2%下降到7.1%。[①] 日本在20世纪80年代末泡沫经济崩溃后曾陷入多年的通货紧缩。2001～2002年IT泡沫崩溃后发达国家也曾一度担心通货紧缩。如果发达国家实体经济复苏缓慢，居民、企业和金融机构调整资产负债的过程延长，金融机构惜贷倾向严重，通货紧缩风

① IMF, *World Economic Outlook: Update*, November 2008.

险就有可能发生。

第六，全球贸易保护主义有可能加剧。金融危机是对多年来全球经济失衡的一次强制性的调整。发达国家摆脱金融危机将是需求减少、储蓄率提高的一个过程。同时，在经济衰退阶段，失业率上升，发达国家国内的贸易保护主义势力必然会抬头。国际货币基金组织预测，世界贸易量增长率会从2008年的4.6%进一步下降到2009年的2.1%。这将低于全球经济增长的速度，严重偏离了全球经济发展的一个基本态势：贸易增长速度高于经济增长速度。美国大选中民主党的上台，贸易保护主义的倾向会更加突出。

三 国际金融危机的中长期影响

此次国际金融危机是20世纪30年代大危机以来最严重的一次。从根本上来说，这是多年来虚拟经济脱离实体经济过度膨胀的结果。发达国家的经济结构调整导致实体经济向发展中国家转移，形成了发展中国家从事实体经济活动，发达国家从事虚拟经济（尤其是金融业）活动的分工和交换格局。而在发达国家内部，金融业的高收益和放松管制促使金融业过度发展，为负债消费模式奠定了基础。这种模式本身不具有可持续性，房地产市场泡沫的崩溃只是整个发展链条断裂的一个导火线。因而，这次国际金融危机的调整过程及其影响将会是深远的。

第一，美国及其他发达国家的负债消费模式将会进行调整。多年来，美国的负债消费模式得益于两个主要因素。一是低利率。金融市场的放松管制使得风险被严重的低估（underpriced），风险分散化被人们误以为是风险的消除。风险低估成为过去多年来长期利率维持在低位的主要因素，进而支持了美国负债消费。这种集聚的风险伴随次贷危机而全面释放。目前，各国都充分意识到，未来加强对金融的监管是必不可少的。实施必要的监管会推动金融风险定价回归到其正常水平，融资成本提高。支撑负债消费发展的第二个因素是美元的霸权。国际金融危机爆发严重挫伤了人们对美元的信心，要求改变美元货币体系的呼声越来越高。尽管短期内尚无一种货币能够取代美元的世界货币单位，但美元还能否回到危机前的地位已成为一个未知数。此外，居民户、企业和金融机构的资产负债结构要恢复到正常水平不是一朝一夕所能完成的。这些都将促使负债消费模式的调整，减少消费，增加储蓄。这将对全球经济增长的方式和出口导向型发展模式产生重大冲击。

第二，全球通货膨胀存在死灰复燃的可能性。经济萧条阶段的流动性短缺是市场缺乏信心的结果。短期内金融机构的惜贷倾向有可能会引发通货紧缩。但是，我们认为中期内通货膨胀风险会加大。为遏制金融危机，各国注入了大量流动性。其中包括连续大幅降息，美国联邦基金利率已经降到了1%，未来甚至有降到零的可能性；各国中央银行通过向金融市场直接注入大量资金，以缓解流动性短缺；政府发行债务，提高赤字水平救助金融机构。这些为将来的通货膨胀埋下了隐患。一旦金融市场趋于稳定，流动性泛滥将会再次出现。

第三，美元汇率有可能再次贬值。在2008年之前的美元贬值是和美国的经常收支账户逆差过大联系在一起的。美国政府对美元贬值的“善意忽视”反映了它是符合美国根本利益的。从2008年下半年开始，美元汇率走强一方面反映了美国以外国家经济状况的恶化，另一方面客观上有利于吸引国际资本流入美国。现阶段对美国而言，资本持续流入是摆脱次贷危机的根本出路。当美国金融市场趋于稳定，经济进入复苏阶段以后，美国所需要的将是美元贬值以振兴经济。另外，为抑制次贷危机，美国政府的财政赤字大幅增加。解决财政赤字无外乎两条出路：一是增税，二是通货膨胀。在经济的复苏阶段，面对消费下降，增税的可能性几乎为零。而通货膨胀既有利于解决财政赤字问题，又有利于转嫁金融风险。当市场对此形成普遍预期时，美元将不可避免地会贬值。

第四，经济全球化的进程会因国际金融危机而陷入阶段性调整。国际金融危机对经济全球化的负面影响是多重的。一是贸易增速放慢，贸易保护主义倾向加强。二是金融监管加强，发达国家金融业的发展速度放慢会降低国际资本流动的动力。三是因国际金融危机，发展中国家开放金融市场的态度会更加谨慎。四是美元的世界货币地位受到质疑，国际金融体系的稳定性受损。五是围绕国际金融体系的改革，各国的分歧加大，国际金融规则约束力降低。六是多边贸易谈判（多哈回合）难度加大。但这并不否认经济全球化仍然会在曲折中发展。

第五，围绕清洁能源所形成的产业群有可能成为下一轮经济周期繁荣的支撑点。毫无疑问，在这次金融危机中，受冲击最大的是金融业。从金融管理体制到金融机构的组织结构，从金融工具到风险定价，从融资模式到金融机构的资产负债结构都将面临调整。其中，最为直接的变化就是“杠杆化”向“去杠杆化”的转变。如果说过去二十年发达国家的“杠杆化”起到了“点石成金”功效，

那么“去杠杆化”就意味着回到“点金成石”。因而，发达国家绝不会放弃金融业的发展。这种转变只是意味着金融业在一定时期内难以成为拉动经济进入新一轮繁荣周期的基础产业。而绝大多数现有产业已经完成了全球范围内的产业布局，比如跨国公司不可能把外包出去的生产活动重新收回本土。在这种条件下，为新的繁荣周期寻找核心产业是未来各国经济发展战略的主要任务。

我们认为，以清洁能源为核心的产业群最有可能承担此任。理由是，其一，清洁能源产业具备改变整个经济发展方式的功能。其二，传统化石能源（石油、煤炭）的稀缺性越来越明显。高油价将是未来经济生活中的一种常态。从这一轮油价上涨周期中可以看到，石油输出国（以 OPEC 为代表）与石油消费国（以国际能源署为代表）合作平抑国际油价波动的格局已不复存在。发展清洁能源将强化发达国家在国际能源市场上的博弈能力。其三，清洁能源产业最有可能确立发达国家的产业比较优势。如，生物能源能够拉动对农产品的需求，扩大发达国家在农业领域的比较优势。为发展生物能源，发达国家已经通过立法的方式予以实施（如美国 2007 年通过的《新能源法》）。况且，发达国家在发展清洁能源方面已经取得了技术领先优势。其四，与化石能源相比，清洁能源有助于降低温室气体排放，实现环境保护，这符合全球可持续发展的趋势。在环境保护方面，发达国家对发展中国家的领先优势是非常明显的。其五，发达国家可以通过制定更加严格的全球温室气体排放规则，为清洁能源创造市场需求。奥巴马当选之后也提出了美国发展清洁能源的主张，证明美国对这一问题的重视。

总之，这次国际金融危机作为世界经济发展的一个转折点，对世界、对中国都提出了新的挑战，同时也形成新的机遇。

Analysis and Forecast of the World Economy in 2008 -2009

Li Xiangyang

Abstract: As the international financial crisis has begun to spread from financial markets to real economy, advanced economies are entering a major downturn, global economy is projected to slow substantially in 2008. Because the financial crisis continues to broaden and intensify, global economic growth is expected to deteriorate and fall into a recession in 2009. However, as housing prices tend to stabilize, oil prices decline, inflation pressure seems contained, the world's central banks have been administering emergency measures and co-ordination in their economic policies, world economy is unlikely to fall into the great depression in 1930s.

Key Words: Subprime Crisis; International Financial Crisis; the Great Depression

国别与地区篇

美国经济：轻度衰退*

谭小芬**

摘　要：由于经济刺激计划效果消退和全球经济放缓使美国出口面临阻力，美国经济在2008年第二季度出现反弹后可能再现颓势。随着金融危机对美国实体经济尤其是消费层面的负面效应持续扩大，美国经济从2008年下半年到2009年上半年都将非常疲软，这种由消费带来的增长放缓很可能引致美国经济陷入衰退。乐观估计，随着住房和金融市场的回稳，美国经济要到2009年后期才能走出衰退，然后经历2～3年的低速增长期。2009年美国经济将面临更为严峻的考验，经济可能负增长0.5%左右。

关键词：金融危机　住房价格　经济衰退

---

* 感谢中国社科院世经政所何帆老师对本文的整体思路和具体细节提出的宝贵建议，当然文责自负。

** 谭小芬，经济学博士，供职于中央财经大学国际金融研究中心，研究领域为国际金融与货币政策。

受房地产市场持续萎靡和金融危机恶化等不利因素的影响，2007 年美国家庭消费和住宅投资受到抑制，出口成为美国经济中一个难得的亮点，但依然无法弥补内需不足所造成的缺口，经济增长明显减速，2007 年实际 GDP 增长 2.0%，与我们在上一年度的预测 2.2% 较为接近。

进入 2008 年，美国经济面临通胀上升和增速放缓的双重风险。石油、粮食及其他原材料价格大幅攀升，使美国经济面临通货膨胀加剧的风险。与此同时，住房价格下跌继续拖累美国经济，次贷危机也在不断扩大和加深，其负面影响日趋明显。美国先后出现金融机构和担保机构亏损甚至倒闭的现象，以及“两房”危机等一系列问题，金融市场持续受压，严重困扰着美国经济增长。在政府干预、美元贬值提振出口的带动下，美国经济于 2008 年第二季度出现反弹，实际 GDP 按年率计算增长 2.8%。然而，这种增长势头无法持续，主要原因包括经济激励政策对消费开支的刺激效果将逐渐消退以及全球经济放缓使美国出口面临阻力。虽然次贷危机所引发的金融风险在 2008 年已经达到顶峰，但其对美国实体经济的影响才刚刚开始。此外，房价下跌、股市滑坡和失业率攀升继续对消费支出产生抑制作用，加上退税效应的减弱，消费支出缩减的趋势难以扭转，美国经济在 2008 年下半年到 2009 年上半年可能持续负增长。2008 年美国经济增长轨迹很可能是平淡无奇的上半年紧跟着更加疲弱的下半年，全年增长率大致在 1.2% 左右。

展望 2009 年，美国经济走势主要取决于住房及金融市场的调整和恢复，其中住房市场的企稳是美国金融市场和经济前景改善的必要条件。我们预计，住房开工数量有望在 2009 年上半年到达谷底，实际房价往往滞后于住房开工数量反弹。随着住房存量的调整，房价有望在 2009 年中后期企稳，次贷危机在房价止跌后才可能结束。美国经济在 2009 年很可能表现为持续疲软的上半年和缓慢复苏的下半年，全年经济增速预计为负增长 0.5% 左右。

一　美国经济运行态势分析

2007 年下半年以来，美国经济面临能源价格高企、次贷危机深化和住房市场持续低迷等多重压力，经济增长步履维艰，但并未像一些经济学家预计的那样陷入严重衰退。2007 年第三季度美国实际 GDP 按年率计算增长 4.8%，第四季度出现了0.2%的负增长，2008年第一季度增长0.9%，第二季度大幅反弹至2.8%（见表1），主要归因于美元疲弱刺激出口上升以及退税效应令私人消费支出增加两大因素。随着刺激性财政政策效应的消退和全球经济开始显著放缓，美国经济在2008年下半年直至2009年都将呈疲软态势。

表1 总需求各部分对GDP的贡献度

单位：%

季 度	2006(3)	2006(4)	2007(1)	2007(2)	2007(3)	2007(4)	2008(1)	2008(2)
GDP增长率	0.8	1.5	0.1	4.8	4.8	-0.2	0.9	2.8
消费	1.52	2.55	2.71	1.42	1.44	0.67	0.61	0.87
耐用品消费	0.27	0.33	0.71	0.40	0.19	0.03	-0.33	-0.21
非耐用品消费	0.46	0.62	0.71	0.40	0.25	0.05	-0.08	0.80
服务	0.79	1.61	1.29	0.62	1.00	0.59	1.02	0.28
投资	-0.92	-2.68	-1.63	0.94	0.54	-1.93	-0.89	-1.74
设备和软件	0.17	-0.18	-0.02	0.50	0.26	0.07	-0.04	-0.37
住宅投资	-1.40	-1.18	-0.91	-0.60	-1.06	-1.33	-1.12	-0.52
存货投资	-0.11	-1.41	-1.06	0.47	0.69	-0.96	-0.02	-1.50
政府支出	0.32	0.30	0.17	0.77	0.75	0.16	0.38	0.78
联邦政府	0.13	0.12	-0.26	0.47	0.51	-0.04	0.41	0.47
州政府	0.19	0.18	0.43	0.30	0.24	0.19	-0.03	0.31
净出口	-0.12	1.33	-1.20	1.66	2.03	0.94	0.77	2.93
出口	0.39	1.66	0.06	1.01	2.54	0.53	0.63	1.54
进口	-0.51	-0.33	-1.25	0.65	-0.51	0.40	0.14	1.39

注：按年率计算的季度数据，经过季节调整。

资料来源：U. S. Bureau of Economic Analysis。

（一）个人消费支出增速下滑，消费低迷现象持续扩大

面对不断上涨的食品和能源价格、日益疲软的劳动力市场、更加紧缩的信贷环境和“跌跌不休”的房价，美国消费开支增长出现明显下滑。2007年第三季度到2008年第一季度消费支出增速分别为2.0%、1.0%、0.9%，第二季度因退税效应使消费开支增长1.2%，对GDP增幅的贡献也从第一季度的0.61个百分点上升到0.87个百分点。

2009年美国消费支出将进一步放缓。第一，美国就业市场日趋恶化，非农

就业人数连续8个月萎缩，失业率从2007年8月份的4.6%加速攀升到2008年8月份的6.1%，未来金融机构的合并和倒闭会继续对就业市场带来负面影响，就业市场仍将处于极度疲软状态。第二，所有退税已经在2008年7月份到达各家庭手中，随着退税措施的刺激作用逐渐退去，消费支出增长乏力。第三，能源价格回落对消费支出能够起到一定积极作用，但还不足以抵消住房危机和就业问题给消费者带来的沉重压力。2008年8月份咨商局（Conference Board）消费者信心指数虽然连续第二个月从6月份的16年低位有所回升，达到56.9，但是仍然显著低于历史平均水平，从而打击私人消费支出。第四，耐用品消费萎缩的幅度十分明显，汽车销售大幅下滑。8月份通用汽车销售量下降20%，福特汽车销售量下降26.5%，克莱斯勒销售量下降34%，这表明在信贷紧缩的情况下消费者正在减少大额消费。第五，信贷紧缩已从抵押贷款蔓延至信用卡、汽车信贷、学生信贷等消费信贷领域，住房抵押贷款和消费贷款业务受到挤压。第六，房价下跌引发的一连串负面影响还没有完全显现出来，过去几年里房地产贡献了全国1/3的就业增长率，许多家庭通过再融资或抵押住房从银行得到现金，用于日常消费，房价下跌将导致就业疲软和个人消费支出增速走软。第七，次贷危机引发的信贷紧缩效应正从金融领域延伸至实体经济，消费支出可能受到进一步的冲击。

（二）住宅投资和企业投资双双下滑，私人投资不容乐观

美国的投资经历了2006年的低谷后，在2007年第二、三季度由于存货投资增加出现反弹，但从第四季度开始持续下滑。2008年第二季度私人投资总额经季节调整的年增长率从第一季度的-5.8%继续下滑到-11.5%，对GDP的贡献也从第一季度的-0.89%下滑到-1.74%，持续拖累美国经济的增长。分类来看，建筑投资增长出现反弹，从2008年第一季度的8.6%上升至第二季度的18.5%。设备和软件投资连续三个季度下降，第二季度下降5.0%，大于第一季度的降幅0.6%。住宅投资从2006年第一季度开始已连续10个季度下滑，2008年第二季度下滑趋势有所减弱，降幅为13.3%，优于2007年第四季度和2008年第一季度的27%和25.1%。自2006年以来，美国住宅投资规模累计下降40%，拖累GDP增长近2个百分点，其负面影响预计会延续到2009年年初。

未来美国私人投资增长不容乐观。首先，工业产出显著收缩，大部分地区的制造业在收缩，工业生产增长速度从2008年第一季度的0.5%下降到第二季度

的 –3.2%。其次，企业投资的基本面正在恶化。美国银行和其他融资公司纷纷提高放贷标准，对借款的审核更加严格，贷款更加谨慎，融资成本仍在上升，融资量则在下降，企业经营的不确定性增加。再者，国内需求低迷和外部需求疲软将对企业盈利构成打击，虽然企业税减免措施对盈利前景会产生有利影响，但是持续能力有限。最后，随着住房部门衰退、信贷紧缩以及近年来商业房地产部门自身的过剩引发的回调，商业建筑活动开始放缓。虽然 2007 年商业建筑部门仅占美国 GDP 的 3% 左右，但对各季度实际 GDP 增长率的贡献度均达到了 0.5 个百分点左右。2006 年和 2007 年美国私人部门的商业建筑支出分别增长 8.4% 和 13.1%，预计 2008 年其增幅将在 2% 以下，2009 年可能转为负增长。

（三）净出口成为美国经济增长的动力，但其持续性值得怀疑

净出口的增长在一定程度上抵消了消费支出下降和住房市场疲软带来的不利影响。2008 年第二季度美国的商品和服务出口增长了 12.3%，增幅远大于第一季度的 5.1%。这是第二季度美国经济增长的最大推动因素。同时进口则下降了 7.3%，远大于第一季度 0.8% 的降幅。贸易对 GDP 的贡献从第一季度的 0.77% 上升到第二季度的 2.93%，其中出口贡献度从第一季度的 0.63% 上升到第二季度的 1.54%，进口贡献度从第一季度的 0.14% 上升到第二季度的 1.39%。

得益于美元持续贬值，加上国内消费低迷、进口需求减少，美国贸易逆差占 GDP 的比重稳步下降，净出口从 2007 年第二季度以来成为美国经济的主要推动力，但是其持续性值得怀疑。其一，全球经济放缓的势头可能对今后美国出口增长产生负面影响。英国、爱尔兰、西班牙等国的房地产市场在多年高涨之后开始下跌，加上美国次贷危机所引发的金融动荡扩散，欧元区 15 国的经济第二季度出现收缩，欧洲经济衰退的风险正与日俱增。同时，主要新兴经济体的经济增长已快速下滑，这将在很大程度上阻碍美国出口增长。其二，随着美国贸易逆差的改善、次贷危机趋势的好转以及欧日经济下滑风险的增大，美元贬值的趋势有望在 2009 年出现全面反转，从而给净出口带来不利影响。不过，美元升值并不会立即反映到出口增长变化上，美国出口在一段时间里还将保持增长势头，但是 2009 年美国出口增速势必放缓。

2008 年中期后，美元出现强劲反弹，这种反弹趋势在未来可能出现反复，但从整体走势看，美元将保持强势。首先，油价持续下跌有助于美国改善经常账

户逆差。其次，欧洲经济增长显著下滑，欧洲很多国家的房地产泡沫远高于美国，其房价周期滞后美国大约1～2年，这意味着2009年欧洲经济面临更大的风险。再者，目前欧洲基准利率与联邦基金利率相比仍有较大减息空间，一旦欧洲利率下调，将成为美元走强的重要支撑。最后，息差交易大规模平仓有利于支持美元回升。除非美国为金融救助计划募集资金的国债发行受阻，美国当局被迫通过增发货币来解决债务问题而使美元大幅贬值。

（四）财政刺激作用逐渐消退，财政状况面临巨大压力

2008年第二季度美国的政府开支增长3.9%，增幅大于上一季度的1.9%，相应的，对GDP的贡献也从第一季度的0.38个百分点上升到0.78个百分点。美国政府出台的总额1680亿美元的刺激经济增长计划，在短期内有力地刺激了美国经济，但无法持续推动美国经济增长。首先，本次退税并非持久性减税，虽然2008年中期的支出会猛增，但2009年的支出却会出现回落。其次，消费者会将部分退税用来购买进口产品或库存产品，因而不会完全作用于国内产出。再者，鉴于本套刺激措施的暂时性，一些企业不会为了满足新需求而大规模增加雇员。最后，刺激投资的减税措施或许会促使一些投资项目提前进行，但其作用是暂时的。总之，退税政策将有力地推动2008年第二、三季度的经济增长，但到第四季度，其作用将会消退。

由于美联储的减息政策只能解决流动性问题而不能解决资不抵债问题，美国政府被迫转向财政政策来应对信贷危机的恶化，但是不断扩大的预算赤字可能会束缚政府的手脚。根据美国国会预算局预测，美国政府财政赤字在2007年创下过去5年的最低水平1615亿美元后，2008年上升到4070亿美元，而2009年则可能达到创纪录的4380亿美元。造成政府财政赤字高涨的主要原因，是为亏损的金融机构买单，以及为刺激经济增长而推出的一系列经济刺激方案。对贝尔斯登的担保、接管“两房”与注资美国国际集团（AIG）和计划收购50亿美元的抵押贷款支持债券、对货币市场基金提供高达500亿美元的担保与动用7000亿美元的金融救援方案，导致美国政府财政负担将剧增大约1万亿美元，给本已捉襟见肘的财政状况增添压力。不过，我们认为美国政府仍有发债的空间，而即将上任的新一任美国总统的财政方案将成为未来财政赤字能否逐步减少甚至达到财政预算收支平衡的关键。

（五）通胀压力有所缓和，但前景充满不确定性

2008 年 8 月份美国消费者物价指数 CPI 环比下滑 0.1%，但 CPI 增幅按年率计算仍高达 5.4%，维持在近 20 年来的最高水平附近。扣除食品及能源价格后的核心 CPI 环比为 0.2%，核心 CPI 为 2.5%，连续第 2 个月高于美联储所设定的 1.5% ~2.0% 目标区间。在生产者物价指数方面，受能源价格下跌的影响，PPI 环比下滑 0.9%，但同比上升 9.7%，维持在 20 年来的高位。扣除食品与能源的核心 PPI 环比上升 0.2%，同比上涨 3.6%，为自 1991 年 5 月份以来的最高同比涨幅。这说明美国通胀传导效应内部化已经较为明显，未来美国 PPI 很可能向 CPI 传导。

面对美元汇率走强和全球需求放缓，美国通胀压力和通胀预期有所减弱，但通胀状况仍不容乐观。第一，尽管需求疲弱使大宗商品和能源价格回软，总体通胀有望缓解，但依然处于历史高位，核心物价指数并未回落。通胀由 PPI 向 CPI 传导、由总体通胀向核心通胀传导的风险仍然存在。第二，通货膨胀是宽松货币政策的产物，美联储在次贷危机期间进行市场救助释放出来的货币供应，可能成为未来通胀的潜在隐患。目前美国实际利率为负的 340 个基点，经济下行风险限制了美联储通过利率政策控制通货膨胀的空间，通货膨胀仍将维持在较高的水平。不过，强劲增长的劳动生产率可以部分抵消通货膨胀的压力。2008 年第二季度美国非农部门劳动生产率增长 4.3%，增幅远大于第一季度的 2.6%，是 2007 年第三季度以来的最大增幅。同时，劳动力成本增幅有所下降，美国通胀可能出现一个缓冲期。但在中长期内，通胀仍是美国经济面临的一大风险。

（六）领先指标显示美国经济已经陷入衰退

通过观察领先指标的变动情况，可以预测经济是否将进入衰退。据美国咨商局发布的数据显示，领先指标综合指数从 2007 年 10 月到 2008 年 2 月连续下降 5 个月。从 1959 ~2006 年期间，美国共出现过 7 次综合指数连续 5 个月下降。除了 1966 年那次之外，领先指标综合指数连续 5 个月下降之后，美国要么是即将陷入衰退，要么是已经处于衰退之中。此外，10 年期国债与联邦基金利率之间的利差在 2008 年 1 月前已经连续 19 个月为负。在过去 48 年中，长短期利差为

负连续超过8个月以上的有6次，其中有5次发生了经济衰退。因此，美国经济陷入衰退基本已成定局。

二 次贷危机的进一步恶化及其影响

美国次贷风险的释放过程大致可以划分为三个阶段：第一个阶段是住房抵押贷款市场违约率上升，导致大批提供次级抵押贷款的金融机构倒闭，其标志性事件是美国第二大次级抵押贷款机构新世纪金融公司的破产，众多房贷机构先后倒闭，整个房贷市场的基本架构遭到严重破坏。第二个阶段是购买次级债及相关衍生产品的投资银行出现巨额亏损甚至倒闭，标志性事件是贝尔斯登被摩根大通并购、雷曼兄弟公司破产以及美林被收购。第三个阶段是抵押担保机构出现危机，标志性事件是美国政府接管美国国际集团（AIG）和“两房”（房利美和房地美），以阻止金融危机从投资银行和衍生品市场向一般金融市场和实体经济蔓延。

作为美国的第四大投资银行，雷曼在对冲基金的初级经纪（Prime Brokerage）业务、货币市场业务和信用违约互换（Credit Default Swap）业务上都有较高的市场份额，其破产导致市场上的对手方风险明显增加，大量金融资产遭到抛售，货币市场陷入混乱。金融市场的短期票据总量持续下滑，截止到10月20日，美国商业票据市场存量仅剩下15105亿美元，只有2007年7月时的65%。面对次贷危机愈演愈烈，美联储通过贴现窗口、创新工具（如TAF，TSLF，货币互换）及商业票据融资机制大量注入流动性，回购和担保次贷产品，调整银行体系的资本结构。同时，美国政府出台财政刺激措施，对金融机构实施国有化，由政府直接收购大型银行的股权，为银行间贷款提供担保，调整按市价计值的会计准则。这些措施有助于恢复人们对金融体系的信心，缓解信贷市场的恐慌气氛，但却不能有效地促进银行间的相互借贷以及银行向其他企业贷出资金，美国金融机构在收益和资产质量方面仍面临巨大压力，信贷市场要恢复正常运行还尚需时日。

从眼下的发展趋势来看，次贷危机有可能进一步向以下四个领域蔓延。

其一，商业银行。美国储蓄保险公司的数据显示，商业银行和储蓄机构在2008年第二季度仅取得50亿美元的净利润，较之2007年第二季度下降86.5%，这是美国的商业银行自1991年以来净利润额第二低的季度。高额的不良贷款减值拨备，是净利润出现大幅下滑的主因。在第二季度里，银行的减值拨备高达502亿美元，较之2007年第二季度的114亿美元高出4倍多；同时，减值拨备占整个行业净营业收入的31.9%，而一年前拨备仅占净营业收入的7.3%。信贷紧缩对于美国银行业的负面影响日益凸显，商业银行很可能遭受严重的冲击。加州印地麦克银行（Indy Mac）的破产，只是银行业风险释放的开端，次贷危机对于银行业的影响仍有待显现。美国中小银行过去几年内投资了大量与次贷相关的结构性投资产品，截至目前，这些银行只对次贷作了减记，还没对客户信用作减记处理，这部分损失更大。随着银行资本的减少，银行的去杠杆化将会持续，从而形成持续的信贷紧缩压力。2009年很可能是美国银行业危机集中爆发的时期，届时美国众多中小银行面临破产清算的风险。

其二，信用违约掉期（CDS）市场。CDS是1995年由摩根大通首创的由信用卡贷款衍生出来的一种金融衍生产品，它可以被看做是一种金融资产的违约保险合同。债权人通过这种合同将债务风险出售，合同价格就是保费。购买信用违约保险的一方被称为买家，承担风险的一方被称为卖家。双方约定如果金融资产没有出现违约情况，则买家向卖家定期支付“保险费”，而一旦发生违约，则卖方承担买方的资产损失。CDS是目前全球交易最为广泛的场外信用衍生品，市场规模高达62万亿美元。“两房”国有化虽然在短期内有利于稳定12万亿美元的抵押贷款市场，但是这一行动很可能导致CDS市场出现危机。原因在于，CDS市场中有相当大数量的基础金融资产来源于“两房”提供的信贷资产以及其他固定收益证券，“两房”被接管后，标准普尔等信用评级机构提高了“两房”发行的固定收益证券的信用等级，这在一定程度上意味着那些做空“两房”债券的机构风险上升。由于在CDS基础上还有更为复杂的对冲或衍生金融产品及工具，CDS市场可能暴露出来的风险敞口的破坏性是相当巨大的，其所造成的信贷紧缩风险也许比“两房事件”来得更为迅猛。

其三，信用卡市场。美国居民的消费需求严重超过居民收入，个人信用卡透支已高达9000亿美元，信用卡市场很可能是一个新的危机点。美国的信用卡违约率从2006年开始持续上升，在2007年下半年开始急剧上升；私人部门债务对GDP中私人部门数量之比近年大幅攀升，目前高达35%以上；全部商业银行的到期违约率大幅上升，目前超过3%。由于信用卡债务同样被银行打包，变为证券出售，随着次贷危机向信用卡市场蔓延，金融危机的后果将更加严重。

其四，商业房地产。美国房贷市场的问题不仅局限于个人住房，商业房地产贷款也正在出现问题。从2000～2006年美国商业地产价格的涨幅为90%。由于经济形势不稳以及信贷危机引发融资成本上升，商业地产的价值正开始缩水，商业房地产价值跌幅可能达到20%～25%，那些持有商业地产贷款和商业按揭证券头寸的金融机构将面临严重冲击。到目前为止，商业抵押证券的违约率只有0.4%，商业按揭证券的市值仅下滑约5%，由于银行紧缩商业地产贷款标准，这个数字很可能会上升。一旦商业建筑陷入衰退，银行对房地产商的贷款将面临巨大的违约风险。

次贷危机的加深使得美国住房市场继续恶化。从供给面来看，2008年8月美国住房开工数量已从峰值水平的227.3万套下跌到89.5万套，连续第二个月下降，为1991年1月以来的最低水平，相对上年同期下跌33.1%，累计下跌61%。积压待售住房数量虽然呈下降趋势，但仍然处于历史高位。2008年8月待售新房为408万套，按照现有销售速度可以支撑10.9个月；待售现房为425.5万套，可支撑10.4个月。从需求面来看，新房和现房销售都降至十几年来低点。2008年8月新房销售为46万套，相对上年同期下降34.5%。现房销售为491万套，相对上年同期下降10.7%。在次贷危机恶化的影响下，房贷标准不断收紧，2008年第二季度约75%的机构提高了优质抵押贷款的标准，从而抵消了利率下降和房价下跌对购房能力的正面影响，打击了市场需求，住房价格继续下行。2008年8月份S&P/Case-Shiller 20大城市房价指数从峰值水平的206.52下跌到166.23，名义跌幅为19.5%。不过，美国房价调整幅度已经趋于缓和，第二季度S&P/Case-Shiller 20大城市房价指数下跌幅度从第一季度的6.75%显著收窄到2.33%，房地产市场可能开始走出最困难的时期。根据美国房地产周期的历史分析，S&P/Case-Shiller房价指数需要从峰值水平累计下降30%～40%才能达到合理水平，持续时间在3～5年左右。美国房地产价格从2006年第二季度开始调整，到2008年8月的跌幅刚过半程，持续时间也只有两年多。住房价格还将经历一段时间的下滑，美国房价触底企稳最早要等到2009年中后期。美国金融危机根源于房价的调整，在房价企稳之前，美国金融体系的坏消息将继续显现，为美国金融市场带来波动。

三　美国经济衰退的形态

对于当前美国经济讨论的焦点已不再是美国经济是否会陷入衰退，而是衰退的严重程度和持续时间。大体上，美国经济衰退可能出现 V、U、W 或 L 等几种形状。U 型表示经济将缓慢减速，到达底部后逐步上升，美国 1990～1991 年经济衰退即呈现此种特征。V 型表示经济快速下滑，然后快速回升，美国 1980 年经济衰退即属此种。W 型表示经济起起伏伏，经过两次探底后方才企稳，美国 2001 年经济衰退即属此种。L 型表示经济下跌后将经历较长的萎靡期。受住房市场危机和金融市场动荡的双重影响，当前美国仍处在一个典型的泡沫后“去杠杆化”过程的中期阶段，居民需要增加储蓄来收缩债务，金融机构需要增加资本金来修复资产负债表，这不是短时间内可以完成的，美国经济将陷入 U 型衰退。

从 2008 年下半年到 2009 年上半年，美国经济很可能出现持续负增长。

首先，随着劳动力市场持续疲软、房价不断下跌和金融市场加速恶化，美国私人消费缩减趋势难以扭转。和 IT 泡沫破裂期间由于企业投资下滑引起的经济衰退不同，当前的经济衰退则是由房地产和信贷泡沫的双双破裂引起的消费型衰退。由于美国消费率一直保持在较高的水平，在美国 14 万亿美元的 GDP 中，个人消费约占 10 万亿美元，而企业投资仅为 1 万亿美元，这种由消费引致的增长放缓可能在 2008 年第四季度以及 2009 年加剧，将对美国经济走势造成更大的冲击。

其次，美国房价跌势尚无企稳的迹象。美国房地产在 2006 年见顶以来，经过 26 个月的调整，实际房价已从高点下降了 25% 以上，严重拖累了美国经济。第一，房价下跌直接拖累住宅投资，与房地产息息相关的建筑、装修等行业受到直接打击。第二，房价下跌带来的负面财富效应严重拖累了消费水平，房价跌势未止，其对消费的负面影响将会持续扩大。第三，房价持续下跌增大了现有借款人违约的可能性，导致各大金融机构持有的证券价值缩水，金融机构的股权资本遭到侵蚀，迫使金融机构筹集新资本、变现资产或干脆收缩借贷。然而，通过筹措资本和变现资产来补充资本金并非易事，AIG、房利美和雷曼兄弟就是明证。这样一来，金融机构被迫控制放贷，减少对家庭的信贷供给，住房价格面临下行压力，反过来又迫使金融机构进一步收紧信贷，从而成倍放大房价下跌对实体经济的不利影响。

再者，美国经济还面临信贷紧缩扩散和金融市场动荡的双重挑战。次贷危机已从次贷领域向次优级和优级抵押贷款、商业抵押贷款、无抵押担保的消费信贷和公司信贷等领域蔓延，特别是雷曼破产事件发生后，信贷严重紧缩，整个美国金融市场都陷入困境，其负面影响正广泛地传导至实体经济的各个层面，提高了信贷成本和减少了信贷供给，对消费者和企业构成抑制。到目前为止，美国大型投行和商业银行的资产减计达到5000亿美元，按照IMF的预测，未来可能还有5000亿美元。鉴于金融机构仍处于减计损失阶段，未来信贷环境将继续趋紧，经济受到的冲击还会持续很长时间。信贷危机可能持续到2009年年底，造成美国当年经济增长率下降约1.8个百分点。①

最后，美元反弹和全球经济放缓使出口面临阻力。次贷危机和美国经济放缓对于全球经济的影响将在2009年充分显现，此外，全球通货膨胀的高企，进一步打击消费，也可使全球经济陷入更长的萎靡增长期。届时，世界各国产出放缓，投资萎缩，对机械器材和原材料的需求有所减少。而资本品和工业基础材料占到美国货物出口的60%以上，外部需求的下滑使出口受阻。

不过，美国经济陷入L型的长期衰退的可能性不大。首先，货币政策并未大幅紧缩。货币政策大幅紧缩促使利率超过中性水平通常是经济严重衰退的成因和先兆。同以往历次经济衰退相比，此次美联储降息时间更早而且降息幅度更大，这帮助抑制了信贷危机对总体货币环境紧缩的影响。其次，企业部门并未出现投资过热问题。经济严重衰退通常同企业部门资本支出急剧下滑息息相关，因为企业倾向于在经济繁荣周期中大举过度投资。不过，在本轮经济繁荣周期中企业部门并未出现过度投资问题，主要是由于它们尚未忘记20世纪90年代末和21世纪初资本支出由盛转衰的教训。再者，油价已回落。经济严重衰退通常是油价飞涨造成的，目前油价已大幅回落，减轻了消费者财务负担和企业的生产成本。此外，类似大萧条时期的大规模贸易保护主义行动已难再现。最后，在出口的拉动下，美国经济衰退程度不会很深，同时，美联储果断、及时的举措和大规模的金融救助措施将使美国经济免于陷入严重衰退。

综合来看，2008~2009年美国经济将出现持续负增长，之后维持较长时间

① 《美国经济前景将会多黯淡?》，2008年9月16日《华尔街日报》。

的低迷期，才能迎来下一轮的经济较快增长期。目前，美国经济正处于进一步走软的周期，经济复苏最早要等到2009年下半年，甚至是2010年上半年。

四　美国经济增长前景

展望2009年，美国经济面临五大风险：一是住房市场低迷和次贷危机的滞后效应对整体经济的负面影响还远没有耗尽，美国的消费开支呈下降趋势；二是美元汇率走强和全球经济放缓，使得外需对美国经济增长的支持作用开始减弱；三是不排除出现更多金融冲击的可能性，如次贷危机继续从投资银行和金融衍生品市场向商业银行和信贷市场蔓延，众多中小银行倒闭或商业房地产市场出现崩溃；四是劳动力市场疲软对经济增长构成下行风险；五是金融市场持续受压使消费者和企业难以获得贷款。

值得乐观的因素包括：住房开工和销售数量有望企稳；金融救助计划有利于维持金融市场的稳定，次贷危机会在2009年接近尾声，困扰信贷市场的不确定因素开始消退；美国企业一直保持着健康的财务状况，经济基本面良好；能源价格大幅回落，减轻了美国家庭承受的财务压力；美元企稳或走强令通货膨胀压力有所缓解；由于J曲线效应的存在，美元汇率反弹并不会立即带来贸易逆差的恶化。

2009年美国经济面临的不确定性在于，住房市场下滑的滞后效应和次贷危机引发的信贷紧缩效应对美国消费的影响程度与持续时间。从过去的走势看，住房开工数量预计在2009年上半年会达到谷底。然而，由于空置率远高于长期趋势水平，房地产市场很难出现快速复苏，房价下跌可能会延续到2009年下半年，次贷危机在房价止跌后才能得到实质性的缓解。到那时，住房市场虽然不再成为直接拖累美国经济增长的因素，但其对实体经济造成的负面影响还不会消失，美国经济下滑的动力很可能从住宅投资转向消费支出。此外，住房价值缩水和股市调整带来的负面财富效应将对私人消费构成压力，但是这些效应究竟会对消费造成多大影响具有很大的不确定性。美国经济前景与消费存在很大关系，而消费得以维持的支柱在于住房价值和信贷市场的稳定。只有当住房和金融市场逐渐稳定后，美国消费者的信心和消费能力才能得到恢复，企业融资条件才会得到改善，美国经济才能开始复苏。

总的来看，由于消费支出增速下滑和全球经济放缓使美国出口面临阻力，美国经济在2008年下半年到2009年上半年可能陷入轻度衰退。随着美国住房价格回稳，金融机构因次贷危机而遭受的资产减值压力得到缓解，2009年中后期美国经济有望步入复苏的轨道。不过，由于住房和金融市场的改善需要较长时间，即使美国经济开始复苏，其复苏速度也将非常缓慢。2009年美国经济将面临更为严峻的考验，全年经济增速预计负增长0.5%左右。

参考文献

Frederic S. Mishkin, Global Financial Turmoil and the World Economy, Speech At the Caesarea Forum of the Israel Democracy Institute, Eliat, Israel, July 2, 2008.

Joachim Fels, A Different Type of Downturn, *Morgan Stanley*, September 4, 2008.

Kiley, Michael T., Monetary Policy Actions and Long-Run Inflation Expectations, *Finance and Economics Discussion Series 2008 – 03*, Washington: Board of Governors of the Federal Reserve System, February, 2008.

Nouriel Roubini, The Rising Risk of a Systemic Financial Meltdown: The Twelve Steps to Financial Disaster, *Global Economic Monitor*, February 5, 2008.

Nouriel Roubini：《美国衰退的形状》，许彬彬译，2008年4月25日《第一财经日报》。

Patrick Newport, A Downturn in U. S. Nonresidential Construction, *Global View*, April 2, 2008.

Richard Berner and David Greenlaw, Playing the Double-Dip Recovery, *Morgan Stanley*, February 4, 2008.

吴旻：《信贷紧缩还没有见底》，中信建投宏观经济研究报告，2008年9月6日。

哈继铭：中金宏观经济周报第35期，2008年10月20日。

US Economy: Mild Recession

Tan Xiaofen

Abstract: As the effects of the economic stimulus faded and resistance of U. S. exports because of the global economic slowdown, the U. S. economy will decline again after it rebounded in the second quarter of 2008. With the negative effects of financial crisis on the economy especially consumption continue to expand in the United States, the U. S. economy from the second half of 2008 to the first half of 2009 will be very weak, the slowdown in the US economy brought about by consumption is likely to lead to recession. We expect that the U. S. economy will break away recession in the latter part of 2009 with the housing and financial markets stabilized, then it will experience slow growth about two to three years. In 2009 the U. S. economy will face serious challenges. US economy is expected to be negative growth of 0. 5 percent.

Key Words: Financial Crisis; Housing Price; Economic Recession

欧元区经济：陷入衰退

姚枝仲*

摘　要：2008 年欧元区经济已经全面陷入衰退。衰退的原因主要是美国金融危机和初级产品价格上涨所造成的双重冲击。美国金融危机对欧元区的影响不仅没有消除，反而从抑制外需扩大到对欧洲金融市场的冲击上。这种冲击引起欧洲金融机构对风险的过度规避并提高其风险溢价，从而提高欧元区经济体的融资和投资成本，抑制需求扩张和经济增长。因此，2009 年欧元区经济仍将笼罩在衰退的阴影之中。

关键词：欧元区　欧洲中央银行　经济前景

受美国金融市场动荡的影响，欧元区经济在 2008 年出现了明显下滑。本书 2007 年度的报告认为：欧元区经济虽然出现了增长动力减弱的迹象，但是“仍然具有一定活力”，“2008 年欧元区经济还不会立即进入经济衰退期”。显然，这一看法过于乐观，低估了美国金融危机的影响，也高估了欧洲中央银行对维持金融稳定和经济增长的作用。鉴于美国金融危机的继续演化，欧元区经济和金融系统仍然将受到较大的影响，2009 年欧元区经济可能陷入更深的衰退。欧洲中央银行和国际货币基金组织也显著调低对欧元区经济增长率的预测。欧洲中央银行最近预计 2008 年欧元区 GDP 增长率为 1.1% ~1.7%，2009 年为 0.6% ~1.8%；① 国际货币基金组织最近预计 2008 年欧元区 GDP 增长率为 1.3%，2009 年为 0.2%。②

---

* 姚枝仲，经济学博士，中国社会科学院世界经济与政治研究所副研究员，主要研究方向为宏观经济学和国际经济学。

① 如无特别说明，本文所引用的数据均来自 ECB, *Monthly Bulletin*, September, 2007。相关历史数据来自 ECB 以前月份的 *Monthly Bulletin*。

② 数据来自 IMF, *World Economic Outlook*, October 2008。

以下分五个部分来讨论欧元区2008年度至2009年度的经济形势。第一部分为2008年欧元区的总体经济状况。这一部分主要讨论欧元区的GDP增长率、失业率、通货膨胀率等最主要的宏观经济指标的变化情况。第二部分讨论欧元区的货币和财政状况。第三部分主要讨论欧元汇率与欧元区的对外贸易和国际收支状况。第四部分讨论欧洲的金融稳定问题，以便更深入地了解美国金融危机对欧元区经济的冲击。第五部分是对欧元区经济前景的一个简要判断。

一 2008年总体经济状况

从总体上看，欧元区受到了外需下降和初级产品价格上涨的供需双重冲击，2008年出现了GDP增长率下降和通货膨胀率升高的现象。

2008年第1季度欧元区实际GDP比2007年第4季度高0.7%，2008年第2季度的实际GDP却比第1季度低了0.2%。相对于2007年第4季度0.4%的环比增长速度，欧元区的GDP在2008年第1季度时增长力度仍然不弱，但是第2季度却明显下滑，并且出现环比负增长。根据表1提供的数据，2008年第1季度欧元区GDP按年率计算增长2.1%，与2007年第4季度的增长率持平，但2008年第2季度GDP增长率迅速下降到了1.4%。[①] 这表明，欧元区经济呈现出了较强的下滑趋势。

从支出构成来看，私人消费的下滑也很明显。2008年第1季度相对于上一季度来说，消费几乎没有增长，第2季度比第1季度还下降了0.2%。从同比来看，2008年第1季度按年率计算的私人消费增长率为1.2%，第2季度下降到了0.2%。私人消费在欧元区GDP中约占56%的比例。私人消费的下降带动了整个欧元区GDP增长率的下降，并使其对GDP增长的贡献迅速下降。2008年第1季度和第2季度私人消费仅带动了GDP 0.7个和0.2个百分点的增长，其中第1季度对GDP增长的贡献度为33%，第2季度的贡献度为14%。私人消费的下降也反映在消费者信心指数上。消费者信心指数在2007年上半年出现了一定程度的回暖，但是从2007年第3季度开始，消费者信心持续恶化。消费者对未来12个月金融和经济形势的悲观预期加剧，对未来12个月的失业预期上升。可见，私

① 本文所引用的季度数据均为经过季节调整后的数据。

表 1　欧元区主要宏观经济指标

单位：%

类　别		2007Q2	2007Q3	2007Q4	2008Q1	2008Q2	2008M7
GDP 增长率		2.6	2.6	2.1	2.1	1.4	
按支出	政府消费	2.4	2.5	2.1	1.3	1.7	
	居民消费	1.8	1.8	1.2	1.2	0.4	
	固定资本形成	3.5	3.7	3.2	3.7	2.4	
	出口	9.1	9.5	6.8	8.6	7.9	
	进口	7.7	8.1	8.1	10.0	9.5	
净出口/GDP		1.7	1.4	1.3	1.2	1.2	
物　价	消费价格指数	1.9	1.9	2.9	3.4	3.6	4.0
	工业生产价格指数	2.4	2.1	4.0	5.4	7.1	9.0
失业率		7.5	7.3	7.3	7.2	7.3	7.3
M_3 增长率		11.0	11.3	11.5	9.9	9.5	9.3

注：除净出口/GDP 数据外，其他数据均为按年率的增长率。

资料来源：ECB，*Monthly Bulletin*，September 2007；ECB，*Statistics Pocket Book*，September 2007。

人消费的下降不仅体现了居民当期收入的减少，而且也体现了居民对未来收入下降的担心。这种倾向虽然是居民应对经济衰退的自然反应，但是却不利于经济的自然恢复，反而可能加剧经济衰退。

欧元区的政府消费依然呈现反周期现象。2008 年第 1 季度，政府消费比上一季度增长 0.3%，第 2 季度比上一季度仅增长了 0.5%。从同比来看，2008 年第 1 季度政府消费按年率计算的增长率为 1.3%，第 2 季度的增长率上升到了 1.7%。欧元区政府消费增长率的上升虽然能在一定程度遏制经济衰退，但是也反映了欧元区各国政府对当前严峻的经济形势的一致看法。虽然前两年的经济增长已经大大改善了欧元区国家的财政状况，但其共同的财政约束非常严格，其反周期的政府支出对欧元区经济的刺激作用是比较有限的。

考察投资波动一直是判断欧元区经济的一个重要指标。欧元区固定资产投资在 2008 年出现了较大的波动，第 1 季度比 2007 年第 4 季度还增长 1.5%，这一增长率从 2007 年第 2 季度以来持续上升。但是，2008 年第 2 季度的固定资产投资却比第 1 季度下降了 1.5%。从增长率持续上升到显著的负增长，这是一个非常突然的变化。这一变化也反映在固定资产投资的同比增长幅度上。2008 年第 1 季度按年率计算的增长率为 3.7%，比 2007 年第 4 季度的增长率还提高了 0.2 个

百分点；但第2季度增长率仅为2.4%，比第1季度下降1.3个百分点。投资的突然变化说明欧元区经济的显著恶化是从2008年第2季度开始的。

2008年前两个季度欧元区的净出口也大幅度下降了。2008年上半年欧元区实现净出口556亿欧元，比2007年上半年减少了103亿欧元。消费、投资和净出口的下降说明欧元区内需和外需均出现了显著下滑，欧元区经济陷入全面衰退。

从增加值的角度来看，各个行业也都出现了衰退迹象。

工业增加值增长率从2007年第4季度以来持续下降，其环比数据已在2008年第2季度出现了负增长。其按年率计算的增长率2008年第1季度为2.6%，比上一季度降低了0.5个百分点；第2季度增长率为1.0%，比上一季度又下降了1.6个百分点。其对GDP增长率的贡献也从2007年第3季度的0.7个百分点下降到了2008年第2季度的0.2个百分点。建筑业增加值的增长率也在2008年第2季度出现了环比负增长。建筑业是反映欧元区经济景气状况的又一重要指标。它在一定程度上反映了投资活动的活跃程度，建筑业的波动与投资的波动是基本一致的，都在2008年第2季度出现突然的显著下降。工业信心指数和建筑业信心指数也都持续恶化。产能利用率也从2007年第3季度以来不断下降，到2008年第2季度，整个欧元区的产能利用率已经下降到了83.4%，7月份更是进一步下降到了82.9%。

占欧元区增加值70%左右的服务业也在2008年出现了一定程度的降温。其中，商品流通、维修、旅馆、餐饮、运输以及通讯服务业的增加值在2008年第2季度出现了环比负增长，其同比增长率也在2008年第2季度回落到了1.2%，相对于第1季度下降了1.5个百分点，相对于上年同期下降了1.6个百分点；金融、房地产以及租赁等服务业增加值的增长率从2007年第4季度以来持续下降，到2008年第2季度，其增长率已经下降到了2.5%；公共服务部门的增加值增长率则出现了一定的反周期特征。其环比增长率和同比增长率都在2008年第2季度出现了一定程度的上升。公共服务部门的变化与政府消费的变化是一致的，对于维持经济稳定的作用与效果也是一致的，即虽然有一定作用，但不足以阻止欧元区的经济衰退。服务业的衰退也反映在其商业信心指数的持续恶化上。尤其是零售业未来商业形势指数和服务业未来几个月的需求指数大幅度下降，说明服务企业对欧元区未来经济状况的预期非常悲观。

欧元区经济在2008年的另一个重要现象是失业率结束了自2004年第4季度以来连续14个季度的下降趋势，2008年第2季度失业率相对于前一季度上升了0.1个百分点，达7.3%。2008年第1季度，欧元区的失业人数还在减少，但是从第2季度开始，形势突然恶化，失业人数开始增加。2008年第2季度欧元区失业人数相对于上一季度增加17万人，总失业人口达1129.3万人。其中25岁及25岁以上的成年失业人口增加11.7万人；25岁以下的青年失业人口增加5.3万人。男性失业人口增加15.8万人，女性失业人口增加1.2万人。欧元区失业人口的增加和失业率的上升是欧元区陷入经济衰退的另一个重要标志。

2008年欧元区的通货膨胀形势出现恶化。其消费价格协调指数增长率2008年第2季度达到了3.6%，大大高出了欧洲中央银行制定的“低于且接近于2%”的通货膨胀目标。消费价格较快上升主要是因为石油和食品价格的快速上涨所致。但是也与欧洲中央银行并未采取严格控制通胀的政策有关。欧洲中央银行在目前的形势下，面临非常艰难的决策。一方面，欧元区经济已经陷入全面衰退，并且金融稳定受到威胁，欧洲中央银行应该降低利率以刺激经济和维持金融稳定，另一方面，又担心放松货币政策会导致物价继续上涨，过大偏离其通胀目标。同时，如果过于担心通胀目标的制约而保持利率不变，则无法通过货币政策来防止经济陷入较深的经济衰退。所幸的是，由于全球经济不景气，石油和食品价格已经开始回落，欧元区的消费价格协调指数也已经在2008年8月出现了小幅的下降，欧洲中央银行开始具备一定的政策空间来防止经济过快下滑。不过，还应该看到，欧元区的工业生产价格指数还在继续攀高，2008年7月已经达到了9%的增长率，可见，欧元区的通货膨胀形势很严峻。

二　货币与财政状况

欧元区货币供应量（M_3）增长率从2004年5月的4.8%，一路上升至2008年1月的11.6%。2008年2月，这一持续近4年的M_3增长趋势开始反转，此后数月连续下降，至2008年7月，M_3增长率已下降至9.3%的水平。尽管欧洲中央银行已经向金融系统大量注入流动性，但是货币供应增长率仍然趋于下降。这实际上反映了欧元区经济体系中流动性的极度短缺状态。关于流动性短缺的原因将在本文的第四部分进行分析，这里不拟重复。

从 M_3 的各组成部分来看，可以发现，近期 M_3 所有成分都出现了一定程度的下降。尤其是 M_1 的增长率从 2005 年 12 月以后就一直下降，2008 年 7 月其增长率已下降至 0.5%，几乎是零增长了。M_1 的下降是欧元区流动性匮乏的一个重要表现。短期存款（M_2-M_1）和可交易工具（M_3-M_2）的增长率也开始下降，其中可交易工具至 2008 年 7 月已经从 2007 年底的 20% 迅速下降到了 9.3%。

在货币供应量增长率快速回落的同时，货币金融机构对私人部门的贷款增长也迅速回落。其中对住户部门的贷款增长下降从 2006 年 12 月就已经开始，到 2008 年 7 月，货币金融机构对住户部门的贷款增长率已经下降到了 4.2%。其中对住户部门的消费信贷增长率下降到了 4.4%，对住户部门的住房贷款增长率下降到了 4.3%。货币金融机构对非金融企业的贷款增长率从 2004 年年初开始一直保持了上升势头，到 2008 年 4 月，其增长率已经达到了 14.9%。从 5 月开始，非金融企业的贷款增长趋势出现反转，并已经连续 3 个月出现下降，到 2008 年 7 月，其增长率已经降至 13.2%。非金融企业的贷款与实体经济的变动趋势保持高度一致，尤其是与投资和失业率的变动趋势保持一致。非金融企业的贷款下降反映了欧元区的经济活力开始下降。

欧元区 2008 年第 1 季度的财政状况与 2007 年第 1 季度相比，还没有出现明显的恶化。其财政收入与支出占 GDP 的比分别和 2007 年第 1 季度持平，故其财政赤字占 GDP 的比也与 2007 年第 1 季度持平。但是，由于 2008 年下半年经济形势恶化，财政收入增长将下降，而财政支出则可能增加，故 2008 年下半年的财政状况不容乐观，很难重现 2007 年总体财政赤字占 GDP 的比降至 0.6% 的良好局面。欧元区好不容易才得到好转的财政状况又将出现恶化。尤其是，欧盟委员会已经在 2008 年 10 月 7 日宣布允许各成员国在经济衰退时采取灵活的财政政策，并将考虑适用《稳定与增长公约》中关于在特殊情况下灵活对待财政约束的条款。这对于欧洲经济体共同抵御经济衰退无疑是一个积极的信号，但是也需要看到，欧盟的财政约束还是很强的，用于刺激经济的财政政策的力度将是有限的。而且随着财政状况的恶化，扩张性财政政策的空间将减少，同时，财政状况的恶化将阻碍欧元区的结构改革，从而降低欧元区的经济增长潜力。

三　汇率、贸易与国际收支

2008 年欧元汇率经历了两个阶段的变化。第一个阶段是延续过去几年以来的升值趋势直到2008年4月。第二个阶段是从2008年5月份以后，欧元开始出现贬值，到2008年8月，其名义有效汇率（相对于欧元区的22个重要贸易伙伴）相对于4月份的平均水平贬值了2.2%。欧元的实际有效汇率和相对于42个贸易伙伴的有效汇率也都出现了同样的变化趋势。在欧元有效汇率贬值的同时，其与美元、英镑、日元和人民币等主要货币的双边汇率也都出现了贬值倾向。欧元相对其他货币贬值主要是由美元的快速升值引起的，仅2008年8月，欧元对美元的汇率就比7月份贬值了5.0%。同时，欧元区在2008上半年的经常账户逆差也对欧元贬值产生了推动作用。

欧元区的对外贸易在2008年有三个主要特点：一是出口增长率下降了，但是进口增长率却上升了。2008年第2季度，欧元区的出口增长率和进口增长率分别为7.9%和9.5%，比2007年第2季度分别下降了1.2个百分点和上升了1.8个百分点；二是出现了出口增长速度慢于进口增长速度的现象。2008年第2季度，欧元区的出口增长率已经比进口增长率低了1.6个百分点；三是欧元区的贸易顺差下降。导致这三个特征的主要原因就是以美国为首的世界经济普遍放缓引起的外需减弱和以能源原材料以及食品价格上涨引起的进口价格上升。而欧元区对能源原材料和食品的需求都是低价格弹性的，因此价格的上升会引起进口额的上升。2008年下半年石油和食品价格的回落将有助于改善欧元区的贸易条件和外部账户，但是美国经济的持续放缓仍然将制约欧元区的外需和出口增长。

欧元区的经常账户在2008年又出现了逆差，上半年逆差总额达432亿欧元，这是自2001年以来欧元区历史上最大的逆差规模。除了贸易顺差下降以外，导致经常账户出现逆差的另一个主要原因是投资收益项也在2008年出现了巨额逆差，仅2008年第2季度，欧元区收益项的逆差规模就达243亿欧元。收益项逆差并不是对外投资收益减少造成的，而是因为对外流出的收益大幅度增加造成的。由于欧元区经济已经进入明显衰退，企业经营利润正在迅速下降，外商投资收益不可能在第2季度突然大幅度增长。因此，对外流出收益的突然增加只可能是外资企业以前积累的利润或者虚假利润。外资企业流出资金增加一方面可能是外商对欧元区经济前景并不看好，另一方面也可能是外资企业的母公司受到金融危机或者经济滑坡的影响而出现资金紧张。收益项流出资金的增加非常不利于欧元区的经济稳定，并且形成欧元贬值的一个重要推动力量。

欧元是完全自由浮动货币，其经常账户和资本与金融账户是互相对应的，经常账户逆差意味着资本与金融账户的顺差。所以在分析经常账户之后，考察资本与金融账户总的净额已经没有太大意义。不过，一旦考察金融账户的内部结构，还是可以看出能够反映欧元区经济状况的几个有价值的动向。第一个动向是欧元区通过直接投资净流出资金的格局虽然没有改变，但是2008年欧元区直接投资净流出资金增加不是因为欧元区对外直接投资增加了，而是因为外资对欧元区的投资减少了。尤其是2008年第2季度，外资甚至开始撤离欧元区，其撤出资金净额高达316亿欧元。这一变化与外资收益加速流出的动向是一致的，其原因也是一致的。第二个动向是欧元区通过证券投资净流入资金的格局虽然没有变化，但是2008年外资在欧元区的证券投资头寸却大幅度下降了。同时，欧元区在国外的证券投资头寸也大幅度下降了，这反映流入和流出欧元区的证券投资资金都在2008年遭受了较大的价值损失。这种状况与当前美国的金融危机及引发的世界各国资本市场暴跌的状况是密切相关的。

欧元区的上述国际收支格局对于欧元在国际货币的竞争中在短期内是不利的，因为其不能充分利用美国金融危机和美元地位动摇所引起的欧元吸引力增强带来的利益。但是，在长期内却并不是完全不利的。因为其对外直接投资的继续增加和外部经济体对欧元区直接投资的减少，有利于未来欧元区在投资收益项中获得更大的净流入，从而有利于其用更大的经常账户不平衡来满足世界各国将欧元作为储备货币的需要。

四　金融稳定问题

美国次贷危机已经演变成了一场严重的金融危机，美国历史上规模最大的金融救助方案也许能防止美国金融系统的崩溃，但似乎并没有阻止美国金融危机向全球尤其是向欧洲的扩散。欧洲金融机构接连告急，冰岛几乎陷入国家破产的境地。欧洲一些国家在应对金融危机时的某些竞争性行为也迅速演变为欧盟范围内的统一行动。欧盟的经济与金融委员会在2008年10月7日已经达成一致意见，决定在欧盟范围内采取协调行动来维持欧洲金融系统的稳定。2008年10月8日，欧洲中央银行联手英格兰银行、美联储以及中国人民银行等九个中央银行共同降息。

但是，欧洲的紧急行动以及可能的后续措施真的能让欧洲各国避免一场危机吗？真的能维持欧洲的金融稳定吗？欧洲的金融稳定程度对于考察欧元区2008～2009年的经济形势极为重要，为此本书关于欧元区经济的讨论继续将美国次贷危机在欧洲引发的问题当作专题对象，不过今年更加集中于讨论欧洲的金融稳定问题，以及这些问题对欧元区实体经济的影响。

为了更加清晰地了解欧洲的金融系统发生了什么，以及将会发生什么，首先有必要了解这场源自美国的金融危机的性质是什么。

这场危机初步看起来是一场流动性危机，一些由于次贷问题已经出现损失或者将会出现损失的金融机构突然发现自己在金融市场上不能融资了，不再有足够的资金来源支持其资产业务了，于是只有贱卖资产、申请破产或者寻求援助。这种流动性不足通过金融机构之间的相互联系逐步扩散，并且逐步形成一种恐慌性的流动性需求，造成更加严重的流动性短缺和更多的金融机构出现问题。流动性不足正在金融机构之间传导危机，也正在将美国的金融危机传向欧洲。各中央银行对危机的反应也正是向自己的金融市场提供流动性。但是，次贷危机以前的全球流动性过剩为什么突然在一夜之间变成了流动性不足了？事实上，流动性不足只是金融危机的表现，不是其根源，中央银行提供的流动性也不足以完全解决金融危机。

这次金融危机的根源在于风险价值的重估。市场之所以要重估风险价值，在于美国金融体系对风险收益的过度追逐，以至于风险价格远远高于其内在价值。风险是未来事件的不确定性。之所以具有不确定性，是因为事件发生在未来，一旦未来变为现实，事件就会以某种状态发生，风险价值就会实现。这时，以高价格购买风险资产的持有者就会发现其资产的实际价值原来远远低于其买价，于是亏损就会发生。当风险价值被发现时，市场就会对所有的风险价格进行调整，恐慌心理造成过度的风险规避行为，从而导致风险资产价格过度下降，风险资产持有者的损失加剧，同时，资金的风险溢价迅速拉高，并造成严重的流动性不足，从而在市场上通过金融机构之间的关联一波一波地传导危机。

由此可见，这场危机的性质在于两点：一是风险价值重估引起的金融机构亏损；二是由追逐风险收益转向过度风险规避过程中所引发的流动性不足和风险溢价升高，这又会进一步加剧亏损，并进一步形成流动性不足和提高风险溢价。这两点可以自我循环，不断加强。

那么，上述两点是否会发生在欧洲金融市场上呢？首先是欧洲金融机构的亏损问题。在理解这个问题时，很多人可能认为需要估计欧洲金融机构持有多少美国的“问题资产”。欧洲金融机构当然持有一些美国的问题资产，这部分美国资产造成的亏损在危机初期也确实在欧洲金融市场上造成了一定影响。但是，这部分亏损对于欧洲金融稳定来说，可能还不是最主要的。欧美金融市场已经高度一体化，美国市场上的风险规避行为和风险溢价升高会迅速传导至欧洲金融市场上，欧洲金融市场上的风险溢价升高会造成欧洲自身的风险资产价格大跌，并导致其融资成本大幅度上升，从而可能给欧洲金融机构造成比其在美国市场上大得多的损失。这些损失已经开始在欧洲金融机构中造成实质性的伤害。其次是过度风险规避所引起的严重的流动性不足。流动性不足问题也已经在欧洲金融市场上出现，甚至出现在亚洲市场上的欧洲金融机构上。在香港和新加坡等地，欧洲金融机构即使付出比当地金融机构两倍的成本也难以在货币市场上及时融资。

既然危机已经传导至欧洲，势必对欧洲的金融稳定造成重大冲击。如果任其发展，这种冲击足以引起整个金融体系的崩溃。所以欧盟、欧洲中央银行以及各国自身的救援行动对于维持金融稳定确实非常重要。但是，这些救援行动到底能在多大程度上维持欧洲的金融稳定呢?

首先我们来看欧洲中央银行自雷曼破产以来的金融救助行动。欧洲中央银行的行动可以分为三个方面。其一，提供流动性。欧洲中央银行在金融危机期间提供流动性的基本规则是：满足银行系统的流动性需求以避免其对短期利率造成压力。2008 年 10 月 8 日宣布的通过再融资渠道以固定利率向市场无限制提供流动性就是其中力度最大的举措。其提供流动性的另一个重大举措是明显延长再融资的平均期限，尤其 2008 年 9 月以来，欧洲中央银行开始发放期限为 6 周和 12 周的再贷款。其二，降息。欧洲中央银行为了其通货膨胀目标，一直没有采取降息的措施。但是，2008 年 10 月 8 日欧洲中央银行还是与其他 9 大中央银行一起采取了联合降息行动。其三，与其他央行的合作。除了联合降息以外，最重要的合作是与美联储以及英国央行和瑞士央行的货币互换协议，且互换规模以需求量为标杆，而没有数额限制，即美国无限量向上述地区央行供应美元。日本央行也将考虑采取类似的行动。

其次，我们还可以看看欧洲各国和其他中央银行的救助行动。2008 年 10 月 13 日，英国政府动用 370 亿英镑的资金购买银行股权，其中苏格兰皇家银行将获得 200 亿英镑，而苏格兰哈里法克斯银行和劳埃德 TSB 银行将获得剩下的 170

亿英镑。与此同时，法国、德国和西班牙推出了一项涉及金额高达9600亿欧元（约合1.3万亿美元）的银行拯救计划。这项计划中，德国承诺将提供4000亿欧元的贷款担保，并将向银行系统注入最多800亿欧元的资金，同时还将从预算中拨款200亿欧元弥补可能会有的贷款损失。法国政府将为银行贷款提供3200亿欧元的担保，并计划建立一个400亿欧元的基金。而西班牙政府则将向银行债券提供最多高达1000亿欧元的担保措施，并授权政府收购需要资金的银行的股份。

由此可见，欧洲的救助以提供流动性和注入资本金为主。显然，提供流动性只能解决部分问题。提供流动性解决不了风险溢价升高和金融机构的亏损问题。注入资本金虽然可以解决金融机构的亏损问题，但是不可能对所有的金融机构都注入资本金，即使被注入资本金的金融机构也将会更加谨慎的经营，风险溢价仍然会居高不下。事实上，没有什么措施可以迅速扭转风险溢价升高的问题，即使让过高的风险溢价回复到正常水平，也需要相当长的时间。而高风险溢价意味着融资和投资的成本将大幅度提高，意味着实体经济将受到实质性的损害。

由此可见，美国金融危机将对欧洲的金融稳定造成重大冲击，适宜的救援行动可以防止欧洲金融体系的崩溃，维持金融体系的正常运行，但是欧洲的金融稳定仍然会受到一定的影响，并会对实体经济造成负面影响。

五　经济增长前景

2008年欧元区的经济指标几乎无一例外地显示出欧元区经济已经全面陷入衰退。衰退的原因主要是美国金融危机和初级产品价格上涨所造成的双重冲击。虽然初级产品价格可能由于全球需求下降而在一定程度上回落，但是影响欧元区经济的另一个主要因素甚至是更加重要的因素，即美国金融危机的影响不仅没有消除，反而会进一步扩大。

美国金融危机对欧元区经济的影响已经不仅仅局限在外需上，甚至对外需的影响已经不是最主要的了。更大的影响来自美国金融危机对于欧洲金融体系的冲击。美国金融危机已将资产跌价损失、流动性不足和风险贴水升高传导至欧洲金融市场，这些足以引起金融崩溃的因素还将继续在欧洲金融体系发生作用，欧盟委员会、欧洲中央银行和各国政府的救助行动虽然可以防止整个金融体系的崩溃和维持金融体系的正常运转，但是无法在短期内有效降低风险贴水和扭转金融机构对风险的过度规避行为，从而将大大提高欧元区经济体的融资和投资成本，并且抑制欧元区的需求扩张和经济增长。因此，2009 年的欧元区经济仍将笼罩在衰退的阴影之中。

The Euro Area Economy：In Recession

Yao Zhizhong

Abstract：The Euro area economy was in recession in 2008 as result of US financial crisis and rising price of primary products. The US financial crisis not only depressed external demand of Euro area, but also increased risk premium of Euro area. The latter will increase the cost of finance and investment; depress expansion of domestic demand and economic growth. So, the Euro area economy will be in deeper recession in 2009.

Key Words：Euro Area；European Central Bank；Economic Outlook

日本经济：低增长时期的到来

李众敏*

摘　要：2008年，日本经济由于增长放缓、失业率上升、通货膨胀恶化而备受关注，也引发了外界对日本经济衰退的普遍关心。我们认为，外部冲击（原油、原材料价格上涨、美国金融危机等）是造成2008年日本经济不景气的主要原因。在2009年，石油价格上涨的压力将会减小，而原材料价格居高不下、美国金融危机等外部冲击的影响将会进一步凸显，受此影响，日本经济将出现0.5%左右的低增长，但仍有可能避免出现衰退。除此之外，我们认为在2009年中，日本工资率可能出现的上升势头以及企业景气状况进一步恶化也是需要高度关注的问题。

关键词：日本经济　低增长　衰退

在过去的几年中，日本经济呈现出复苏的迹象，从2001年以来经济增长速度持续上升，到2004年达到2.7%。① 在过去的几年中，日本经济增长速度一直维持在2%上下波动。在过去的几年中，外界普遍认为日本经济可能走出“失去的十年”，步入景气扩张的新阶段。但是，2008年的种种迹象表明，日本经济可能遭受新的波折。根据日本政府公布的数据，日本出现了高失业率、高通胀的迹象，这引起了日本国内以及相邻国家广泛的关注与担心。日本政府在下调经济增长预期的同时，日本银行官员也开始表示“经济可能陷入衰退”。

* 李众敏，经济学博士，中国社会科学院世界经济与政治研究所助理研究员，主要研究开放条件下的经济增长与波动、贸易与投资政策、日本经济等问题。

① 如非特别说明，本文中引用的数据均来自日本内务省统计局、内阁府经济与社会研究所。

当然，根据美国国民经济研究局的定义，连续两个季度经济出现负增长才可视为经济衰退，从这一点判断，日本经济距离衰退还有一定的距离。而且从国内生产总值和工业生产上看，宏观经济基本面并没有出现太大的问题，两者分别达到1%和2.8%。但是失业率已经达到4.1%之高，在2008年2~5月间连续4个月在4%以上。与此同时，在经过若干年通货紧缩之后，日本核心CPI上升到1.9%。我们认为，日本经济出现的复杂局面是由于多种原因造成的，并不表明经济将陷入衰退。在本报告中，我们将基于2008年的经济表现，分析日本经济当前的状况，并对2009年日本经济走势予以判断。

一 经济增长明显减速

2007年第1季度以来，日本经济增长速度出现明显下滑。在2007年第1季度，GDP增长速度为3.2%，高于2006年同期水平，但此后的第2~4季度，GDP的增长速度都明显低于2006年同期水平，尤其是在2008年第1~2季度，GDP增长速度明显低于2006年和2007年1~2个百分点（见表1）。

表1 2006~2008年日本GDP及各部分增长率

单位：%

类　别	2006年				2007年				2008年	
	1季	2季	3季	4季	1季	2季	3季	4季	1季	2季
GDP增长率	3.0	2.3	2.0	2.4	3.2	1.8	1.7	1.6	1.2	1.0
私人最终消费	2.8	2.7	0.9	1.6	1.8	1.3	1.7	1.2	1.4	0.6
政府最终消费	-1.0	-0.2	-0.3	0.0	0.8	0.4	0.3	1.4	0.6	0.5
固定资本形成	1.5	1.6	0.2	2.1	3.7	-0.8	-1.8	-3.8	-3.1	-2.7
住宅	1.7	1.2	0.1	0.6	-1.0	-2.9	-11.5	-21.7	-16.6	-15.6
机械设备	2.1	4.0	4.2	7.0	7.1	0.1	0.3	0.0	-0.7	1.3
公有资本形成	-0.7	-7.7	-15.1	-10.2	-4.3	-2.8	-0.5	-1.8	-2.0	-6.9
出口	13.0	10.2	9.4	6.6	7.6	7.8	8.6	10.4	11.1	6.4
进口	6.4	6.1	2.1	2.6	1.9	1.4	1.5	2.3	3.1	-1.3

数据来源：日本总务省统计局。

引起GDP增长下滑的原因，主要是国内需求不足。日本作为世界第二的发达经济体，消费在经济中占有主导地位，在2007年四个季度中，只有第3季度的私人消费增长速度快于2006年0.8个百分点，而第1季度、第2季度和第4季度的私人消费增长速度则分别比2006年低1个、1.4个和0.4个百分点。2008年，私人消费进一步下滑，第1季度和第2季度分别只有1.4%和0.6%。私人消费在日本GDP中占57%左右，日本GDP增长下滑主要是受到私人消费不足的拉动。不过，在私人消费增长缓慢的同时，政府消费出现较快增长。2007年末至2008年初，日本政府消费明显上升，因为政府消费在GDP中占到16%~18%，这在一定程度上可以弥补私人消费的下滑。当然，需要强调的是，政府消费增长有限，与此同时，基于日本目前的财政状况，通过扩大政府消费来刺激经济的做法是否可持续是值得探讨的问题，后面我们将会讨论到日本的财政状况，以及日本酝酿出台的经济刺激方案。

与此同时，GDP中"固定资本形成"项也出现了较大幅度的负增长。首先是2007年第2季度以后，机械设备投资出现了较大幅度的下滑，下滑的幅度从2个百分点到7个百分点不等。而住宅投资则出现两位数以上的负增长，这主要是因为在2007年6月，日本对房地产行业引入了新的、更严格的规制措施，严格限制新建住宅的开工，① 这是导致房地产行业表现不佳的主要原因。这一规制现在已经取消，房地产行业已经出现了复苏的迹象，2008年5月新建住宅户数为9.1万户，已经接近规制出台前（2007年6月）的水平。

从外需上看，虽然日本的进出口有所波动，但总体上向对日本经济有利的方向发展，出口增长速度变化不大，而进口增长速度明显减慢。

表2是GDP各构成部分对日本经济增长放缓的贡献，从中可以看出，在2007年和2008年上半年，造成GDP增长速度放缓的原因是各不相同的，在2007年第1~2季度，更多的是受到个人消费下滑的影响，而在2007年第3~4季度和2008年第1季度，则主要是因为住宅规制的出台导致"固定资本形成"出现负增长。但是，在2008年第2季度，当住宅规制的影响逐渐淡化时，个人消费却成为最主要、也是最严重的问题。在2007年第2季度，GDP增长速度下滑1.3个百分点，其中个人消费下滑贡献了1.2个百分点。因此，我们认为在住宅规制的影响逐渐淡化后，个人消费将成为主导日本经济增长的主要原因，而与个人消费密切相关的是日本的就业、工资状况，我们将在下面进一步分析。

① 对于出台这一规制的背景与具体原因，尚没有来自官方的说明。

表 2 GDP 各构成部分对日本经济增长放缓的贡献

单位：百分点

类别	2007 年				2008 年	
	1 季	2 季	3 季	4 季	1 季	2 季
GDP 增长率变化	0.2	-0.5	-0.3	-0.8	-1.8	-1.3
各构成部分贡献： 私人最终消费	-0.570	-0.798	0.456	-0.228	-0.798	-1.197
政府最终消费	0.306	0.102	0.102	0.238	0.272	0.119
固定资本形成	0.440	-0.480	-0.400	-1.180	-0.920	-0.860
其他与误差	0.024	0.676	-0.458	0.370	-0.354	0.638

说明：本表以 2006 年为基期。

数据来源：作者根据日本内务省统计局数据计算所得。

二 企业景气与就业状况

2008 年，受国际油价、原材料价格上升等因素的影响，日本的中小企业景气状况不断恶化，并进一步蔓延到了其他类型的企业。在 2007 年 1 月，日本中小企业景气指数为48.5，但到2008 年7 月，则只有39.9（见表3）。在过去的两

表 3 日本企业景气与制造业产量指数

类别	企业景气指数(一致指数)	中小企业景气指数	制造业产量指数 2005 = 100
2007 年 1 月	104.4	48.5	105.4
2007 年 2 月	104.6	48.8	106.0
2007 年 3 月	104.3	50.4	105.9
2007 年 4 月	104.4	49.6	105.6
2007 年 5 月	105.2	49.3	106.9
2007 年 6 月	105.3	48.4	106.9
2007 年 7 月	104.7	48.4	107.0
2007 年 8 月	105.7	47.5	109.7
2007 年 9 月	104.8	49.1	108.0
2007 年 10 月	105.5	47.8	110.0
2007 年 11 月	104.8	46.9	108.4
2007 年 12 月	104.4	44.5	109.2
2008 年 1 月	103.7	43.5	108.5
2008 年 2 月	104.8	44.3	110.2
2008 年 3 月	102.4	46.6	106.6
2008 年 4 月	101.7	43.1	106.3
2008 年 5 月	103.3	42.2	109.3
2008 年 6 月	101.6	40.7	107.0
2008 年 7 月	n. a.	39.9	107.9

数据来源：日本内务省统计局。

年中，中小企业一直景气不佳。到2008年，其他企业也开始出现恶化的情况，全行业企业景气指数从2008年初的103.7下滑到了2008年6月的101.6。

受企业不景气影响，日本制造业产量增长缓慢。与企业不景气密切相关的是日益严峻的就业形势，尤其是年轻人就业状况出现严重恶化。细化的失业率数据为这一观点提供了旁证，2008年6月，日本总体失业率为3.9%，其中15~24岁就业人口失业率为7.0%，25~34岁的失业率为4.9%，明显高于平均水平。而35~44岁、45~54岁、55~64岁及65岁以上的失业率则分别为3.7%、2.9%、3.5%和2.4%（见表4）。从结构数据中可以看出，失业人口主要集中在15~34岁的年轻人中。

表4 2001~2008年日本分年龄层失业率

单位：%

类别	15~24岁	25~34岁	35~44岁	45~54岁	55~64岁	65岁以上	合计
2001年	9.6	6.0	3.6	3.5	5.7	2.4	5.0
2002年	9.9	6.4	4.1	4.0	5.9	2.3	5.4
2003年	10.1	6.3	4.1	3.7	5.6	2.5	5.3
2004年	9.5	5.7	3.9	3.4	4.5	2.0	4.7
2005年	8.7	5.6	3.8	3.0	4.1	2.0	4.4
2006年	8.0	5.2	3.4	2.9	3.9	2.1	4.1
2007年	7.7	4.9	3.4	2.8	3.4	1.8	3.9
2008年1月	7.0	4.9	3.6	2.9	3.6	1.9	3.9
2008年2月	7.3	5.5	3.5	3.0	3.6	2.1	4.1
2008年3月	7.7	5.2	3.4	3.0	3.7	2.4	4.1
2008年4月	7.4	5.2	3.4	3.0	3.8	2.6	4.1
2008年5月	7.1	5.1	3.5	3.0	3.7	2.5	4.0
2008年6月	7.0	4.9	3.7	2.9	3.5	2.4	3.9

数据来源：日本内务省统计局。

上面提到，日本企业（尤其是中小企业）不景气，是造成年轻人失业率高的原因，但这只是短期原因，从长期看，日本的就业状况与年轻人失业率高是与日本的年金制度和海外投资分不开的。

1. 日本的年金制度

一方面，日本的国民年金支付额度较低，难以保障基本生活，而且国民年金要求交齐25年才能够获得全额支付，许多人达不到这一要求，这样就迫使一些已经到了退休年龄的人仍然继续工作。另一方面，由企业代管的厚生年金，是由企业和个人各负担1/2，许多大型企业为了节约成本，在员工退休后实施“再雇佣计划”，退休以后的员工可以继续在企业上班，企业只支付退休前工资的一半，另一半则为退休金，以保证生活水平不下降。这也使得一些已经到了退休年龄的员工继续留在工作岗位上。以上两个方面都是造成“退而不休”的原因，再加上中小企业在近两年中不景气，这些都给年轻人就业增加了难度。

2. 日本的海外投资

受国内劳动工资不断上升以及国内市场增长空间限制，日本企业在克服亚洲金融危机的影响后，近年来开始再次扩大海外投资规模。根据日本政府公布的国际投资头寸表，日本2005年以来海外投资规模不断扩大，2005、2006年和2007年三年海外资产分别增加723270亿、519150亿和523860亿日元，分别占当年国内投资的6.1%、4.3%和4.4%。根据渣打银行首席执行官撰文介绍，日本每年单是流入渣打银行（Standard Chartered）在亚洲和中东最大的6个市场（大中华区、印度、韩国、新加坡、阿拉伯联合酋长国、马来西亚）的资金，就已从2005年的250亿美元增至2007年的660亿美元。[①] 这都是导致国内就业状况不佳的重要原因。

造成日本成为新兴市场国家和中东国家融资来源的原因主要有两个方面：一方面是因为日本的低利率，加之日本金融机构较为成熟，使得日本成为重要的融资市场。二是由于增长速度上的差距，日本每年的经济增长速度只有1%，而新兴市场国家和中东国家的年经济增长率为6%～10%，形成了对资金的巨大需求，使得日本成为新兴市场国家和中东国家融资的重要来源。

三　货币与财政状况

在全球经济增长放缓、衰退风险不断增加的情况下，作为政策工具的货币政

① 白承睿：《新兴经济体去日本融资》，2008年9月16日《金融时报》中文网，http://www.ftchinese.com。

策与财政政策具有非常重要的意义。考量日本货币与财政状况，不只是评价2008年经济发展的重要内容，也有利于判断日本政府在经济放缓时刺激经济的能力。

自从泡沫破灭以来，日本货币政策空间变得非常小，日本银行长期维护零利率和低利率政策，在过去的一年中，日本仍然维持0.5%的基准利率。因此，我们将更多的关注日本财政政策的状况。在过去的十年中，日本的财政一直维持脆弱平衡，长年保持一定的财政盈余，光是从这点上看，日本的财政政策仍然有一定的空间（见图1）。但是，如果考虑不断积累的公债规模，日本财政政策作用的空间则被大大削弱。

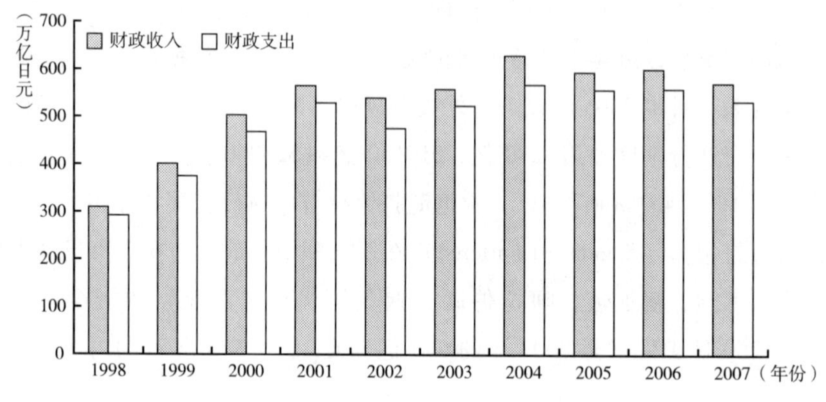

图1　1998~2007年日本财政收支状况

注：“财政收入”和“财政支出”项包括日本一般会计、特别会计、公债、政府短期证券。

数据来源：日本总务省统计局。

到2007年，政府债务存量已经达到当年财政收入16.1倍，日本的财政支出中，有13.1%左右被用于支出公债利息（见表5）。根据这一情况，我们认为日本政府在当前的财政状况，仍然有一定的空间扩大财政支出，虽然扩大支出的空间非常小。但是，继续通过发行政府债券来为刺激经济融资的方案需要慎重考虑。从这一点上看，对于日本政府正在酝酿出台的经济刺激方案，我们并不乐观，在当前的财政状况下，我们认为日本决策当局需要认真考虑的是：出台经济刺激方案真的有益于事吗？关于日本的经济刺激方案，我们将会在谈到次贷危机的影响时进行详细讨论。

表 5　1999 ~ 2007 年日本政府债务与财政状况

年份	A. 政府债券存量（10 亿日元）	B. 新增政府债券（10 亿日元）	A/GDP * 100%（%）	B/财政收入（倍数）	公债支出占比（%）
1999	492970	55415	11. 1	10. 0	14. 9
2000	538386	45416	9. 0	10. 2	12. 2
2001	607312	68926	13. 8	12. 2	9. 1
2002	668761	61449	12. 5	14. 6	8. 1
2003	703148	34387	7. 0	15. 5	12. 3
2004	781552	78404	15. 7	16. 2	12. 4
2005	827481	45929	9. 2	15. 8	14. 8
2006	834379	6898	1. 4	15. 4	16. 0
2007	849240	14861	2. 9	16. 1	13. 1

注：“公债支出占比”指公债付息占当年财政支出的百分比。

数据来源：内阁府经济与社会研究所、内务省统计局。

四　通货膨胀明显恶化

2008 年年中，日本经济另一个令人担忧的问题是通货膨胀，从 2007 年 5 月开始，日本核心 CPI 就不断上升，到 2008 年 7 月，CPI 已经达到了 2. 3%，而在 2007 年全年和 2008 年年初，日本仍然处于通货紧缩的阴影中（见表 6）。从货币（M_2）增长速度可以看出，从 2007 年 6 月到 2008 年 10 月，M_2 的增长速度始终维持在 2% 的水平上下，因此，这一轮通货膨胀显然不是因为货币政策失当。与全球其他国家一样，日本这一轮的通货膨胀主要是因为外部冲击的影响。从 2007 年 10 月以来，国际原油价格迅速上涨，到 2008 年 7 月，同比上涨速度已经达到 64. 6%。受原油价格以及原材料价格上涨因素影响，日本的进口价格和 CPI 也出现了较大幅度的上涨，而这是导致 CPI 上涨加速的主要原因。

年度的价格数据也充分说明了这一点，在日本处于通货紧缩时期（1999 ~ 2003 年），M_2 增长速度最高达到 4. 6%，最低也为 1. 6%。当 CPI 上升到零以上，并出现通货膨胀时，M_2 的增长速度只有不到 2%，有时只有 1%（见表 7）。可见日本的通货膨胀通常不是由内需因素所拉动，而是因为石油价格上涨等外部冲击所致。

表 6　2007～2008 年日本各种价格及 M_2 增长速度（月度）

单位：%

类　别	原油价格	进口价格	出口价格	PPI	CPI	M_2
2007 年 1 月	10.3	18.4	5.9	1.5	0.0	0.9
2007 年 2 月	-6.8	16.0	5.8	1.2	-0.2	1.0
2007 年 3 月	-5.7	15.7	4.4	1.4	-0.1	1.1
2007 年 4 月	-0.1	19.5	5.9	1.9	0.0	1.1
2007 年 5 月	4.2	23.7	7.4	1.7	0.0	1.4
2007 年 6 月	7.5	25.7	8.7	1.8	-0.2	1.8
2007 年 7 月	9.0	25.4	8.4	1.9	0.0	2.0
2007 年 8 月	3.3	22.7	5.0	1.6	-0.2	1.8
2007 年 9 月	-2.6	21.5	3.9	1.3	-0.2	1.7
2007 年 10 月	16.4	25.5	4.6	2.0	0.3	1.9
2007 年 11 月	30.6	24.6	1.9	2.3	0.6	2.0
2007 年 12 月	46.8	29.7	2.4	2.7	0.7	2.1
2008 年 1 月	39.4	26.8	-0.2	3.0	0.7	2.1
2008 年 2 月	49.2	28.8	0.2	3.5	1.0	2.4
2008 年 3 月	47.4	25.3	-2.7	3.9	1.2	2.3
2008 年 4 月	41.1	31.5	-0.4	3.9	0.8	1.9
2008 年 5 月	42.5	37.1	1.4	4.8	1.3	2.1
2008 年 6 月	56.0	48.4	4.1	5.7	2.0	2.2
2008 年 7 月	64.6	52.5	5.4	7.1	2.3	2.1

数据来源：内务省统计局。

表 7　1999～2007 年日本 M_2 增长速度及各种价格增长速度（年度）

单位：%

年份	M_2	原油价格	进口价格	出口价格	PPI	CPI
1999	4.6	5.6	-19.1	-9.3	-10.1	-1.4
2000	2	59.1	-15.3	4.7	-4.7	0
2001	1.6	-0.4	-13.1	2.6	3.1	-2.3
2002	4.3	0.9	-14.4	-1.5	-1.1	-2.0
2003	2.2	10.4	-15.2	-0.9	-4.1	-0.9
2004	1.5	15.6	-11.6	4.2	-1.4	1.3
2005	1.8	43.3	0.0	13.1	1.9	1.6
2006	1	31.8	13.7	13.7	3.1	2.2
2007	1.6	9.6	22.4	7.7	2.2	1.7

说明：进口价格、出口价格、PPI 和 CPI 是按 2005 年不变价计算所得。

数据来源：内务省统计局。

五　次贷危机与经济刺激方案

次贷危机所引发的美国金融危机，将对亚洲国家产生什么样的影响？到目前为止，还是不得而知的。但是从雷曼兄弟倒闭案中，可以一窥亚洲国家可能受到的影响。根据有关机构的测算，仅在雷曼兄弟倒闭一案中，日本各银行和金融机构的风险敞口约为22亿美元（见表8）。这仅仅是日本在一个美国金融企业破产中的情况，但也足以揭示日本金融机构在这场危机中所面临的风险。前面还曾经提到，日本近年来对外投资规模不断扩大，已经成为新兴市场国家和中东国家的重要融资来源，随着美国金融危机进一步恶化，新兴市场国家和中东国家都有可能受到影响，日本也将会因此受到间接的影响。

表8　日本银行对雷曼的风险敞口一览

单位：亿美元

机构名称	金额	敞口类型	机构名称	金额	敞口类型
Aozora Bank	4.63	贷款	中央三井信托	1.44	不详
瑞穗信托	3.82	不详	信金中央金库	0.93	不详
新生银行	2.31	不详	日本生命保险	0.46	不详
UFJ银行	1.85	不详	合　计	22.0*	
三井住友银行	1.77	不详			

*根据标准普尔的估算结果，截止日期为2008年3月31日，主要为日本大银行集团，但也包括标准普尔追踪的26家地区性银行。

数据来源：《亚洲地区银行对雷曼的风险敞口一览表》，路透中文网站，2008年9月19日，http：//cn.reuters.com。

当然，现在要完整评估美国金融危机对日本的影响，显然为时过早，但我们认为，日本可能从三个方面受到这次危机的影响：一是就像在雷曼兄弟破产案中一样，一些金融类企业可能持有美元资产，这些资产在华尔街金融危机中可能受损。这一方面是会给相关的金融企业带来损失，另一方面，这些金融机构受损可能引发日本国内信贷紧缩，阻碍经济成长。二是一些以美国为目标市场的出口企业，受美国和全球经济放缓的影响，外部需求有所削弱，致使这些企业的出口受到影响。日本经济过去几年增长速度回升的重要原因之一，是外部需求比较旺盛，2006 年第 1 季度至 2008 年第 2 季度间，出口增长速度始终高于6%，最高时达到13%。这些增加的出口需求中，一部分来自中国，也有一些来自欧美国家，受次贷危机及其引发的美国金融风暴影响，外部需求对日本经济增长的贡献可能会进一步下降。三是受危机影响，美联储已多次减息，而日本的利率进一步下调空间非常小，这种情况下，可能会造成日本国内在未来出现通货膨胀。

为了缓解中小企业所面临的困境，日本政府已经宣布将向中小企业投资36.7 亿美元，[①] 同时，也在积极酝酿出台经济刺激方案。在分析日本的财政状况时我们已经指出，在短期内，日本仍有小幅扩大政府支出的可能，但是从长期看，继续扩大政府债务规模对日本经济的负面影响不可忽视。我们认为，除了上述直接受到影响的行业外，在短期内，更多的企业与民众并不会直接受到美国金融危机的影响，因此在这一阶段并不需要出台普遍受益的经济刺激方案，这样不但起不到缓和危机的作用，反而不利于保持稳健的财政状况，以应付下一步可能出现的风险。当前的最佳选择，是出台针对危机的结构性调整政策，缓解直接受到影响的企业和行业所面临的压力。同时，保持适当的财力，静观危机的发展，并在危机的尾声前后，选择适当的时机出台刺激经济增长的综合方案。

六　2009 年经济形势展望

回顾过去一年日本经济的发展，我们认为，造成日本经济不景气的因素中，既有长期的因素，也有短期因素。从长期来看，主要是日本的经济改革与劳动力市场改革进展缓慢，给经济发展造成阻力。从短期来看，主要是受外部冲击（原油价格和原材料价格上涨、美国金融危机）的影响，使得国内通货膨胀、失业出现恶化。

下面是我们对日本 2009 年经济增长，以及日本经济需要重点关注的问题的相关分析。

---

① 《日本将向中小企业投资 36.7 亿美元，助其克服信贷紧缩》，2008 年 8 月 27 日《华尔街日报》中文网，http://chinese.wsj.com。

1. 经济将步入低增长时期

在2009年，我们认为日本经济将步入一个低增长时期。表9是日本经济研究中心对日本2008年下半年与2009年经济增长情况的预测。我们对其中大部分预测都是认可的，但也认为这一预测结果有以下几点需要调整。首先，私人最终消费的增长速度。我们认为，受经济不景气预期的影响，消费增长速度不可能在2009年第4季度达到0.4%的水平。其次，私人住宅投资。因为2008年第1～2季度私人住宅投资为负增长，2008年6月住宅投资恢复以后，在2009年第1～2季度，住宅投资应该为出现正增长，增长速度不会低于2008年第3～4季度的水平。再者，私人企业设备投资。受经济增长放缓预期影响，日本私人企业设备投资已经明显放缓。而且由于2008年第2季度、第3季度制造业订单下降了1.4%（统计结果）和2.9%（预测值）（见表10），我们认为机械设备投资会出现负增长，而不是像预测所显示的小幅正增长。最后，我们认为对于外需的预测也过于悲观。我们认为，受产品安全等因素影响，日本向中国的出口可能会有较大幅度增长，与此同时，日本从中国进口的产品会有所减少，从而对国内产品的需求可能加大。

表9　日本经济研究中心关于日本经济的预测结果

单位：%

类　别	2008年		2009年				全年预测	
	3季	4季	1季	2季	3季	4季	2008年	2009年
GDP增长速度(环比)	0.4	0.2	0.2	-0.2	0.3	0.6	0.7	0.9
GDP增长速度(同比)	1.2	0.8	0.2	0.6	0.6	1.0	0.7	0.9
国内需求	0.2	0.1	0.2	-0.1	0.1	0.4	-0.0	0.6
私人最终消费	0.3	0.2	0.2	0.0	0.2	0.4	0.5	0.8
私人住宅投资	4.1	2.9	-0.0	-1.0	-1.5	-1.0	-3.1	-0.2
私人企业设备投资	0.0	-0.7	-0.1	0.5	0.3	0.9	0.1	1.2
政府最终消费	0.2	0.4	-0.1	0.1	0.2	0.5	0.5	0.7
公有资本形成	-2.8	0.6	4.4	-4.8	-2.4	0.2	-5.7	-3.1
外需	0.2	0.1	-0.1	-0.1	0.3	0.2	0.7	0.3
出口	1.6	1.0	0.0	-0.1	1.9	2.0	3.8	3.4
进口	0.4	0.5	0.6	0.4	0.3	1.6	-1.0	2.7

数据来源：日本经济研究中心（JCER，Japan Center for Economic Research）短期经济预测。

表 10　2007～2008 年日本制造业订单增长速度

单位：%

类　别	2007 年				2008 年		
	1 季	2 季	3 季	4 季	1 季	2 季	3 季*
全部	-0.4	5.7	-3.6	2.4	3.6	-1.4	-2.9
私人部门需求	-0.8	-0.7	3.0	2.3	2.7	-1.3	-2.5
制造业	-1.4	-4.0	2.7	6.1	-5.9	2.7	-4.0
非制造业	-1.1	-0.1	1.6	-1.1	6.5	1.0	-3.0
政府需求	12.1	18.3	-26.2	3.8	-2.2	5.9	-1.5
海外需求	1.3	5.7	-2.2	1.7	3.4	-3.9	-0.1
通过代理	-10.4	11.1	-3.8	-6.7	3.7	3.2	6.4

* 预测结果。
数据来源：内阁府经济与社会研究所。

基于以上判断，我们认为私人消费、机械设备投资的增长速度将低于预测结果，而住宅投资、外需的增长速度将高于预测结果。对上述结果调整之后，我们认为 2009 年日本经济衰退的可能性不大，全年经济增长率可能在 0.5% 左右。

2. 工资率存在上升压力

出于两个方面的原因，我们认为日本工资率可能在 2009 年出现较大的上升压力。一方面，日本国内通货膨胀不断恶化，在不断侵蚀居民的购买力，为了保持原有的生活水平，就业人口对于上调工资的要求将会越来越强烈。另一方面，在 1999～2007 年的 8 年时间里，日本的工资率上涨速度长期低于劳动生产率上涨速度（见表 11），这也会形成未来一定时期内工资上涨的压力。

表 11　1999～2007 年日本劳动生产率和工资率增长速度

单位：%

年　份	1999	2000	2001	2002	2003	2004	2005	2006	2007
劳动生产率	3.7	6.7	-2.9	3.4	4.3	4.2	1.4	2.7	2.1
工　资　率	4.1	3.9	2.9	-0.1	-0.2	-1.0	0	1.0	0.7

数据来源：内务省统计局。

虽然在近期，原油价格开始下降，但是考虑到原材料价格仍然高居不下，因此，外部冲击在 2009 年中完全消失的可能性并不大。如果外部冲击的因素与国内工资率上升结合在一起，将对日本的中小企业造成更大的冲击，并有可能进一步蔓延到大企业。所以，我们认为，在2009年中，工资率上升以及企业景气状况进一步恶化是另一个需要高度关注的问题。

Japan Economy: Entering Low Growth Era

Li Zhongmin

Abstract: In 2008, Japan economy is under high concern because of slowing growth, increasing unemployment, and deteriorated inflation. Some even worried about a possible recession. In our analysis, we find reasons for bad performance of Japan economy are mainly the exogenous shocks including crude oil price surge, Wall Street crisis and others. In 2009, the crude oil price is possible to decrease, while the impact of Wall Street crisis will emerge. Under this circumstance, Japan's economic growth will be around 0.5 percent, still being possible to avoid a recession. Also, we think the increasing wages and deteriorating industrial condition should be given the priority for the policy makers.

Key Words: Japan Economy; Low Growth; Recession

俄罗斯经济：继续增长

米 军　刘 坤*

摘　要：2008 年是俄罗斯权力交替后的第一年。在“梅普组合”下，俄罗斯目前的内外方针政策将会得到继续，经济增长势头将得到保持，但增幅有所放缓。由于宏观经济环境整体性得到改善，经济增长的内需导向型发展进一步加强，国内继续保持稳定的消费需求和相对较高的投资活力，同时有利的对外经济行情，即石油、天然气以及其他原材料等的出口价格不断上涨，对经济增长的贡献依然占据重要地位。受世界金融危机的影响，俄罗斯国内信贷条件恶化，GDP 增速降低。2009 年俄罗斯经济增长形势不会改变。

关键词：俄罗斯经济　继续增长

一　2007 年俄罗斯经济形势回顾

2007 年俄罗斯的经济形势总体上可以概括为：经济继续稳定增长，增速进一步提高，主要经济指标的增长大多好于上年水平。这主要得益于全年居民消费水平、固定资产投资及其工农业生产均呈上升势头，有利的对外贸易行情使得对外贸易高速增长。按照俄联邦经济贸易部的统计，全年 GDP 增速为 8.1%，名义 GDP 达到 1.1 万 ~1.2 万亿美元，工业增长 6.3%，农业增长 3.3%，零售贸易增长超过 15.2%，固定资产投资增长 21%，建筑工程增长 18.2%，加工业生产增

* 米军，世界经济学博士，浙江师范大学工商管理学院教授，中国社科院世界经济与政治研究所博士后，主要研究世界经济、俄罗斯经济、比较金融制度等问题；刘坤，浙江师范大学工商管理学院。

长9.3%，实际可支配收入增长10.4%，实际工资增长16.2%；商品的进出口增长率分别为36.8%和16.5%，受本国能源供给能力限制，出口增长明显低于上年水平，出口增幅趋缓的趋势没有改变，而旺盛的投资和消费需求继续提高了进口增长速度；2007年上半年通货膨胀水平低于上年同期，后半年通货膨胀压力较大，特别是后半年石油出口价格大幅上涨和大量外资的涌入，俄罗斯货币供给进一步增大，加之国际商品尤其是粮价的持续上涨，消费品价格上涨速度又进一步加快，通货膨胀率再次达到双位数，大大超过了政府年初制定的将通胀率控制在8%以内的目标，达到11.9%。

另一方面，国家财政金融状况进一步改善，黄金外汇储备再创历史新高。据俄罗斯央行统计，截至2008年1月1日，俄罗斯外汇储备（包括黄金）达到4763.91亿美元（2007年全年增长了1726.59亿美元），居世界第三位。外汇储备的增加促使卢布进一步坚挺，2007年卢布对美元实际汇率升值15%。截至2007年12月，俄罗斯稳定基金总额超过1500亿美元（或3.697万亿卢布），主要用于弥补退休基金的赤字、偿还外债、实施国家项目投资以及减轻能源价格波动对俄经济的影响。稳定基金是俄宏观经济稳定政策的重要组成部分，一旦能源价格暴跌，俄政府可以通过动用该基金来确保预算目标的实现，在油价高涨时将石油行业的超额税收纳入该基金，这也是使其在油价高涨的同时没有引起国内高通货膨胀的主要原因。2007年联邦预算收入为77645亿卢布，占GDP的23.5%，财政盈余17824亿卢布。同时国家外债进一步减少，到2007年底已经减少到450亿美元。

为转变增长方式，政府在经济生活中的作用继续增强。2007年，在社会经济政策中，国家在教育、医疗、社会服务、公共交通和国有企业等领域的经济职能进一步加强。这既增强了政府的宏观经济控制能力，也强化了经济增长的内需导向型发展模式。如政府用在社会保障体系上的财政支出达到30%；通过司法和市场手段，将能源私企国有化，到目前60%的石油资产在国家的控制之下，俄罗斯石油公司已经超越卢克公司成为俄最大的石油公司。同时在飞机制造和造船等领域组建由国家控股的企业集团。俄罗斯能源及其他核心产业的国有化趋势，预示俄罗斯与周边国家的合作以及地缘政治经济较量进一步加强。

总之，2007年俄罗斯宏观经济环境整体性得到改善，经济增长的内需导向型发展进一步加强，国内经济的基本因素在经济增长中发挥重要作用，这是俄多年来改革和调整措施逐步生效的结果。据俄经济贸易部资料，2007 年内需增长中国内生产占据主要地位，该年它的贡献在内需增长中的比重增加到 52.3%（2006 年是 51%）。尽管对国外进口品的需求比重较大，但仍略低于国内产出对需求的满足。最后，我们依然不能低估有利的对外贸易行情以及原料型为主的经济结构在经济增长中的贡献度。尽管外需拉动有所减弱，但国际高油价的利益驱动仍使俄罗斯不断增加能源生产和出口，“黑色金子”成为推进俄内需扩张的重要基础。

通过回顾 2007 年俄罗斯经济形势，可以看到：我们在《2007～2008 年世界经济形势分析与预测》中对俄罗斯经济总体走势的分析是准确的，虽然个别指标的预测值略低于实际值，主要是因为对俄罗斯经济增长的估计不足，尤其是对后半年能源及其他原材料出口价格不断上涨的势头预测比较保守。但是，其经济增长趋势与实际运行趋势基本相符。

二　2008 年俄罗斯经济形势分析

2008 年俄罗斯经济增长势头将得到保持，但增幅有所放缓。由于宏观经济环境整体性得到改善，经济增长的内需导向型发展进一步加强，同时有利的对外经济行情即石油、天然气以及其他原材料等出口价格高位运行成为带动俄经济高速增长的外部主要力量，对经济增长的贡献依然占据重要地位。受次贷危机的影响，俄罗斯国内信贷条件趋于恶化，遏制 GDP 增速。

（一）2008 年俄罗斯宏观经济的特点

1. 2008 年俄罗斯经济继续增长，但增幅有所放缓

2008 年上半年经济依然保持高速增长。根据俄经济发展和贸易部的预测，2008 年 1～6 月 GDP 比上年同期增加 8.0%。同时，在 1～4 月的稳定增长之后，5～6 月出现增速放缓的趋势，结果 GDP 第一季度增长 8.5%，到第二季度仅增长 7.6%。预计 2008 年 GDP 增长为 7.8%，其中下半年估计为 7.5%（见表 1）。下半年经济增长速度降低源于投资需求增长的继续减弱和零售贸易增长速度的预期下降。

表1　俄罗斯2007～2008年主要经济指标增长率对比

单位：%

指标名称	2007年			2008年		
	第1季度	第2季度	下半年	第1季度	第2季度	下半年②
GDP	7.4	8.1	8.4	8.5①	7.6②	7.5②
本期末消费品价格指数（相对于上期末比值）	3.4	2.2	6.0	4.8	3.8	2.9
工业生产指数	7.2	7.1	5.6	6.2	5.5	4.8
农业产值指数	3.4	4.3	3.1	4.5	4.2	3.7
固定资产投资	22.8	24.2	19.4	20.2	14.9	16.3
建筑工程	17.2	21.6	17.1	28.9	18.2	15.8
居民实际可支配收入	10.0	9.1	11.4	9.4	6.9	10.6
实际工资收入	18.2	16.6	15.0	13.4	12.7	14.0
零售贸易额	14.7	15.7	16.7	16.5	14.1	13.8
商品出口	6.5	9.4	24.9	53.9	54.8③	42.5
商品进口	38.6	35.9	34.9	40.8	42.0③	36.1

资料来源：http：//www.economy.gov.ru/，其中①俄罗斯统计局的估算；②俄罗斯经济发展与贸易部估算。受世界金融危机的纵深影响和国际油价的急剧下跌，原来估计的下半年GDP 7.5%的增长率可能难以达到，会下跌0.5～1个百分点，预计2008年国内生产总值的增长在7%左右；③俄罗斯央行的估算。

2. 通货膨胀依然居高不下

尽管俄罗斯通货膨胀率水平较之转轨初期低得多，但政府控制通胀的目标却多年没有实现。据俄罗斯经济发展部的预测，2008年通货膨胀率为11.8%，俄央行甚至估计全年的通货膨胀率预计达12%。[①] OECD最近预测2008年俄罗斯通货膨胀率将达到13%，国际货币基金组织和世界银行也预测这一数字可能达到12%～14%。[②] 这些都反映了俄罗斯通货膨胀的形势依然较为严重。之所以2008年俄罗斯通货膨胀依然维持高位状态，其内因是居民有支付能力的商品和服务需求大幅超出供给，其外因是世界商品价格特别是粮价的持续上行而带来的输入性通货膨胀对国内物价上涨产生推波助澜的作用，这在前3季度表现较为明显；同时世界金融危机打击了俄零售网络并提高了生产、运输、仓储等环节的成本，这

① 《上半年俄罗斯通胀率达8.7%》，2008年7月3日《光明日报》。

② 《经合组织预测2008年俄罗斯通货膨胀率为13%》，2008年6月30日，www.mostgroup.com

也在很大程度上助长了物价的上涨。

3. 卢布升值压力减弱

在过去几年里，卢布汇率继续走高。2008 年 4 月 10 日，俄罗斯中央银行公布的外汇牌价为 23.5437 卢布兑换 1 美元。卢布升值的原因是主要出口商品价格大幅上涨和资本的持续流入。与此同时，卢布升值也给俄罗斯正在推进的创新经济造成很大压力，使进口商品激增，而非能源类产品出口受阻。2008 年后期，随着国际资本的流出和国际油价的急剧下跌，卢布升值压力减弱，相反卢布贬值的压力增强。

4. 国内生产的经济结构逐步改善

建筑业和工业已经进入国内生产的领先行业，尤其是工业中的加工业生产贡献显著。在整个工业生产（包括矿物开采、加工业生产、水电气等供应）增长中，加工业生产作出了最大的贡献，工业生产增幅的 90.6% 是由加工工业贡献的，其中增幅最大的行业是运输工具及设备生产，其次是食品业生产，再次是冶金业及机器设备生产。2008 年 1～7 月采掘业的贡献为 0.8%，较上年同期有所降低（2007 年同期的贡献率是 8.4%）。这些变化反映了俄罗斯国内资源型的经济结构逐步改善。

5. 对外贸易顺差额继续扩大，但后期增幅有所趋缓

2008 年世界经济增长继续减速，但俄罗斯对外贸易依然在有利的世界贸易行情下继续发展。根据俄罗斯国家统计局资料，2008 年 1～8 月，俄罗斯出口同比增长 52.3%，其中燃料能源商品的增幅最大为 66.6%；进口同比增长 46.9%，其中增幅最大的机器设备及交通工具为 56.7%；贸易顺差为 1507 亿美元，呈继续扩大的趋势。对外贸易的高速增长首先同 1～7 月份原油及石油制品价格超高速增长并达到巅峰行情有密切关系（如俄罗斯乌拉尔牌石油价格继 2007 年底走高后，从 2008 年 1 月的每桶 89.5 美元一直攀升到 7 月的 129.7 美元）。当然，伴随着国际油价下跌和世界金融危机的纵深推进，必然会影响占出口较大比重的能源商品的出口增幅，后期俄贸易顺差增幅可能有所减小。

6. 财政状况进一步好转，国际储备曾一度继续走高

有利的商品出口行情和资本的持续流入，使国际储备继续增长。仅在 2008 年 1～7 月份，国际储备增长 1180 亿美元，截止到 2008 年 8 月 1 日，俄罗斯国际储备约为 5959 亿美元。多年来，石油出口一直是俄财政收入的主要来源，伴随着石油价格的持续上涨，俄罗斯财政收入也是节节高涨。按照俄财政部的资料，2008 年上半年，联邦预算收入 43689 亿卢布，占 GDP 的 23.17%；财政盈余 13311 亿卢布，占 GDP 的 7.06%。联邦预算收入和财政盈余额较上年同期均有较大幅度提高。到了 2008 年第四季度，由于资本外流和国际油价的急剧下跌以及居民对卢布升值预期的动摇，国际储备出现一定程度的下降，同时财政盈余减少。

7. 世界金融危机已经影响到俄罗斯金融体系的稳定性，并减弱经济增长的强劲势头

其一，世界金融危机恶化了银行体系的资金状况。由于俄罗斯的小额存款主要集中于大国有银行，多数银行对国际市场融资需求较大，因而西方银行遭受的信贷危机传导到俄罗斯，造成俄银行出现资金不足问题。2008 年初，俄央行向银行业的每日最高注资额达到 3000 亿卢布，一定程度上缓解了流动性不足问题。2008 年不断恶化的世界金融危机，使得 10 月份俄银行股票跌到 3 年来的最低点，再度恶化银行资金状况，为此俄政府拨款 9500 亿卢布，用于向银行提供至少 5 年期的贷款。同时，自 2008 年 8 月开始的资本外流潮，使得到 10 月初为止，银行系统的可自由兑换外汇储备损失了近 400 亿美元。总体上，由于俄银行创新不足，没有更多参与高级金融工具的交易，这也在很大程度上决定了目前金融危机对俄罗斯银行体系的影响不是很大。

其二是世界金融危机造成俄股票市场急剧下跌。目前，俄市场对外资的依赖已达到 50% ~70%，外资的流动很大程度上影响俄证券市场波动。2007 年 10 月，世界金融市场恶化初期，投资者为弥补损失开始从其他国家市场撤资而将其投入到黄金和石油等成长性金融资产，石油价格高水平将俄罗斯证券市场推向新的高度。随着世界金融危机的继续恶化，2008 年 3 月这股浪潮再度冲击俄罗斯市场，投资者撤资使得俄股票市场出现不同程度的下跌，尤其是 7 月份以来的米歇尔钢铁公司事件、高加索战争和石油价格下跌加重了俄金融市场的局势，致使在 2008 年 6 ~9 月，俄罗斯金融市场价值缩水 1/2，市场资本总额从 34 万亿卢布缩减到 16 万亿卢布，于是俄央行 9 月份紧急向金融市场注资超过 100 亿美元以稳定市场。

其三，受次贷危机的影响，俄罗斯经济增长的强劲势头有所减弱，这一影响从第二季度显现；由于国内信贷状况恶化，消费和投资需求增长继续放缓，预计下半年 GDP 增速继续降低。另外，世界金融危机也使得俄罗斯企业受到一定程度的影响，油气行业因偿还企业西方银行外债面临减产压力，机械制造业也同样出现减产。总之，由于俄银行和金融市场在对企业投融资方面的作用一直较小，俄罗斯投资主要来自企业利润和联邦及地方政府预算补贴，这样减少了俄罗斯的金融风险。

（二）2008 年俄罗斯经济增长的主要因素分析

1. 消费需求保持稳定的增长，对经济增长的拉动作用继续上升

消费需求包括居民最终消费需求和政府最终消费需求，只有居民的最终消费需求增长了，经济才能得到持续的增长和发展。居民收入增加及购买力的提高将直接导致消费需求的增强。2008 年俄消费需求保持稳定的增长态势。2008 年上半年俄实际工资增长 13%，表现出高位而稳定的运行态势，预计全年实际工资增长 13.8%。尽管由于消费性商品价格的过快增长，居民实际可支配收入 2008 年第二季度明显减低（1~7 月份同比增长 7.4%），但实际工资的较高增长仍可能使居民全年实际可支配收入超过 10%，基本与上年持平。尽管由于紧缩货币政策实施使得 2008 年消费信贷增长减缓，但俄罗斯消费市场依然出现旺盛的增长。其一，2008 年上半年零售贸易保持较高增速（同比增长 15.2%，与上年持平）并一度超越居民货币收入的增长。排除季节性因素，零售额增长从第一季度月均 0.5% 提高到第二季度月均 0.9%；其二，在 2008 年上半年居民有偿服务市场同样也有高速的发展，它的增速约为 6%。另一方面，这些年来俄居民储蓄用在消费支出中所占的比例较大，2008 年俄罗斯居民日常消费支出（零售和居民有偿服务）占其平均货币的支出超过 70%。这些情况表明，俄罗斯已经走到消费拉动经济增长轨道上来。

2. 投资依然保持较高增长水平，但投资需求的减弱抑制经济增长势头

2008 年俄罗斯投资继续保持较高增长，投资增长率稳定地高于经济增长率，投资拉动经济增长的势头依然非常明显。根据俄经济发展与贸易部资料，在 2008 年 1~7 月，固定资产投资增速总体保持较高水平，同比增长 14.4%，房地产是投资保持高增长速度的重要因素，2008 年前 7 个月内建筑工程类投资规模增长了 20.4%，这也与 2008 年各部门有效实施长期投资计划有关。然而在 5 月份投资不同程度地出现了减缓的趋势，据统计，从 4 月份同比 18.9% 下降到 7 月

份的9.9%。排除季节性因素，上半年GDP的每月增速出现放缓的趋势，从第一季度增幅下降0.8%到第二季度增幅下降0.5%，这主要是固定资产投资、建筑工程（特别是房产）、工业生产（尤其是加工业）增长不同程度的减缓造成的。根据俄经济发展与贸易部的资料，2008年上半年工业生产同比增长约5.8%，其中加工业生产同比增长8.4%，这些都落后于上年同期7.1%和11.4%的指标。受投资增长率下降的影响，在第二季度工业生产增长放缓为5.5%，其中加工业生产为8.1%。这与粮食产品、皮毛和皮毛制品、制鞋业、纸浆生产、出版和印刷业、石油产品和核材料、化工及其他非金属矿物品的生产、冶金业、金属制成品生产、机械设备生产、电子设备等方面生产增速降低有关。

在2008年下半年，建筑成本增长和国内信贷条件趋紧的效应将越来越显现出影响投资需求的增长。据俄经济发展部研究，下半年建筑工程增长继续趋缓，预计全年增速为18.4%，这抑制了全年固定资产投资需求增长（预计全年为16.5%）。由于下半年投资需求增长继续减弱，将有可能抑制下半年经济增长速度的提高，预计下半年GDP增长仅为7%，将大大低于上年同期8.4%的比率。总之，2008年投资率的下降同生产原料价格的提高和国内信贷状况有密切关系。但是，我们应该看到，在俄罗斯国内生产领域，建筑业和加工业生产增幅继续显著，这些行业已经成为拉动国内生产增长的火车头，而国内这些领先行业发展基本受国际市场行情影响不大，这从一个方面反映出俄罗斯经济增长国内因素发挥了重要作用。

另外，目前俄罗斯的投资环境已经大为改善，形成了包括国家预算投资、私人投资、外国投资等多元化的投资主体。外国对俄投资一直稳步增长，外国投资热日趋高涨；在国内，伴随着俄罗斯创新经济深入推进和基础设施市场长期发展投资战略的实施，不仅国家财政预算资金投入继续加大，更多的私人资本投资创新经济产业和基础设施领域。根据俄联邦科学和创新署署长谢尔盖·马祖连科透露的信息，目前，俄罗斯正在实施13个产业化并且计划挺进国外高技术产品市场的项目，这些项目的大部分支持资金都来自私人资本投资。

3. 经济增长中政府的作用继续增强

为了推进本国经济增长和转变增长方式，实现经济创新型发展，2008年俄罗斯制定了国家创新发展战略，政府不断介入经济领域实施国家投资计划，以确保战略性产业的增长，强化国家在经济生活中的作用，政府因此也成为拉动经济增长的重要力量。首先，2008年2月，俄罗斯确立了国家的创新发展战略，显示了俄罗斯走创新发展之路的决心。在这部战略规划中，普京提出，要过渡到创新发展道路上去，首先就要大规模地对人的资本进行投资[①]，要积极在航空航天、造船业、能源动力等领域发展高新技术；为了发展有竞争能力的市场，承诺实行自由主义的改革，将最大限度地减免公司和居民的税收，刺激投资，进一步提高国内的需求能力，同时减少国有企业在经济中的比重，创造条件扶植中小私营企业的发展；加强政府行政体制改革，提高政府绩效，并提出把建设创新型社会的实际结果作为评价整个国家机器的主要标准。

其次，实行广泛的社会计划，加大政府在医疗、教育、住房、救济等领域的投资力度，增加社会公共服务产品供给，进一步完善社会保障机制，让百姓真正分享经济增长的成果。2008 年俄罗斯财政支出的最大一块，依然是用在医疗、教育、补贴、救济等社会保障体系上，其支出比例超出 30%，这大大降低了居民对预期消费的担忧，使得居民的大量储蓄转化为消费性支出。此外，为了加快发展创新型经济，俄积极发挥国家财政预算资金的支持力度，2008 年用于直接发展创新经济产业的财政投资又有了较快增长：从 2002 年的 20 亿卢布增加到 2008 年的 110 亿卢布。[②] 同时，2008 年俄联邦预算支出的 16%（约为 9000 亿卢布）用于投资，主要是加大对运输、能源和其他基础设施建设的更新改造。所有这些措施和发展战略的实施必将提高政府对国内生产总值增长的贡献度。

4. 外需拉动作用依然保持较好的势头

2008 年俄罗斯商品净出口继续保持增长的态势。根据相关资料估计，2008 年商品净出口占国内生产总值的比重不会低于上年的水平，约为 13% 左右。贸易顺差主要源于俄出口结构中原料性商品超过 90%。另外，机械设备和消费品的贸易逆差持续增加，这源于国内旺盛的消费需求和企业投资积极性的扩大。2008 年商品进口结构中，用于国内投资需求的产品如机器设备和运输工具、钢铁及其制品所占比重最大，这大大提升了国内企业投资品的生产能力。

值得关注的是，俄罗斯的出口增长对以石油为代表的原材料产品出口形成高度依赖，这一结构特征使得出口贸易收入与外部环境具有较高的相关性。2008 年俄罗斯的能源行业依然处于一个利好时期，良好的对外贸易行情支撑着收入的

---

① 《普京文集》，中国社会科学出版社，2008，第 677 页。

② 《远东经贸导报》，http://www.yddb.cn/。

高速增长，进而支撑着消费和投资需求，继续推进保持较好的经济增长。2008年俄出口和GDP增长高速发展，原材料出口价格不断增长是其主要原因，尤其是2008年1～7月份原油及石油制品价格超高速增长并达到创纪录行情，强化了这一时期外需拉动的贡献。2008年上半年在石油实际产量缩减6.2%的情况下，出口额的增长首先是由于石油的价格增长70%，2008年1～6月乌拉尔牌石油价格每桶为105.3美元；其次是石油产品和天然气价值额提高70%。按照世界银行2008年报告指出，石油天然气行业所创造的价值占GDP总值超过30%。[①] 根据俄著名经济学家阿甘别吉扬的2008年最新研究，有利的对外经济行情即石油、天然气以及其他原材料等的出口价格不断上涨对经济增长的贡献甚至高达60%[②]。这也说明外需对俄经济的拉动依然保持强劲的势头。

即使这样，我们依然不能说俄罗斯染上了“荷兰病”。其一，石油工业尽管在俄经济中占据重要地位，但呈“量减价增”的发展趋势，能源行业所创造的价值总额的增加主要得益于近年来国际油价的不断提升，所谓量减是指产量指标绝对下降或增幅相对于加工业生产呈下降态势。从2005年以来俄罗斯石油开采和出口增长速度出现越来越大的回落，到2008年这些指标的变化出现绝对下降趋势，2008年俄罗斯石油产量各月出现不同程度连续下降的趋势。俄罗斯联邦统计局10月17日发布的数据，2008年前8个月俄罗斯石油开采量同比减少了0.7%，为3.25亿吨，同期共出口石油1.628亿吨，比上年同期减少了5.9%。投资不足、生产设备老化、高额税负以及运输“瓶颈”问题是导致石油产量和出口下降的主要原因。其二，除了以石油为代表的原料行业外，俄其他行业得到了发展，表现为加工工业、基础设施产业、服务业呈持续快速增长，尤其是科技含量较高的机器制造和化学工业部门有逐步赶超原料行业的趋势。其三，2008年俄罗斯制定了国家创新发展战略，正在加快推进创新型经济，不久的将来俄罗斯不仅可以在基础能源和原材料领域实现技术创新，而且有能力在宇航、电子和生物等新兴领域实现世界领先。其四，2007年以来，俄经济增长的内需导向型发展进一步加强，国内的消费和投资正逐渐变成促进经济增长的强大一极，国内

① 世界银行：《俄罗斯经济报告》，2008年6月。

② A. Аганбегян：Социалъно－экономическое развитие России：стратегия роста и возможности инвестиционного обеспечения，Общество и экономика，2008. №1，c. 28.

建筑业和加工业生产的贡献稳步上升，根据俄联邦经济发展部资料，满足国内需求的主要来源是国内生产，其贡献率超过了50%。

受世界金融危机深入发展的影响，世界经济增长继续减速，国际油价急剧下跌，但由于在2008年1~8月俄乌拉尔牌石油价格平均每桶达到109.4美元，即使第四季度油价跌至每桶50美元，俄全年油价平均都保持在相对较高的水平（大约每桶89美元），因此油价下跌对俄全年GDP、石油出口总量影响不大。当然，在2008年第四季度来自石油行业的收入有减弱的趋势，这使得俄GDP增长较预计指标要减弱0.5~1个百分点。

三　2008年后俄罗斯经济增长展望

俄宏观经济基本指标预测的不同方案，主要是围绕着国际石油价格和流入俄罗斯国内的净投资额水平展开的。尤其是国际油价和石油天然气工业在俄经济增长和发展中依然起着举足轻重的作用，俄政府每年在编制下一年预算以及对经济发展预测时，石油价格是重点考虑的因素，然后在此基础上确定各项收入和预测指标。2008年8月，俄罗斯经济发展部发布了2009~2011年社会经济发展预测报告，提出了2套预测方案，两种预测方案都是建立在世界石油价格适度下降的基础上评估的，根据相关资料，乌拉尔牌石油平均价格从2008年每桶112美元降到2011年88美元。方案的差异体现为，俄罗斯经济竞争力的发展变化、政府是否采取措施加强经济创新等。这两种方案具体表现为以下几个方面。

惰性方案考虑到世界金融市场和美国抵押市场危机的背景，本国商品的竞争力下降的情况，以及本国碳氢化合物出口增长减缓等诸多因素。在这种情况下，必然会抑制投资积极性，同时银行贷款增长会有较大程度下降，国内需求更多依赖进口来满足。GDP增长速度从2007年的8.1%下降到2010~2011年的5.4%~5.9%。创新性方案主要考虑到，在国家全面转向创新发展道路的情况下，俄罗斯商业的竞争力相对改善，国内保持较高的投资活力，一系列大规模的基础设施项目得以实施，银行体系稳定发展并在经济增长中的贡献稳步提高。

创新性发展方案对于俄罗斯未来保持较高的经济增长速度并成为世界经济强国，有至关重要的作用。据预测，实施这一方案，俄GDP增长速度在2009~2011年预计保持在6.2%~6.7%的水平。但是，创新性方案的有效实施，需要国家和社会通过大量的投资解决基础设施的瓶颈约束，需要增加研发、教育、卫生及其他社会保障领域的大量支出并提高这些领域的效率。未来创新性方案能否有效的实施，将直接关系到目前俄罗斯经济增长速度和经济增长的质量。当然，创新型发展模式同样要考虑外部经济条件的变化，即世界石油市场和世界经济形势的变化。基于此，该方案又预测了可能出现的两种情况：第一，当世界经济受次贷危机影响增速继续放缓，并伴随着原料型产品价格的下降，尤其是石油价格从2008年的每桶112美元下降到2011年每桶75美元。在这种条件下，俄罗斯2010～2011年GDP增速可能降至6%～6.3%。第二，当俄罗斯经济面临良好的外部经济条件以及世界经济增长趋热，乌拉尔牌石油价格从2008年每桶112美元上升到2011年的每桶122美元，这样2009年俄经济增长可能为7.1%，2010～2011年达到7.1%～6.5%的水平。俄罗斯经济发展部根据国家确立的发展战略，在提出了2套预测方案后，以创新方案对经济发展主要指标做出预测（见表2），并以此作为联邦预算的参考依据。

表2　俄罗斯2007～2011年主要经济发展指标同比增长率

单位：%

指标名称	2007年	预测(创新方案)			
		2008年(预测)	2009年	2010年	2011年
消费品价格指数(相对于上一年12月)	11.9	11.8	7.0～8.5	5.5～7	5～6.8
GDP	8.1	7.8	6.7	6.6	6.2
工业产值指数	6.3	5.2	6.0	5.8	5.2
农业产值指数	3.3	3.8	3.9	4.1	4.1
固定资产投资	21.1	16.5	14.5	13.3	10.2
居民实际可支配收入	10.7	10.2	10.5	9.3	8.0
实际工资收入	17.2	13.8	13.8	10.7	9.7
零售贸易额	16.1	14.8	13.2	10.5	9.5
商品出口(亿美元)	3544	5254	5075	5025	5095
商品进口(亿美元)	2235	3086	3700	4345	4897

资料来源：http://www.economy.gov.ru/。

2008年10月，国际油价急剧下跌，油价下跌对俄罗斯经济最直接的影响是出口石油天然气所获得的收入减少，由此影响国家预算收入及联邦稳定基金。

2004 年俄设立此基金，作为联邦财政预算的一部分，当时是将原油实际价格超过预算基准价格每桶 27 美元（2006 年将基准价格调整为 27 美元，这之前为 20 美元）的收入纳入此中，一方面减轻国民经济对能源出口的过分依赖，一方面以备在国际油价下跌以及政府预算收入缩减时使用。现在国际油价出现大幅下跌，稳定基金将对俄经济起到内在稳定器作用，国家可以通过动用该基金来确保预算目标的实现，实施国家项目投资以减轻能源价格波动对俄经济的影响。目前，俄罗斯计划内预算盈余规定的很大，油价下跌毫无疑问会减少俄财政收入及稳定基金的积累，但不会对俄实体经济造成较大影响，俄经济继续保持增长，即使油价下跌到每桶 30 美元亦如此，何况国际油价的低迷是短期或中短期现象。基于目前国际油价下跌因素，2008 年俄联邦经济发展部将该年经济增长率调低到 7.3% 。我们认为，2008 年俄罗斯经济增长率在 7% 左右。

但是，我们也应该清醒地认识到，近几年来，俄罗斯经济之所以能持续和快速增长，这是内因和外因的互动带来了整个国家经济全面增速。世界市场石油和天然气（也包括原材料）价格长期居高不下以及外部投资额增长保持较高的水平，这对促进俄罗斯经济快速增长是重要的外部推动力量；同时，俄国内已经形成了以消费和投资为主体的强劲的国内需求，经济增长的内需导向型发展进一步加强。目前，美国次贷危机的全球影响进一步深化，世界经济衰退的悲观预期导致国际油价急剧下跌。由于油价的过度下跌或者短期回落后继续冲高都将不利于世界经济以及石油产业的长期发展，而世界能源供给与需求又存在较大的缺口，所以未来油价即使下跌也会保持一定程度的高位运行，这也是合理的发展趋势。因此，我们认为在 2009 ~ 2011 年的 GDP 增长中能源收入的贡献依然不可低估。当然，随着国际油价的回落和俄创新经济模式的大力推进，能源和原料产品的出口及由此带来的收入作为经济增长的主要源泉，其作用将日趋减弱。2009 年世界经济恢复乏力，这可能会削弱俄进出口贸易对 GDP 的贡献。由于俄罗斯国内消费需求迅猛发展的态势不减，加之 2009 年政府继续在改善投资环境上加大投入，国内投资依然在较高水平上增长，尤其是在加工制造业、交通运输和信息通讯等基础设施领域的投资会继续保持增长势头，国内需求对经济增长的贡献有增强的趋势。因此，我们认为，2009 年俄罗斯继续保持增长势头，GDP 增长在 5.5% 左右。

2009 年俄罗斯将大力实施经济结构调整，改革的重点仍然是提高工业和能源部门增长速度和国产产品的市场竞争力，更新技术工艺特别是提高燃料能源综合体的生产效率，提高高科技产品和高附加值产品的生产和出口，扩大加工制造业的生产和出口能力，促进生产和出口结构多元化。为此，俄大幅度增加了计划内联邦预算资金，从2007年的71.119亿卢布，提高到2008年的132.531亿卢布，2009年为145.124亿卢布，目的是为了尽快将以原材料为导向的发展模式转向以创新为导向的竞争型增长模式。

今后几年，俄政府的一项主要任务是遏制通货膨胀，实现宏观经济的稳定。俄联邦预算草案已确定明确目标，即2009年要将全年通胀率控制在10%以下，普京要求政府各部门要从这一目标出发开展工作。2008年俄政府采取一系列措施遏制通货膨胀，如：提高利率；控制货币发行量；稳定生活必需品市场；打击地方和行业垄断，以抑制物价上涨；等等。但是，我们也必须认识到，通货膨胀降低不足以保障俄经济稳定快速增长，降低经济发展速度来解决通胀问题是不可取的。俄罗斯今后必须加快实施一系列结构改革，必须改善实业环境和投资气候以及解决基础设施问题，大力扶植中小型企业和发展创新经济，这才是推进本国经济可持续发展的根本。另外，抵御世界金融危机的冲击，保证本国金融体系的稳定，是2009年俄罗斯首要任务。俄罗斯杜马10月17日批准俄罗斯政府在2009年使用1750亿卢布预算资金，用于支持俄罗斯金融市场。

可持续发展与一国经济增长和经济社会发展问题有密切的相关性。目前，俄罗斯的快速经济增长是以资源出口为导向的，这非常不利于长期的经济发展。不过，在短期内，俄罗斯贸易顺差不会很快降到零甚至出现逆差。因为在能源经济模式没有改变和本国商品竞争力未增强的情况下，扭转原料式为主的贸易顺差对国家经济发展仍然是不利的。发展创新型经济、实现经济现代化是俄罗斯最高层领导人达成的共识，是今后一个时期俄罗斯发展战略的主要方向。只有创新型经济才能从根本上解决俄经济增长与发展之间的矛盾，实现俄经济的可持续发展。

Russia's Economy：Continued Growth

Mi Jun　Liu Kun

Abstract：2008 is the first year after the transfer of the Russian sovereignty. The "Medvedev-Putin" Regime, which shall guarantee that the domestic and foreign policies can continue to be implemented and further enriched. At the same time, economic growth will be maintained, but the rate of increase has slowed down. Because the macroeconomic environment has improved, domestic demand-oriented economic growth has further strengthened. Simultaneously, domestic consumer demand continued to be stable and the level of investment to be maintained highly. Enabling international economic environment such as the rising export prices of Oil, gas and other raw materials play an important role in economic growth. Under the influence of the world financial crisis, Russia's domestic credit conditions had been tightened; and GDP growth rate had dropped. In conclusion, the trend of Russian economic growth would not change in 2009.

Key Words: Russia's Economy; Sustainable Growth

亚洲经济：风险中前行

刘秀莲[*]

摘　要： 进入2008年以来，受全球食品、能源等大宗商品价格持续上涨和美国次贷危机影响，亚洲出口放缓，而通货膨胀高涨则成为亚洲经济的最大风险，威胁着亚洲经济增长。但是，由于亚洲地区内部需求比较强劲，以及中国和印度等一些国家经济仍有不同增长，亚洲经济在风险中继续前行。根据亚洲开发银行2008年9月份预测，2008年亚洲GDP增长率将为7.5%，明显低于2007年的9.0%。在2009年，亚洲经济仍继续面对国际金融市场和国际石油价格波动的影响，GDP增长率将进一步放缓至7.2%。

关键词： 通货膨胀　风险　结构调整

一　2007年亚洲经济发展简要回顾

2007年，亚洲经济比较成功地应对了美国经济增长放缓和高油价所带来的影响，地区经济依然保持高增长活力，在国内消费和出口增长带动下，全年GDP增长率达到9.0%，是过去20年来GDP增长最快的一年。其中，东亚增长9.6%，东南亚增长6.5%，南亚增长8.6%，中亚地区平均增长11.6%。新加坡、菲律宾、老挝、柬埔寨经济增长率都在7%以上，中国、印度与越南分别为11.9%、9.0%、8.5%，[①] 中国与印度仍是带动亚洲经济增长的主要引擎。出口作为拉动亚洲地区经济增长的主要动力之一，在持续攀升的高油价影响下，出口增幅一度下降，

---

* 刘秀莲，中国社会科学院世界经济与政治研究所副研究员，主要研究领域为亚洲经济、东亚地区经济合作和产业发展研究。

① Asian Development Outlook 2008 Update，www.adb.org//16.9.2008.

但仍保持了两位数增长，东亚地区出口增幅达14.4%，南亚地区达16.6%，中亚地区达16.6%。[①②] 近两年来，东亚地区出口一个显著的特征是呈区域多元化趋势，这主要表现在增加了对欧盟、俄罗斯以及非洲等地区的出口幅度，因而有利于缓解对美国和日本的过度依赖程度。值得注意的是，消费需求增长作为推动东亚经济增长的另一主要动力，近两年来，对GDP增长的贡献率超过出口对GDP的增长贡献率，例如，2007年第三季度，消费需求增长对GDP的贡献率为3.4%，净出口对GDP的贡献率为1.2%。[③] 此外，亚洲一些国家外国直接投资与2006年的增长数额持平，其中，中国、印度、泰国、越南、印度尼西亚不同程度地超过了2006年的增长数额。

《2008年世界经济形势分析与预测》中对亚洲经济预估的2007年GDP增长速度，是根据亚洲开发银行2007年9月份《亚洲经济监测报告》的修正值做出的。亚洲开发银行2007年9月17日将该地区2007年GDP增长率上调至8.3%，2008年7月将该数字再次调整为9.0%。

二 2008年上半年亚洲经济运行状况及特点

（一）GDP增长速度放缓

全球经济环境的恶化，特别是美国、欧洲等国家经济放缓而减少了对外部的需求，直接影响到亚洲发展中经济体的经济增长。2008年上半年，亚洲大多数国家GDP增长速度出现放缓。例如，韩国第二季度GDP增长率为4.8%，比第一季度减少了1个百分点；泰国第二季度GDP同比增长了5.3%，比第一季度的6.1%有所下滑；[④] 新加坡2008年第二季度的GDP与2007年同期相比仅增长1.9%，大大低于2008年第一季度6.9%的同比增幅。[⑤] 马来西亚第二季度GDP较上年同期增长5.9%，低于第一季度7.1%的增幅。[⑥] 菲律宾国家统计协调委员

① Asian Development Outlook 2008，www. adb. org/April. 2008.

② 中国商务部国别数据库，2008年9月7日。

③ Emerging East Asia—A Regional Economic Update，www. adb. org//22. 7. 2008.

④ 泰国国家社会和经济发展委员会，2008年8月。

⑤ 新华网，2008年7月10日。

⑥ 2008年8月29日《亚洲华尔街日报》。

会2008年8月28日发布报告说，受石油和粮食价格高企的影响，2008年上半年菲律宾的经济增长率仅为4.6%，远远低于上年全年的7.3%。截至2008年6月30日，印度季度的经济增速降至三年来的最低水平，第一财政季度GDP增长7.9%，低于上个季度的8.8%。[①] 2008年1~6月，越南经济增长率仅为6.5%，而2007年同期则是7.9%，经济增速已经降到2001年来的最低水平。

（二）出口增幅有所下降

出口是拉动绝大多数亚洲国家近几年经济增长的最重要动力，由于世界能源、粮食等价格急剧攀升，使通胀对出口的影响相当明显。2008年1~6月，中国出口总值增速比上年下降5.7%，同期，泰国出口减少4.1%。[②] 美国经济放缓导致占菲律宾出口比重一半以上的电子和服装产品出口下降，第一季度出口同比下降了11.1%。特别是对马来西亚、新加坡、韩国等国家影响较大，这些国家电子信息技术产品出口主要还是依赖美国等发达市场。例如，新加坡和马来西亚等出口到美国的产值相当于国内生产总值的20%。[③]

（三）通货膨胀压力过大

1. 通货膨胀率不断创出历史新高

综合来看，2008年亚洲各大主要经济体上半年通胀率运行在1.5%~12%之间。其中，菲律宾为11.4%，达到14年来最高水平；印度尼西亚为11.03%，为12年来新高；马来西亚为5%，创出9年来新高；印度为8.24%，是10年以来新高；韩国为5.4%，为10年新高；泰国为8.9%，为11年新高；新加坡物价正以26年来最快的速度上涨。即使是通货膨胀得到较好控制的中国，其通货膨胀率在2008年上半年也上升到7.9%，为11年来最高水平。至于通货膨胀程度最小的日本，6月份CPI上涨到1.5%，成为该国15年以来的最高点位。2008年6月份越南CPI上升到26.8%，创出13年以来的新高。高通货膨胀已经成为亚洲目前经济发展最大的危险。

---

① 2008年9月1日《亚洲华尔街日报》。

② 越南2008年9月1日《物资报》。

③ 亚洲开发银行，2008年2月8日。

2. 物价呈结构性上涨

与历史上历次通货膨胀表现为全面的物价上涨有所不同，近年来能源和食品等大宗商品的价格不断高涨，是亚洲国家 CPI 指数中上涨最快和最猛的板块，而食品和能源消费需求在亚洲一些国家 CPI 中占有很大的比重（见表 1），从而加大了价格上升压力。

表 1　亚洲主要国家食品和能源需求占 CPI 的比重

单位：%

国家或地区	食　品	能　源	合　计
中国	33.6	13.0	46.6
印度尼西亚	43.4	25.6	69.0
韩国	14.0	17.0	31.0
老挝	55.0	12.0	67.0
马来西亚	33.8	22.4	56.2
缅甸	64.9	8.8	73.7
菲律宾	46.6	2.4	49.0
中国台湾	26.1	7.0	33.1
新加坡	23.0	22.0	45.0
泰国	36.1	9.1	45.2
越南	42.7	10.1	52.8
东亚	37.0	13.2	50.1
新兴工业化经济体	22.5	12.4	34.9
美国	14.9	5.1	20.0
欧盟	15.5	4.7	20.2

资料来源：Asia Economic Monitor，www.adb.org/July 2008。

（四）原因分析及采取的主要措施

导致高通货膨胀的原因既有内部因素，也有外部因素。2008 年亚洲地区的通货膨胀率将上升到 7.8%，为 10 年来的最高水平，此前一直维持在 4% 左右的水平上。关于亚洲通货膨胀是需求拉动还是成本推动问题，亚行在 2008 年 9 月 16 日的报告中指出，该地区有 60% 的消费价格上涨主要是“国内需求增长”和高通货膨胀预期造成的，这主要是过去多年来实施宽松的货币财政政策和政府给予各种补贴，推动了消费和投资需求以及高通货膨胀预期。这种政策补贴和一些贸易措施限制了国际商品价格走势对其国内市场价格的影响。输入性成本推动的物价上涨，主要是指国际油价、食品价格飙升导致的成本上升，进而推动通货膨胀上升，即 CPI 表现为成本推动基本上属于外部推动为主。这里主要是指因国际油价攀升导致运输等成本上升。由于亚洲各个国家的经济发展状况不同，上述两种因素的表现程度也有差别。①

在应对通货膨胀方面，亚洲国家主要采取的措施有以下几个方面。

1. 提高利率以控制通货膨胀攀升

目前，除了韩国已经连续 10 个月维持 5.0% 的利率不变和日本保持着 0.5% 的利率水平之外，其他亚洲国家都进行了不同程度的加息，部分国家央行甚至在过去半年中多次加息或提高央行准备金率。例如，经济问题最多的越南国家银行从 2008 年 6 月 11 日起再将基准利率从 12% 上调到 14%，贷款利率从 13% 上调至 15%，贴现利率从 11% 上调到 13%，同时允许各商业银行的最高贷款利率可由原来的 18% 上浮到 21%，存款利率由原来的年均 14% 调高至约 17%。②

2. 采取积极的社会政策，稳定物价和人民生活水平

许多国家将稳定物价，改善人民生活水平放在重要位置。如对贫困人口进行生活补贴，增加就业机会，对个体或小型企业进行政策扶持等。其中韩国对大米、肉类、蔬菜、鸡蛋等 50 种日常生活必需品进行“特别管理”，通过监控避免价格异常波动，减轻价格上涨对低收入阶层的冲击。

亚洲国家在采取上述措施的同时，也面临着一些矛盾。首先，紧缩政策将会减少总需求，抑制经济增长。其次，尽管加息一定程度上缓释了通货膨胀程度，但是，加息必然进一步压缩企业利润空间，而在出口受到抑制的背景下，亚洲国家企业都出现了普遍亏损。并且，加息会吸引更多的“热钱”流入，从而增大流动性，无形之中恶化了通胀程度，并增加经济“硬着陆”的风险。再次，通胀所引起的财政和贸易状况的恶化结果，迫使亚洲各国政府不得不取消燃料等补贴，企业在成本日增的情况下会向消费者转嫁成本递增风险，从而导致消费者价格加速上涨。

---

① Asian Development Outlook 2008 Update：inflation in developing Asia，www. adb. org/ 16. 9. 2008.

② 中越科技贸易网，2008 年 7 月 29 日。

三 2008年上半年亚洲主要国家经济走势

韩国：受国际原油价格大幅攀升等因素影响，通货膨胀率达到10年来的高点，2008年6月份通货膨胀率比2007年同期上升5.5%，为1998年以来最大月升幅。[①] 受到通货膨胀的影响，2008年第二季度GDP增长4.8%，增幅创一年多来最低水平。2008年下半年GDP增长预期将达到4.6%。基于对原油价格大幅攀升和原材料价格飞涨的考虑，韩国央行将2008年的通货膨胀率从此前的3.3%提高至4.8%，这也是自1998年消费价格高涨以来，通货膨胀率升至的最高点。根据韩国知识经济部数据，8月份出口额比上年同期增长20.6%，进口额增加37.0%，从而导致高达32.3亿美元的贸易逆差。9月1日政府宣布了一项总额约190亿美元的减税方案，以期刺激国内经济增长。根据韩国企划财政部公布的方案，政府2008年和2009年计划减少税收15.7万亿韩元，相当于韩国2007年国内生产总值的1.75%。在未来五年，政府计划累计减税20.7万亿韩元，约合190.5亿美元。其中，个人所得税预计减少5.77万亿韩元，企业税减少9.27万亿韩元。

泰国：2008年第二季度GDP增长率接近6%，民间消费增长6.9%，民间投资增长4.2%；通货膨胀率达到7.5%；出口增长26.3%，进口增长29.3%。但是，因受生产成本增加、通货膨胀上升、油价不稳以及不稳定的政局等因素影响，2008年下半年经济增长前景堪忧。为此，政府决定加大投入，减轻民众生活负担，保持出口行业竞争力及农产品价格优势。由于部分企业面临倒闭，银行需增加坏账准备金，央行提醒各商业银行谨慎贷款，并表示有信心在年底前将金融体系的不良贷款比降至2%。泰国央行和投资促进委员会多次强调，目前泰国金融市场比较稳健，可投机的漏洞与金融危机时期相比已经大大减少，下半年的经济将获得政府刺激经济措施的有力支持，加上出口呈现出超预期的增长趋势，泰国经济将会走向健康发展的道路。[②]

印度尼西亚：近年来，经济增长主要取决于私人消费需求和出口的增长，投

① 韩国在线，2008年7月1日。

② 中国经济信息网，2008年8月19日。

资环境的改善使私人投资扩大。预计 2008 年全年 GDP 增长率可保持在 6.0%，通货膨胀率控制在 6.8%。长期以来，印尼政府为国内消费者提供能源补贴，使印尼政府背上沉重的财政负担。为此，政府近来已采取多种措施加以应对。首先，提高国内燃油价格，以减轻政府财政压力。其中，汽油价格提高到每升 6000 印尼盾（1 美元约合 9308 印尼盾），涨幅约为 33.3%。其次，为缓解国际市场油价持续飙升带来的压力，政府还积极鼓励进行石油行业投资，以提升国内原油产量，减少进口。此外，为降低提高燃油价格对民众的影响，印尼政府宣布实行“现金直接援助”计划，以解决贫困家庭因燃油价格上涨而面临的实际困难。由于印尼目前已成为原油净进口国，印尼政府于 5 月 29 日宣布退出石油输出国组织（欧佩克），已经得到欧佩克的同意。印尼政府认为，随着国内原油产量大幅下降，印尼继续留在欧佩克内已无太大现实意义，而退出欧佩克后，可避免缴纳高额会费，而节省下来的资金有助于应对高油价。随着国际油价回落，8 月份，印尼消费者物价指数较上年同期的升幅降至 11.85%，略低于 7 月份的 11.9%。但是预计受国内需求快速增长的影响，印尼的通货膨胀压力仍然很大。2008 年以来，大米、白糖、食油、黄豆、面粉等商品价格上涨了 75% 至 100%，政府为稳定粮食价格而提供的补贴也将比原来预算增加近 2 倍，高达 20 万亿印尼盾或更多。

印度：受通货膨胀上升、美国次贷危机等不利因素的影响，2008 年印度经济增长速度将有所放慢。印度中央统计局 8 月 29 日的报告说，在 2007/2008 财政年度，GDP 增长速度将放缓至 8% 左右，为 4 年来增速最慢的。① 2008 年第二季度，GDP 增速比上年同期增长 7.9%，低于第一季度的 8.8%；工业增长率只有 5.2%，而上年同期增长率为 10.3%。工业增长大幅下滑直接影响到 GDP 增长。通货膨胀压力上升是印度经济面临的主要不利因素之一，2008 年以来通货膨胀率已经增长了 2 倍，到 8 月上旬升至 12.4%。由于通货膨胀严重，原材料价格上涨，银行又不断加息，企业的生产成本大幅提高，也造成百姓实际购买力下降，消费需求减弱。卢比不断升值造成出口企业的利润受到很大影响。许多经济学家认为，油价上涨给印度带来的新一轮物价全面上涨才刚刚开始。在通货膨胀严重，原材料价格上涨，而银行又不断加息的

① 新华网，2008 年 8 月 29 日。

情况下，企业的生产成本大幅提高，企业运营陷入困境。多数经济学家认为，尽管2008年经济形势比过去几年严峻，但由于印度国内市场庞大，随着印度政府各项措施的出台，目前遇到的困难将会有所改善，增长势头依然比较稳固。

越南：2008年年初，股票市值跌幅过半，越南盾大幅贬值，通货膨胀率持续攀升，1~5月份平均达到20%以上。虽然出现经济不景气的现象，但前5个月的统计数据表明，越南在农业、工业、零售业等方面仍然获得了不同程度的增长，特别是工业维持着比较良好的增长速度。截至2008年5月，越南工业生产增加值达到271万亿越南盾，同比增长16.4%。从越南国家统计局公布的2008年上半年数据来看，上半年GDP增速达到了6.5%，慢于2007年同期的8.17%。在进出口方面，1~5月的进出口总额达到233亿美元，增长了27.2%，但是贸易逆差金额已经达到144亿美元，同比增长61.6%。2008年5月底粮食价格比年初上涨了52.88%。但越南政府认为整体物价仅比年初增长15.96%，同比增加也只有19.09%。[①] 2008年越南政府提出把控制通货膨胀、稳定宏观经济形势作为头等重要任务来抓，强化紧缩银根的一揽子政策，大幅缩减公共投资和财政开支，大幅调高银行存贷款利率。越南政府的上述一系列政策目前已取得了一些成效，通货膨胀压力趋缓，股市已持续反弹，外汇市场趋向稳定，2008年7月份通货膨胀率仅为1.13%，为2008年以来最低涨幅。越南政府要求继续加大宏观调控力度，努力实现在2009年底将通货膨胀率控制在一位数，并保持7%至8%的经济增长水平。

四　越南“金融动荡”的原因

简单地说，越南在2008年上半年发生金融动荡的主要因素是过快追求高经济增长速度和赶超愿望[②]导致信贷过度扩张、经济过热和宏观经济恶化，再加上国际市场原油、粮食及其他原材料价格持续大幅上涨带动当地物价暴涨。这些因素具体表现为以下几个方面。

---

① 中越科技贸易网，2008年7月21日。

② 谷源洋：《越南经济问题》，《世界经济调研》2007年第13期。

1. 越南为了追求经济快速增长，早日达到2010年人均GDP1000美元、脱离低收入国家行列的目标，采取了一系列吸引外资的激进措施

2006年，外国直接投资占GDP的比例为3.8%，2007年就迅速增长到9.3%，[①] 在越南经济中具有重要地位的基本建设投资中，外资项目投资达316亿美元，增长324%。[②] 结果导致大量外资进入了股市，引发金融市场混乱。

2. 越南银行体系内积累了很大的股市风险敞口，一些合资商业银行股票抵押贷款占全部贷款最高达30%~40%

根据中国驻胡志明总领馆经商室提供的数据显示，2007年信用贷款余额增速同比增长53.8%，而一般认为，26%~30%才是比较合适的数字。[③] 据越南媒体披露，越南共有8个国家级经济集团和96个国家级总公司。截止到2007年底，这些国企中有64家涉及了证券、银行和房地产业，投资的资金约合4.54亿美元。另外，在巨大贸易逆差的背后，也映衬出政府政策的缺失。越南进出口商品结构不合理，需要进行改善和调整。

3. 过于宽松的货币和财政政策造成政府投资、企业投资以及政府债券资金都在增长

而更重要的是，政府财政把大部分钱都放给了国有企业，国有企业投资效益低下，又拿着政府的钱投入股市和房市。越南驻华使馆政务参赞阮士洪表示，此次越南危机的主要问题之一在于越南金融开放进度太快，而金融监管没有跟上。

但是，越南出现的“金融动荡”仍属于发展进程中的经济过热，与1997年泰国金融危机的情况有所不同。首先，越南的资本项目并没有开放，外资很难实现大规模外逃；其次，越南经济在出现金融动荡以后并没有像泰国一样出现负增长，政局比较稳定，社会也没有出现大的动荡。

2008年越南“金融动荡”的表象是股票市场、房地产市场和银行的金融资产价值大规模缩水，银行贷款价值下降，坏账增加。从越南与泰国相关数字的比较看，两者之间的不同之处在于以下几个方面。

第一，越南外债质量比较健全和稳健。越南2007年年末的外债占GDP的

---

① Asia Economic Monitor, www.adb.org/July 2008.

② 越南国家统计局，2008年7月1日。

③ 中越科技贸易网，2008年7月29日。

16%，而泰国1996年年末为39%，2007年年底，越南2007年年末短期外债占GDP的6.8%，大大低于泰国1996年末的25.4%。

第二，面对"金融动荡"引发的经济危机，越南政府及时果断地采取了相应的货币和财政政策，并根据具体情况进行不断的政策调整。在政府鼓励出口、限制进口及增加汽车等高档奢侈品进口关税等一系列措施的作用下，越南贸易逆差的扩大势头从6月起开始减缓，6月份的贸易逆差仅比前一个月增长4亿美元，7月份仅增长2亿美元。通胀压力有所减轻，防止了经济进一步恶化，而泰国1997～1998年金融危机爆发时政策应对反应较慢，措施显得不力。①

第三，由于采取积极的民生措施，尽快稳定了市场信心，因此，在高通胀下越南社会没有出现恐慌情绪。越南人均收入约为中国人均收入的1/3，但是越南的个人所得税和企业所得税的起征点比中国还高，同时很多居民在正常工作之外可以从事"第二职业"，② 因此，高通货膨胀带来的压力以一种较为婉转的方式化解了。

五　亚洲经济增长模式的思考

2008年，国际石油价格飙升、全球粮食等原材料产品价格高企对亚洲经济增长形成越来越大的冲击。因而有学者提出，亚洲各国应当深入反思以往的经济增长模式，避免简单地切入以美欧为主的全球经济生态链，同时为保证自身经济的安全，应进一步增强抗拒经济风险的能力和水平。东亚各国需要深入反思目前的经济增长模式是否与1997年前后发生了明显的改善和变化？这些改善和变化又能否抵御和化解外部环境变化带来的风险？这种担忧和思考集中体现在以下几个方面。

（一）亚洲出口模式面临高油价的挑战

亚洲各国普遍严重依赖进口石油，且对石油进口的依赖程度不断提高。到2007年中国对外石油依存度达45%，韩国达97%，印度达75%，日本达95%。

① Asia Economic Monitor，www.adb.org/July 2008.

② 潘金娥：《中国学者谈越南》，2008年7月16日《第一财经日报》。

因此，国际市场上石油价格上涨必然引起亚洲国家整体物价水平的全面上扬，其中以进口产品价格和生产者物价指数（PPI）最为典型。以韩国为例，截止到2008年6月，以韩元计量的进口物价较上年同期增长49.0%，为最近10年来的最大增幅。与此同时，韩国PPI较上年同期增长10.5%，也创下了最近10年来的最高纪录。同样在日本，截止到2008年6月，1.5%的通货膨胀率中约有0.8个百分点是进口石油价格上涨造成的。[①] 对此，亚洲开发银行在2008年经济展望报告中指出，由于高油价将持续很长一段时期，因此石油价格的波动将长期影响亚洲宏观经济的增长。高油价或反复无常的价格变动使亚洲地区贸易条件不断恶化，特别是高油价引发的高运输成本推高通货膨胀，威胁着进出口表现，进而影响到2008年亚洲经济的增长。摩根斯坦利的斯蒂芬·珍认为，中国内地出口到美国和欧洲的许多制成品是用从中国台湾、日本和韩国进口的部件，因此海运成本的提高甚至可能为整个东亚出口模式敲响丧钟。显然，承担得起运输成本是这种地区生产模式中必不可少的要素。[②]

（二）结构性调整或改革迫在眉睫

国际能源等大宗产品价格对亚洲出口导向型经济增长模式造成了很大冲击，迫使亚洲各国尽快进行结构型调整。

从产业层面讲，近些年来，亚洲各国非常重视发展高科技制造业、现代服务业和基础设施建设，而同时却忽视了农业的健康持续发展。世界银行曾为印尼农作物种植项目提供资助，但其农业近20年来一直在下滑。由于农业技术推广项目的减少或消失，农业生产率无法提高。农业政策的弱化和不力是造成亚洲地区贫富差距扩大的主要原因。这是因为世界近2/3的贫困人口生活在亚洲地区，而农村贫困人口又占到该地区贫困人口的70%。[③] 到2015年，依附于农业产业的17亿亚洲人将拥有两倍于现在的收入，从而带来一轮新的消费潮。食品消费将占亚洲个人消费的1/3，国民生产总值的15%，为亚洲55%的人提供生计。[④] 因此，食品经济的重要性绝不能低估。

---

① 2008年7月29日《中国经济时报》。

② 2008年8月9日（英国）《经济学家》。

③ 2008年4月3日（英国）《金融时报》。

④ 2008年6月12日《中国经济新闻》。

从社会层面讲，必须大刀阔斧地进行社保、教育、医疗、劳动、金融和税收制度的改革。改革的成功与否关系到亚洲发展模式能否成功转型，也关系到亚洲能否形成自己的内需市场，更关系到能不能在亚洲区域内平衡其庞大的储蓄和投资问题。如果没有上述制度改革作为铺垫，亚洲就不可能自发地跳出对外依存的增长模式，以及解决由此产生的金融脆弱性问题。这种金融脆弱性在世界经济失衡越来越严重、国际金融市场不断动荡的今天会带来越来越多的麻烦。

六　2009 年亚洲经济发展走势预测

在全球经济环境不确定因素依然存在，如美国次贷危机的影响还没有结束，石油价格波动不定，通货膨胀上升压力依然存在的情况下，2008 ~ 2009 年亚洲经济将在风险中继续前行，但是仍然可能成为全球经济增长最快的地区，中国与印度还是拉动亚洲经济增长的主要动力。

亚洲 2008 年全年 GDP 增长率可能放缓至 7.5%，2009 年还可能进一步放缓至 7.2%。通货膨胀率从 2007 年的 4.3% 上升到 2008 年的 7.8%，高于早些时候估计的 5.1%，2009 年则降至 6.0%。

2008 年，东亚地区 GDP 增长预计为 8%，低于 2007 年的 9.6%，预计 2009 年为 7.7%，通货膨胀率从 2007 年的 3.9% 预计上升到 2008 年的 6.1%，2009 年降至 4.8%。

东南亚地区 GDP 增长率从 2007 年的 6.5% 预计下降到 2008 年的 5.4%，通货膨胀率从 2007 年的 4.0% 预计上升到 2008 年的 9.4%，2009 年下降到 6.9%。2008 年通货膨胀率在两位数的国家有柬埔寨、老挝、印度尼西亚、菲律宾和越南。

南亚地区 GDP 增长率从 2007 年的 8.6% 预计下降到 2008 年的 7.1%，2009 年预计下降到 6.7%，通货膨胀率从 2007 年的 5.5% 预计上升到 2008 年的 11.8%。

中亚地区 GDP 增长率从 2007 年的 11.6% 预计下降到 2008 年的 7.6%，2009 年预计回升到 8%，通货膨胀率从 2007 年的 11.3% 预计上升到 2008 年的 15.4%，2009 年回落至 11.4%，① 见表 2。

---

① *Asian Development Outlook 2008 Update*, www.adb.org//16.9.2008.

表 2　2008～2009 年亚洲主要国家 GDP 年平均增长率预测

单位：%

国家或地区	2005 年	2006 年	2007 年	2008 年		2009 年	
				预测(4 月)	修正(9 月)	2008 年 4 月	2008 年 9 月
亚洲整体	8.1	8.9	9.0	7.6	7.5	7.8	7.2
中亚	11.5	13.4	11.6	7.5	7.6	8.4	8.0
哈萨克斯坦	9.7	10.7	8.5	5.0	5.0	6.3	6.3
吉尔吉斯斯坦	-0.2	3.1	8.2	7.6	7.0	7.6	6.5
塔吉克斯坦	6.7	7.0	7.8	8.0	5.0	8.0	7.0
土库曼斯坦	12.9	11.1	11.6	10.0	10.0	10.0	10.0
乌兹别克斯坦	7.0	7.2	9.5	7.8	8.0	7.2	8.0
东亚	8.3	9.4	9.6	8.1	8.0	8.2	7.7
中国	10.4	11.7	11.9	10.0	10.0	9.8	9.5
中国香港	7.1	7.0	6.4	4.5	4.5	4.8	4.5
韩国	4.2	5.1	5.0	5.0	4.6	5.2	4.5
蒙古	7.6	8.6	9.9	9.5	9.0	9.0	8.0
中国台湾	4.2	4.9	5.7	4.2	4.2	5.6	4.6
南亚	9.0	8.9	8.6	7.6	7.1	8.1	6.7
阿富汗	16.1	8.2	11.5	9.0	7.5	9.0	8.3
孟加拉国	6.0	6.6	6.4	6.0	6.2	6.5	6.5
印度	9.4	9.6	9.0	8.0	7.4	8.5	7.0
巴基斯坦	9.0	5.8	6.8	6.3	5.8	6.5	4.5
斯里兰卡	6.2	7.7	6.8	6.0	6.0	6.0	6.0
东南亚	5.7	6.0	6.5	5.7	5.4	6.0	5.4
柬埔寨	13.3	10.8	10.2	7.5	6.5	7.0	6.0
印度尼西亚	5.7	5.5	6.3	6.0	6.2	6.2	6.2
老挝	7.3	8.3	7.9	7.7	7.5	7.8	7.6
马来西亚	5.3	5.8	6.3	5.4	5.6	5.9	5.3
缅甸	13.6	12.7	—	—	—	—	—
菲律宾	5.0	5.4	7.2	6.0	4.5	6.2	4.7
新加坡	7.3	8.2	7.7	5.2	4.2	5.8	4.6
泰国	4.5	5.1	4.8	5.0	5.0	5.2	5.0
越南	8.4	8.2	8.5	7.0	6.5	8.1	6.0

资料来源：Asian Development Outlook 2008 Update GDP，Table//www. adb. org//16. 9. 2008。

2009 年，亚洲经济仍继续面对国际金融市场不确定因素和国际石油价格波动以及美国经济走势的影响，亚洲国家应该继续通过合理的财政政策和灵活而有效的货币政策以稳定宏观经济。亚洲经济要保持持续发展，必须顺利地解决结构失衡问题，这包括创造有益于贸易与投资的环境，并保证其经济调整措施有益于整体经济的增长。

参考文献

Asian Development Outlook 2008 Update, www. adb. org//16. 9. 2008.

Asia Economic Monitor, www. adb. org/July 2008.

The Global Slowdown and Developing Asia, www. adb. org//2. 4. 2008.

Asian Development Outlook 2008, www. adb. org//2. 4. 2008.

Warned on Private Equity Investments, FT. com//28. 4. 2008.

India Growth Slows for First Time in 3 Years, FT. com//28. 4. 2008.

Financial Sector Weighs on Asia Markets, FT. com//19. 8. 2008.

Indian Growth Expected to Cool to 7. 7% , FT. com//13. 8. 2008.

Korea Cuts Taxes to Boost Economy, FT. com//1. 9. 2008.

Malaysia PM Plans Record Budget, FT. com//31. 8. 2008.

High Inflation Poses Challenge In Meeting Growth Target, 9/5/2008, www. neda. gov. ph，菲律宾经济发展局。

Will East Asia suffer the slowdown? www. woridbank. org//27. 2. 2008.

《瑞信预计：亚洲经济体将直面高粮价风险》，2008 年 6 月 12 日《中国经济新闻》。

美国《商业周刊》，2008 年 5 月 9 日。

远东经济评论 2008 年有关文章。

东亚经济评论 2008 年有关文章。

《东亚：告别“脆弱金融”有多难》，2008 年 6 月 17 日《中国经济新闻》。

Asian Economies：Growth with Uncertainty

Liu Xiulian

Abstract: In 2008, the rising prices of food and energy on international markets, as well as the subprime mortgage crisis in the U. S, dragged down the Asian export growth. At the meantime, high inflation undermined economic growth in Asia.

However, prompted by the strong internal demand in Asia, and engined by growth from China and India, Asian economies will grow but with uncertainty. Regional growth rate will be 7.5% in 2008, obviously lower than the growth rate of 9.0% in 2007. In 2009, within the situation of international financial market fluctuation and international petroleum price keeping high, growth rate in Asian will further slow down to 7.2%.

Key Words: Inflation; Risk; Structural Reform

拉美经济：继续保持强劲的增长势头

江时学*

摘　要：2008 年，拉美的 GDP 增长率为 4.7%，从而使该地区保持连续6 年增长的纪录。如此长的增长期在过去 40 年中是绝无仅有的。经济的增长、失业率的下降、就业机会的增加和就业质量的提高以及非工资收入的扩大，使拉美贫困问题的严重性得到缓解。

最近几年，虽然美国经济形势不佳，但拉美经济却一直保持较快的增长。这种“脱钩”（de-coupling）现象得益于拉美国家内需的扩大和对外贸易多元化的实现。而且，美国次贷危机对拉美的直接影响也不大。

针对 2007 年以来显现的通货膨胀压力，许多拉美国家的政府采取了以下措施：对一部分能源产品和食品提供价格补贴或实行价格管制；放松对食品进口的限制；鼓励农民扩大粮食生产；设立食品出口配额制度；完善能源产品和食品的营销体系；动用战略粮食储备；扩大政府的粮食采购量；加大对可再生能源的开发和利用。

关键词：拉美　经济形势　通货膨胀

一　2007 年拉美经济形势

根据联合国拉美和加勒比经济委员会（以下简称拉美经委会）的统计，2007 年拉美的 GDP 增长率为 5.7%，人均 GDP 增长率为 4.3%。该地区的 GDP 总量已从 2006 年的 3.1 万亿美元增加到 2007 年的 3.6 万亿美元。①

* 江时学，中国社会科学院拉丁美洲研究所研究员，主要研究方向为拉美经济、政治和国际关系。

① 除注明外，本文数据均引自联合国拉美和加勒比经济委员会（ECLAC）：2007 – 2008 *Economic Survey of Latin America and the Caribbean*，August 2008。

就国别而言，2007 年巴拿马的 GDP 增长率最高，达 11.2%，其次为秘鲁（8.9%）、阿根廷（8.7%）、多米尼加（8.5%）和委内瑞拉（8.4%）。牙买加和伯利兹最低，仅为 1.2%。

2007 年拉美经济继续保持快速增长的原因，一是国际市场上初级产品价格继续保持上升的势头；二是拉美内部的需求在不断扩大，固定资本形成总额增长了 12.6%，私人消费增长了 6.9%。①

随着经济的增长，就业形势出现了好转的趋势。失业率从 1999 年的 11% 下降到 2006 年的 8.6%，2007 年进一步下降为 8%。

经济的增长和财政政策的不断优化，使拉美国家的财政收入持续增加。1990～1995 年，财政收入相当于 GDP 的 15.2%，1996～2000 年上升到 16.1%，2001～2005 年扩大到 17.4%，2006～2007 年已达 19.5%。

2007 年拉美的贸易余额仍然是顺差，但顺差额从 2006 年的 790 亿美元减少到 458 亿美元。经常项目顺差也从 2006 年的 500 亿美元下降到 2007 年的 183 亿美元。由于资本项目顺差从 2006 年的 122 亿美元扩大到 2007 年的 1063 亿美元，因此国际收支顺差也从同期的 620 亿美元上升到创纪录的 1251 亿美元。国际储备从同期的 3212 亿美元扩大到 4600 亿美元。

必须指出的是，2007 年中美洲国家的经常项目依然是逆差，而且这一逆差相当于 GDP 的比重已上升到 6.3%（2006 年为 4.4%）。加勒比地区英语国家的经常项目也从 2006 年的顺差（相当于 GDP 的 1.2%）变为逆差（相当于 GDP 的 1.7%）。这主要与该地区的两个大国有关。在这两个大国中，特立尼达和多巴哥的贸易顺差在减少，而牙买加的逆差则在扩大。

2007 年，进入拉美的外国直接投资净额为 841 亿美元，比 2006 年高出 540 亿美元。外债总额虽然从 2006 年的 6623 亿美元扩大到 2007 年的 7286 亿美元，但是随着这些国家的经济增长，负债率（外债相当于 GDP 的比重）则从同期的 21.8% 降低到 19.9%。通过重新安排债务和实施重债穷国计划（HIPC）以及多边减债倡议（MDRI），玻利维亚、洪都拉斯和尼加拉瓜的外债负担也都有所减轻。

---

① 2007 年，固定资本形成总额相当于 GDP 的比重达 20.9%，创 20 世纪 90 年代以来的最高纪录，但仍然低于 20 世纪 70 年代的 25%。

二　2008 年拉美经济形势

根据拉美经委会的预测，2008 年拉美经济增长率为 4.7%，从而使该地区保持连续 5 年快速增长的纪录（见图 1）。这在过去 40 年中是绝无仅有的。[①]

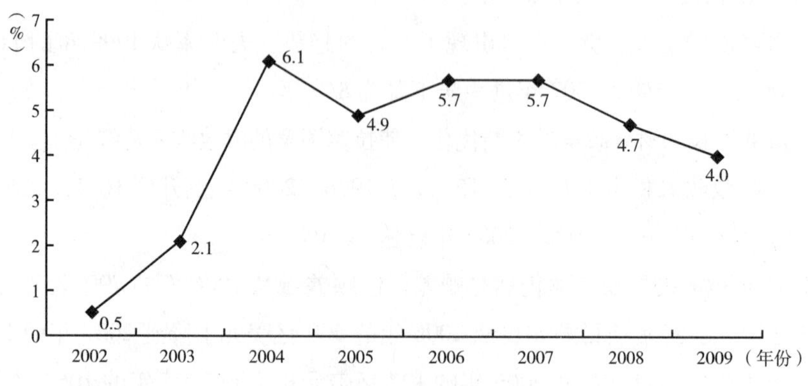

图 1　拉美 GDP 增长率

资料来源：ECLAC，*2007 – 2008 Economic Survey of Latin America and the Caribbean*，August 2008。

2008 年，就 GDP 增长率而言，国与国之间有着很大的差异（见表 1）。墨西哥的增长率最低，仅为 2.5%。巴拿马的增长率最高（8%），其次为乌拉圭（7.5%）和阿根廷（7%）。巴拿马得益于巴拿马运河扩建工程前期的巨额投资和出口贸易的增长，[②] 乌拉圭和阿根廷则得益于国际市场上农产品价格的上涨。

在当前的经济增长周期中，随着生产的发展，就业形势呈现出持续好转的态势。据估计，2008 年拉美的失业率能下降到 8% 以下，与 1999 年相比可以减少 3 个百分点以上。而且，伴随着就业机会的扩大，工资水平也可能得到提高。

① 20 世纪 60 年代末，拉美经济曾连续 7 年增长。

② 巴拿马运河扩建工程将在 2012 年完成，预计投资总额为 52 亿美元，相当于 2007 年 GDP 的 25%。

表1　拉美主要国家的GDP增长率

单位：%

年　份	2007	2008	2009
阿根廷	8.7	7.0	5.0
玻利维亚	4.6	4.7	4.5
巴西	5.4	4.8	4.0
智利	5.1	4.2	5.0
哥伦比亚	8.2	5.3	4.5
哥斯达黎加	7.3	4.3	4.0
古巴	7.3	7.0	6.0
厄瓜多尔	2.7	3.0	3.0
萨尔瓦多	4.7	3.7	3.5
危地马拉	5.7	4.3	4.0
海地	3.2	3.0	3.0
洪都拉斯	6.3	4.5	4.0
墨西哥	3.2	2.5	2.5
尼加拉瓜	3.8	3.0	2.5
巴拿马	11.2	8.0	7.0
巴拉圭	6.8	5.0	4.0
秘鲁	8.9	8.3	7.0
多米尼加	8.5	5.5	5.0
乌拉圭	7.4	7.5	6.0
委内瑞拉	8.4	6.0	4.0
拉美	5.7	4.7	4.0

资料来源：ECLAC，*2007－2008 Economic Survey of Latin America and the Caribbean*，August 2008。

经济的增长、失业率的下降、就业机会的增加和就业质量的提高以及非工资收入的扩大，使拉美贫困问题的严重性得到缓解。[①] 在2002～2007年间，贫困率（穷人在总人口中的比重）下降了7个百分点。但2008年的贫困率仍然高达35%，高于20世纪80年代初的水平。

与过去的若干个经济增长周期不同的是，当前的增长周期并没有出现公共开支增长幅度大于财政收入增长幅度的情况。2006年，中央政府的财政收支为赤字（赤字额相当于GDP的0.2%），2007年则为盈余（盈余额相当于GDP的

① 非工资收入是指侨汇收入和政府向低收入阶层提供的现金补贴。

0.3%）。2008年，一些国家增加了对食品和能源价格的补贴，从而使拉美的财政开支有所增加。但是，由于财政收入的增长速度更快，因此财政平衡仍然保持盈余（盈余额相当于GDP的0.2%）。

与20世纪90年代相比，2008年拉美的贸易条件改善了45%，但不同国家之间有着很大的差异性：南美洲国家为69%，墨西哥仅为25%。中美洲国家不仅没有改善，反而有所恶化。

不同国家参与世界经济的方式和程度不尽相同，因此外部条件对不同国家的影响是不同的。南美洲国家出口初级产品，国际市场上初级产品价格的大幅度上涨使其受益匪浅。尤其是出口石油、天然气和矿产品的南美洲国家，贸易条件改善了163%。相比之下，中美洲国家的出口产品在美国市场上遇到了一些亚洲国家的有力竞争。而且，这些国家是石油净进口国，因此它们的贸易条件在恶化。墨西哥介于上述两类国家之间。它的出口产品在美国市场上遇到亚洲国家的竞争，但它同时也是一个石油出口国，因此墨西哥的贸易条件稍有改善，但总的说来变化不大。

在过去几十年，拉美经济形势的走势与美国基本上呈同步的态势。但在最近几年，两者之间出现了“脱钩”（de-coupling）的现象。换言之，虽然美国经济形势不佳，但拉美经济却一直保持较快的增长。事实上，在雷曼兄弟投资公司倒闭以前，美国次贷危机对拉美的直接影响不大。① 但是，在雷曼兄弟投资公司倒闭后，受全球投资者信心下降的影响，拉美国家的股市也出现了较大幅度的下跌。

三　主要拉美国家的经济形势

（一）巴西

巴西的GDP在2007年增长了5.4%。但在2008年，由于外部条件发生了不利的变化，GDP增长率预计将下降到4.7%。

① 美国次贷危机对拉美影响不大的主要原因之一是拉美购买的美国次贷债券为数不多。而且，相比之下，次贷危机对设在拉美的外国银行的影响要大于对拉美本土银行的影响。

自1999年起，巴西政府将其宏观经济政策的重点确定为控制通货膨胀、强化财政纪律和维系雷亚尔汇率的稳定。2008年，巴西政府继续执行这一政策。

2008年5月，政府用初级产品价格上涨后获得的额外收入设立了一个“反周期”基金。该基金的资金将在经济衰退时使用。

从货币政策来说，巴西央行是通过制定基础利率（SELIC）来管理利率水平的。[①] 自2005年9月起，央行不断调低SELIC利率。至2007年9月，SELIC利率已下降到11.25%（2005年将近16%）。这是巴西于1999年实施通货膨胀目标制后的最低水平。但在2008年4月，央行将SELIC利率提高到11.75%，扭转了始于2005年9月的下降趋势。2008年6月，SELIC利率上升到12.25%，9月11日又被提高到13.75%。这一上升将会抑制最近几年出现的信贷不断扩大的趋势。[②]

政府将2008年的通货膨胀率目标确定为4.5%。但是在2008年1~6月，实际通货膨胀率为3.6%，预计全年的通货膨胀率将达到6%。不过，在物价上涨的同时，实际工资和就业也实现了增长。与2007年5月相比，2008年4月的就业和实际工资分别上涨了4.6%和2%，在一定程度上抵消了通货膨胀的影响。

2008年上半年，巴西央行为干预汇率而购买了205亿美元的外汇。但在2008年6月以前的12个月中，雷亚尔对美元升值了18%，对一揽子货币（13种）升值了15%。

2008年1~5月，巴西的贸易盈余为87亿美元，仅相当于2007年同期的一半。由于下半年的进口会进一步扩大，预计2008年的经常项目将出现200亿美元的逆差。同期，外资流入量与2007年同期相比有所下降。不过在4月30日，标准普尔公司宣布将巴西的信用等级从BB+提高到BBB-，从而使巴西成为世界上为数不多的达到“投资级”的国家。标准普尔公司在公报中指出，提高巴西信用评级的原因是巴西财政金融政策较为成熟，经济增长势头趋好，通货膨胀率能被控制在预定目标之内。但与其他获得投资级别的国家相比，巴西公共债务幅度较重，短期债务较多。因此，标准普尔公司的提级可能有助于今后巴西吸引更多的外资。

---

① 巴西的基础利率（Sistema especial de liquidaçãoe custódia，SELIC）类似于美国联邦储备的联邦基金目标利率和欧洲银行的再融资利率。

② 信贷相当于GDP的比重从2006年12月的30.7%上升到2007年12月的34.7%（为1995年后的最高点）。

截至2008年5月，巴西的国际储备总额为1980亿美元，能满足17个月的进口需求。外债总额从2007年12月的1932亿美元扩大到2008年5月的2030亿美元。但是值得注意的是，外债对GDP的比重则从2007年3月的16.2%下降到2008年5月的14.9%。

（二）墨西哥

墨西哥与美国的经济关系非常密切。美国市场占墨西哥出口贸易的80%左右。因此，美国经济形势的走向经常对墨西哥经济产生重大的影响。虽然国际市场上石油价格在上涨，但是由于美国经济疲软，加之墨西哥国内需求增长乏力，2007年墨西哥的GDP增长率仅为3.3%，低于2006年的4.8%，2008年预计会进一步下降到2.5%。

针对美国经济的负面影响，墨西哥政府在2008年2月制定了一个扩大对基础设施领域投资的计划，以进一步扩大内需。

最近几年墨西哥经济政策的重点是维系宏观经济稳定，实现财政收支基本平衡，使通货膨胀率不超过3%。根据2006年通过的《预算与财政责任法》，联邦政府在2007年实现了财政平衡。根据2008年财政预算方案，公共开支将增加9.8%。因此，2008年的财政平衡将面临巨大的挑战。

2008年，墨西哥政府进一步加大了财政体制改革的力度，其中包括增加财政体系的透明度、强化地方政府在征税过程中的责任心、完善联邦政府与国有企业之间的税收分成制度等措施。

墨西哥货币政策的目标是将2008年的通胀率控制在3%以下。但在1~6月，由于国际市场上食品和能源价格上升，通货膨胀率已达5.3%。

央行于2008年1月21日取消了用来影响利率水平的一种名为“短缺”（Corto）的机制，[①] 并开始正式采用同业银行隔夜拆借利率。

2006~2007年，墨西哥货币比索对美元的汇率基本保持在10.9比索=1美元，但在2008年上半年，由于较大的利差吸引了大量外资，汇率升至10.6比索=

---

① Corto的原意是“缺口”，即银行体系每天需要的货币供应量与实际供应量之间的差距。这一“缺口”由央行事先确定。央行用这一机制来影响市场汇率的走向。如果央行有意提高利率，它就增加货币供应量与实际供应量之间的差距；反之，如果央行希望降低利率，它就减少这一差距。

1 美元。

墨西哥是一个石油出口国。国际油价的上升扩大了墨西哥的出口贸易。2008 年 1～5 月，出口贸易增长了 17.1%，进口贸易增长了 15.4%。

墨西哥有大量移民以合法或非法的方式进入美国工作，因此，墨西哥每年都能获得大量侨汇收入。2008 年 1～5 月，侨汇收入为 95 亿美元。而 2008 年吸引的外国直接投资预计能达到 200 亿美元。

2007 年，为遏制外汇储备增加以控制通货膨胀，墨西哥央行采取了一系列措施。但是到 2008 年 6 月底，外汇储备依然增加到了 860 亿美元。

（三）阿根廷

2001～2002 年金融危机后，阿根廷经济经过短暂的痛苦调整，在 2003 年就实现了快速增长，2005 年 GDP 增长率高达 9.2%。此后几年虽有下降，但是在 2008 年仍然高达 7%。

阿根廷是世界上重要的农产品生产国和出口国。国际市场上粮食价格的上涨进一步扩大了阿根廷的粮食出口量。而出口量的扩大在一定程度上影响了国内市场的供应，国内粮食价格也开始上升。从 2007 年 1 月开始，阿根廷政府提高了粮食出口税，用这一收入设立了一个农产品出口收入基金，再用这一基金补贴国内粮食价格，进而达到控制通货膨胀的目的。

2008 年 3 月 11 日，政府开始对农产品出口实施浮动税。但这一措施遭到了农民和农产品出口商的强烈反对。阿根廷农民举行了大规模的示威活动。6 月，政府向议会提交了对农产品出口实施浮动税的提案，试图以法律形式平息农民的不满。7 月 17 日，阿根廷参议院否决了这一提案，从而结束了长达 3 个多月的“农产品出口税争端”。

受 2001～2002 年金融危机的影响，阿根廷的通货膨胀率在 2002 年曾高达 41%，2003 年大幅度下降（仅为 3.7%），但是在 2005 年又上升到 12.3%，2008 年在调整商品篮子以后，通货膨胀率预计降低为 9.3%。[①] 8 月 8 日，阿根廷股市

① 阿根廷政府公布的通货膨胀率也是 9% 左右，但许多阿根廷经济学家认为，实际通货膨胀率可能高达 25%。据报道，阿根廷政府的统计部门将计算通货膨胀率的一篮子商品从 900 种减少到 400 种，将价格上涨幅度较大的一些商品排除在外。

和债市均出现了大幅度的下跌，国家风险指数达到了3年来的最高纪录。为稳定投资者信心，政府不得不回购了2.7亿美元的政府债券。阿根廷经济部长卡洛斯·费尔南德斯说："阿根廷的所有部门都在增长，汇率的竞争力很强，财政和对外贸易都是顺差，国际储备在增加。"①

（四）委内瑞拉

2007年，委内瑞拉的GDP增长了8.4%，大大高于拉美地区的平均增长率（5.7%）。2008年，委内瑞拉GDP的增长率预计为6%，仍然高于拉美地区的4.7%。但是预计在2009年将有较大幅度的下降，大约为4%。

最近几年，国际市场上石油价格的上涨使委内瑞拉受益匪浅。出口收入从2006年的652亿美元扩大到692亿美元，2008年预计会超过1000亿美元。为了满足国内市场对多种商品（尤其是食品）的需求，委内瑞拉扩大了进口。2007年的进口额为455亿美元，2008年预计为663亿美元。②

最近几年，委内瑞拉整体的工资水平有所上升，但私人部门的工资水平则在下降。2008年4月30日，政府宣布，自2008年5月1日起，公共部门的最低工资将被提高30%。2008年第一季度，委内瑞拉的失业率为7.8%，低于2007年的8.5%。

石油产量从2006年的每天281万桶下降到2007年的261万桶。2008年的产量预计不会有大幅度的增长。石油冶炼能力没有发生变化，2006年和2007年均为每天131万桶。③

2007年，委内瑞拉的经常项目盈余为200亿美元，比2006年减少了约70亿美元。其主要原因是非石油出口产品减少和进口增加。但是在2008年，由于石油价格不断上涨，经常项目盈余预计将达到396亿美元。④

外债总额从2006年的430亿美元上升到2007年的433亿美元，2008年预计将接近500亿美元。但是，随着经济的增长，偿债率（外债相当于出口收入的比重）则从2006年的57%下降到2007年的54%，2008年预计为40%。负债率

---

① http://www.freshplaza.com/news_ detail.asp? id =27096.

② Economist Intelligence Unit, Country Risk Service: Venezuela, July 2008.

③ BP Statistical Review of World Energy, June 2008.

④ Economist Intelligence Unit, Country Risk Service: Venezuela, July 2008.

（外债相当于 GDP 的比重）也在下降，2006 年为 23%，2007 年和 2008 年分别为 19% 和 15%。[①]

外汇储备从 2007 年 12 月的 343 亿美元减少到 2008 年 6 月的 336 亿美元。委内瑞拉利用滚滚而来的石油美元，购买了阿根廷、厄瓜多尔、巴拉圭和巴西的数十亿美元的债券。此外，委内瑞拉也多次发行债券，其中包括"南方债券"（27 亿美元）以及委内瑞拉石油公司发行的债券（75 亿美元）。这批债券的发行面向除美国以外的所有国内外投资者。

四　拉美国家如何应对通货膨胀

20 世纪 90 年代以前，拉美国家的通货膨胀率长期居高不下，不少国家的通货膨胀率曾达到三位数和四位数。80 年代初期玻利维亚的通货膨胀率曾超过 20000%。

对于当时拉美通货膨胀率居高不下的原因，国际学术界有以下两种不同的解释。

货币主义论认为，市场经济不可能产生出可以导致长期性宏观经济不稳定的因素，因为货币流通速度是比较稳定的，而且货币流通量、物价和总产量三者之间有一种自行调整和均衡的趋势。因此，只要使货币数量保持稳定，或者货币供应量能按一种稳定的速度增加，那么价格的波动就不会是突然性的，生产受到的冲击也不会是显著的。货币主义论把通货膨胀视为"过多的货币追逐过少的商品"的结果。它认为，拉美国家制止通货膨胀的唯一有效方法就是避免赤字财政，限制货币供应量，使其与国民经济中产量的增长相适应。

结构主义论认为，在大力发展工业时，拉美国家的政府未能向农业部门提供足够的信贷和技术援助，也未能使广大农民从土地改革中受益。随着工业部门的发展和城市规模的扩大，城市对食品的需求随之扩大。结果由于食品供不应求，食品价格大幅度上升。面对食品价格的上升，城市工人则要求提高工资。企业主为了弥补增加工人工资后带来的损失，就采用提高工业制成品价格的方法，从而使整个国民经济陷入通货膨胀率居高不下的不良境地。

---

① Economist Intelligence Unit, Country Risk Service: Venezuela, July 2008.

进入90年代后，绝大多数拉美国家的通货膨胀率下降到一位数。其原因是：首先，拉美国家强化了财经纪律，尽量避免用增加货币供应量的方法来弥补财政赤字；其次，通过实施改革来发展生产，增加供给；第三，在贸易自由化政策的影响下，拉美国家扩大了进口，丰富了市场供应。

当前拉美国家面临的通货膨胀压力在2007年开始显现，2008年进一步加剧（见图2）。即便在实施通货膨胀目标制的国家（如智利、哥伦比亚、墨西哥、巴拉圭、秘鲁），通货膨胀率也都超过了预定的目标。巴西的目标定得较高，因此尚未超过上限，但已超过中间位置。

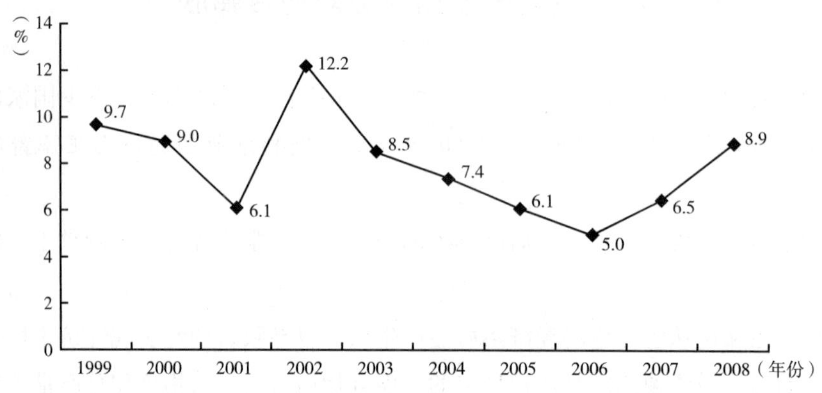

图2 拉美国家的消费品价格

注：2008年时点为2007年6月至2008年6月。

资料来源：ECLAC，*2007 – 2008 Economic Survey of Latin America and the Caribbean*，August 2008。

当前拉美国家面临的价格上涨趋势与国际市场上能源和食品的价格上涨有关。① 由于能源和食品与日常生活密切相关，因此，这两种商品的涨价对低收入家庭产生了不容忽视的影响。拉美经委会认为，拉美国家的食品价格上涨幅度在7% ~30%之间，平均为16%。如果食品价格上升15%，那么极端贫困率（极端贫困的人口占总人口的比重）将提高3个百分点。换言之，拉美将有1570万人

① 拉美经委会认为，粮价上涨的原因是：第一，需求上升。中国和印度的人口占世界人口的1/3，这些国家的购买力在不断上升，对粮食的需求在增加。第二，用粮食生产酒精和汽油。第三，石油价格的上涨提高了农产品生产和运输的成本。第四，有些国家为确保本国市场的供应而停止或减少出口。第五，金融市场风险的加大促使一些投机者转向粮食。

陷入极端贫困。即便考虑到家庭收入增长5%，该地区仍将有1000万人陷入极端贫困。如果考虑到能源价格上涨导致公共交通和其他公用事业设施的收费上升等不良因素，那么将会有更多的人陷入贫困或极端贫困。

鉴于低收入阶层的大部分收入都用于满足食品需求，食品价格的上涨还会减少他们的其他消费，从而对整个国家的经济活动产生负面影响。不仅如此，食品价格的上升还会影响政局稳定。如在海地，从2007年底开始，大米、大豆和水果的价格大幅度上涨。一些低收入者为充饥而只能食用一种特殊泥土做成的饼干。2008年4月3日，莱凯市最先发生暴力抗议，要求政府采取措施，降低粮食价格。抗议者焚烧了联合国维和部队的军车，袭击联合国维和士兵，并哄抢食品店。随后，暴力抗议蔓延至海地各大城市。在骚乱中至少有5人死亡。4月12日，海地参议院召开紧急会议，以总理雅克·爱德华工作不力、在推动国内粮食生产等方面未取得成效为由，解除了他的职务。普雷瓦尔总统当天宣布调低大米价格。根据政府与海地食品进口商达成的协议，政府将使用国际援助资金补贴粮价，进口商同时下调米价。

许多拉美国家认为，当前的通货膨胀在很大程度上与供给因素有关，而非需求过大。因此，在宏观经济政策层面上，拉美国家的央行尚未采取有力的措施。在一定程度上，拉美国家的央行面临着进退两难的地步。如果为控制通货膨胀压力而提高利率，那么，在当前国际利率偏低的情况下，外资流入量会增加，从而使本币升值的压力加大。如果降低或不提高利率，通货膨胀预期会加重，又会加大通货膨胀的压力。

拉美经委会认为，根据目前拉美国家的经济形势，对付通货膨胀的最佳手段是实施财政手段，以便使汇率不受反通货膨胀政策的影响。

应该指出的是，虽然央行尚未在宏观经济政策层面制定真正意义上的反通货膨胀措施，但许多拉美国家的政府已采取了一些有效的措施。这些措施包括：（1）对一部分能源产品和食品提供价格补贴或实行价格管制。[①]（2）放松对食品进口的限制。（3）提供更多的农业投入，为食品生产提供税收优惠，以鼓励农民扩大粮食生产。（4）设立食品出口配额制度，以限制食品出口和扩大国内市场的供应。（5）完善能源产品和食品的营销体系。（6）动用战略粮食储备。（7）扩

① 在委内瑞拉和厄瓜多尔，政府用于能源价格的补贴相当于GDP的3%。

大政府的粮食采购量，价格由政府与粮食生产者商定。（8）加大对可再生能源的开发和利用。①

当然，也有一些拉美国家对能源和食品价格的上涨采取不干预的政策，由生产者和销售者将价格上涨的成本直接转嫁到消费者。

总部设在委内瑞拉首都加拉加斯的拉美经济体系（SELA）在2008年5月30日召开了讨论拉美粮食安全的会议。与会者认为，食品价格的快速上涨使拉美国家的贫困问题更加突出。他们认为，拉美国家应联合起来，采取有效措施，遏止粮食危机的蔓延。此前不久，美洲开发银行表示，它将为拉美国家增加粮食产量而提供总额达5亿美元的资金援助。

五 2009年拉美经济形势预测

2009年的拉美经济形势仍将受到内外因素的影响。就内部因素而言，最为重要的是拉美国家能否进一步扩大内需。最近几年，随着经济的发展和大多数人生活水平的提高，拉美国家的内部需求不断扩大。在一定程度上，在经济发展与内部需求之间已经形成了良性循环。

越来越多的拉美国家认识到，基础设施的不断完善有利于它们参与全球化，有利于它们融入国际市场。为此，大多数拉美国家在最近几年扩大了对基础设施领域的投资。最为引人注目的是巴西和墨西哥。巴西总统卢拉在2007年1月宣布，政府将实施一个“加速发展计划”（PAC），总投资额将达到2570亿美元，其中1284亿美元用于能源开发，272亿美元用于铺设或修缮道路，798亿美元用于房屋和下水道管网建设。② 卢拉总统认为，这一计划的实施不仅能够刺激内需，而且还会改变基础设施落后的局面，为未来巴西经济的可持续发展创造条件。根据墨西哥的“国家六年基础设施计划（2007~2012年）”，政府将在道路、港口、能源、供水等领域投入巨资。2008年2月，墨西哥政府又制定了一个扩大对基础设施领域投资的计划。毫无疑问，拉美国家对基础设施领域的投资将进一步扩大其内需。

---

① 巴西在利用酒精燃料方面取得了引人瞩目的成就。经过30年的发展，目前巴西90%以上的汽车均可使用酒精燃料。与美国不同的是，巴西生产酒精燃料的原料主要是甘蔗。

② 包括超过42000公里长的高速公路（170亿美元）、2518公里长的铁路（40亿美元）、20个机场（15亿美元）、12个海港和67个内河港（14亿美元）。

尽管最近几年拉美经济形势与美国出现了“脱钩”的现象，但美国和其他一些发达国家的经济形势仍然会对拉美产生重大影响。在很大程度上，影响2009年拉美经济形势的外部因素仍然是这些国家能否走出疲软的困境。

美国和其他一些发达国家对拉美经济的影响主要体现在以下几个方面。

一是初级产品价格。在世界经济发展的过程中，初级产品价格常因需求超过供给而大幅度上涨。与过去几次初级产品市场的“繁荣”相比，当前的这一轮价格上涨具有以下特点：（1）持续时间长。在过去的几十年中，初级产品价格持续上涨的时间一般不足7个季度，而这一次却已经延续了20个季度，有些产品价格上涨延续的时间更长。（2）上涨幅度较大。许多种商品上涨了100%，石油和一些金属矿砂的上涨幅度超过了300%。（3）过去初级产品价格大幅度上涨与临时性的供给短缺有关，如1973年的石油危机导致石油价格上涨，1977年一些国家的霜冻导致咖啡产量下跌。当前这一次价格上涨则在很大程度上与一些国家对初级产品的需求上升有关。（4）投机因素。国际金融市场的不确定性促使一些投资者将初级产品作为保值和增值的工具。

尽管国际市场上大部分初级产品的价格仍然在上升，但这一上升趋势总是有限度的。因此，拉美经委会和其他一些国际机构的经济学家呼吁拉美国家（主要是南美洲国家）不要期望初级产品价格继续大幅度上升，而是要未雨绸缪，为初级产品价格的回落做好准备。

二是出口市场。美国和其他一些发达国家的经济衰退会导致它们压缩进口，从而影响拉美的出口贸易。在理论上说，只要新兴经济体的经济衰退不如发达国家那样严重，亦即新兴经济体的经济增长率高于发达国家，那么拉美国家就可将原来向发达国家出口的产品转向新兴经济体的市场。但这一转向取决于一系列因素，其中最为重要的因素是拉美国家出口贸易的商品结构以及新兴经济体的需求。

在不同的拉美国家，出口贸易的商品结构是不尽相同的。在墨西哥的出口产品中，工业制成品占74%，其中，90%的工业制成品销往美国和其他一些发达国家。中美洲国家的出口商品以劳动力密集型产品以及香蕉和咖啡等农产品为主，出口市场也是以美国为主。相比之下，南美洲国家的出口商品则以经济增长必需的初级产品（如能源、矿产品和粮食）为主。

新兴经济体的市场容量很大，但它们需要的更多是能源、矿产品和粮食，而不是劳动力密集型制成品。因此，在美国和其他一些发达国家经济形势不佳的情况下，南美洲国家很容易在新兴经济体扩大出口市场，而对于墨西哥和中美洲国家来说则有一定的难度。

三是侨汇收入。20 世纪 90 年代后期以来，拉美国家获得的侨汇收入使该地区受益匪浅。就侨汇收入相当于 GDP 的比重而言，获得侨汇收入最多的是圭亚那、海地、洪都拉斯、牙买加、萨尔瓦多、尼加拉瓜和危地马拉。2007 年，侨汇收入占这些国家 GDP 的比重在 14% ~39% 之间。就侨汇收入的绝对值而言，墨西哥名列拉美国家之首，2007 年达 240 亿美元，占 GDP 的 2.4%，超过了进入墨西哥的外国直接投资总额。在中美洲国家和多米尼加，2001 ~2007 年期间侨汇收入都超过了这些国家的石油进口额。但在 2008 年，一方面由于侨汇收入减少，另一方面由于石油涨价导致石油进口额上升，侨汇收入未能超过石油进口费用。

次贷危机和美国经济的疲软影响了美国建筑业的发展，而建筑业雇佣的拉美劳工的人数最多。因此，可以预料，如果美国经济不能尽快摆脱目前的困境，2009 年拉美国家获得的侨汇收入将减少。

综上所述，根据拉美经委会的预测，2009 年拉美的 GDP 增长率将下降到 4%。但是秘鲁仍将达到 7%，古巴和乌拉圭将达到 6%。

参考文献

ECLAC, *2007 – 2008 Economic Survey of Latin America and the Caribbean*, August 2008.

ECLAC, *Statistical yearbook for Latin America and the Caribbean, 2007*, March 2008.

ECLAC, *Latin America and the Caribbean in the World Economy 2006: Trends 2007*, August 2007.

Latin America: Six Consecutive Years of Growth

Jiang Shixue

Abstract: Despite less favorable international scenario, Latin America is expected to achieve six consecutive years of growth in 2008, with Gross Domestic Product (GDP)

rising at 4. 7% . Sustained economic growth, falling unemployment, more employment opportunities, better job quality and the expansion of non-wage income, have all made it possible for the region to reduce the poverty rate.

In recent years, Latin American economy has been de-coupling from that of the U. S. , mainly as a result of the region's expansion of domestic demand and diversified foreign trade pattern. Furthermore, the sub-prime crisis has had no major direct impact on Latin American countries.

In order to deal with rising inflation pressure, many Latin American countries have taken the following measures: providing price subsidy for energy and food; enacting price controls; loosening limitations on food imports; encouraging agricultural production; implementing quotas for food exports; improving the marketing systems for energy and food; making use of strategic food reserves; expanding government procurement for food; and speeding up the development and utilization of renewable energy.

Key Words: Latin American; Economic Condition; Inflation Pressure

中东经济：面临挑战

刘　明*

摘　要： 以石油经济为重要支持因素的中东地区经济形势，在2008年实际上正经受严重考验。石油价格暴涨，对中东国家经济带来的是双重影响，收入和通货膨胀都在上升。各国政府采取适当的财政货币政策和经济调整，至关重要。2009年中东国家经济增长受全球经济和油价下降影响，将有所减慢。

关键词： 中东经济增长　油价　通货膨胀　主权财富基金

一　2007年经济形势回顾

2007年中东地区总体经济增长迅速，主要得益于油价上涨、普遍进行的经济和金融调整、外资流入增加、对外贸易扩大，以及国内消费增长。实际GDP增长率从2006年的5.6%提高到5.9%。①

持续的政府财政盈余和经常项目盈余，支持了中东国家扩大政府预算支出，鼓励了国内消费迅速增长。此外，由于投资环境进一步改善以及投资信心的增强，投入生产部门的外国资金（主要是FDI）有所增加。另外，地区内投资继续增长，海湾合作委员会（海合会，GCC）成员国的海外投资流向有所调整，部分投资选中本地区的一些国家，如埃及、阿尔及利亚、叙利亚、约旦、黎巴嫩等，投资主要集中于基础设施建设项目和生产部门提高产能、扩大就业

---

* 刘明，中国社会科学院世界经济与政治研究所副研究员，主要研究国际石油经济、中东经济等问题。

① 国际货币基金组织（IMF）修正了2006年和2007年该地区GDP增长率，参见《世界经济展望最新预测》，2008年7月。

项目，以及公共服务项目，促进了中东地区总体经济和社会发展水平的不断提高。①

由于出口（包括石油出口和非石油产品出口）收入增长，2007 年中东国家外汇储备急剧增加，超过了 2006 年 1928 亿美元，达到 7778 亿美元，是商品和服务进口额的 122.3%。② 外汇储备的增加也使得中东通货膨胀压力逐渐严重，消费物价指数从 2006 年的 7.1% 升至 2007 年的 10.4%。③

由于在 2007 年下半年和 2008 年上半年国际金融市场出现了比较严重的动荡，国际石油价格在较长时间内持续攀升并屡创新高，有关机构（如联合国西亚经社委员会、IMF、欧佩克、国际能源机构）和中东各国对统计数据也做了较大调整。在《2008 年世界经济形势分析与预测》的《中东经济：方兴未艾》一文中，我们对 2007 年中东通货膨胀的严峻性估计不足。这一情况在 2008 年表现得更加突出，在通货膨胀向来保持很低的沙特阿拉伯也出现了比较严重的通货膨胀压力，并且开始受到沙特政府的重视。

二　2008 年经济经历挑战与考验

2008 年世界经济呈现出如下几大问题：国际油价急剧暴涨后又出现下滑（从年前的不到 100 美元升至 7 月初的最高价，价格变动差距近 50 美元/桶），④ 其他大宗商品（粮食等）以及黄金价格上涨，国际金融市场动荡未现减缓迹象，全球性的通货膨胀日益加剧。所有这些因素最终都造成了全球经济增长疲弱的态势。尽管如此，据 IMF 和中东一些机构分析认为，2008 年中东地区整体经济状况仍旧良好。IMF 预测该地区实际 GDP 增长将达 6.4%（见表 1），一些地区性

---

① 据科威特 2008 年 1 月 28 日《火炬报》报道，海湾地区资金已经瞄准北非阿拉伯地区房地产、金融服务及通讯领域投资机会，2002～2006 年海湾国家在中东和北非地区投资达 600 亿美元。信息来源：中华人民共和国商务部驻科威特经商参处网站，http://kw.mofcom.gov.cn。

② 见 IMF，*World Economic Outlook*，April 2008，STATISTICAL APPENDIX，Table A15。

③ 见 IMF，*World Economic Outlook*，April 2008，Table 2.8。

④ 例如，美国西得克萨斯中质油价 2007 年底是 95.95 美元/桶，2008 年 7 月初增至 145.31 美元/桶；同期，英国布伦特油价从 93.68 美元/桶升至 143.95 美元/桶；欧佩克油价从 90.84 美元/桶涨至 140.73 美元/桶。

机构和国家也对2008年中东经济保持增长态势表示乐观。① 特别是海湾各国认为，因世界石油需求强劲，预计其经济增长率在2012年之前不会低于6%。②

表1 2007～2009年主要中东国家基本经济状况比较

单位：%

类　别	实际 GDP			消费物价指数			经常项目占 GDP 比率		
年　份	2007	2008*	2009**	2007	2008*	2009**	2007	2008*	2009**
中东地区#	5.9	6.4	5.9	11.4	16.1	13.8	18.4	22.9	17.1
阿尔及利亚	4.6	4.9	4.5	4.4	4.2	3.9	22.8	28.1	19.8
埃　及	7.1	7.2	6.0	8.6	20.2	12.0	1.5	0.6	-0.9
伊　朗	6.4	5.5	5.0	22.5	24.5	22.0	10.1	11.2	6.7
约　旦	6.0	5.5	5.3	5.7	16.1	5.5	-17.5	-18.5	-16.3
科威特	4.6	5.9	6.8	5.5	9.0	7.5	43.1	44.6	39.3
沙特阿拉伯	3.5	5.9	4.3	4.1	11.5	10.0	25.1	32.5	23.8
叙利亚	3.9	4.2	5.2	4.8	-10.0	7.0	-1.4	-2.7	-2.9
阿联酋	7.4	7.0	6.0	11.1	12.9	10.8	20.5	22.6	18.8

* 为估计数据，** 为预测数据。

包括该区的阿拉伯联盟成员国和伊朗共19个国家，见IMF，*World Economic Outlook*，统计附录的国家分类，有时按地区细分类为“中东和北非”国家类，即MENA。

数据来源：IMF，*World Economic Outlook*，October 2008，Table 2.8 和 Statistical Appendix Table A4、A7、A12。

石油收入大幅增加取决于油价迅速上涨及石油产量提高。据欧佩克最新统计数据显示，2008年1～9月份欧佩克一揽子平均油价预计将比2007年的平均价提高近40美元/桶。③ 而2008年1～8月欧佩克中东产油国石油产量（不包括伊拉克）约达2216万桶/日，比2007年增加81万桶；④ 同时，石油出口也在增加。⑤ 因此，预计2008年海湾国家石油收益将比2007年的3810亿美元增长大约57%，

① 联合国西亚经社委员会（ESCWA）认为在连续5年实现经济增长后，2008年西亚地区（中东地区）经济增长率将再提高0.2个百分点，为5.6%。见 *Estimates and Forecasts for GDP Growth* (*In the ESCWA Region*) *2007-2008*，December 2007。

② 阿联酋中央银行行长对海湾国家经济的乐观看法，见科威特2008年2月26日《火炬报》报道。信息来源：中华人民共和国商务部驻科威特经商参处网站。

③ 数据来源：见欧佩克公布的 *OPEC Basket Price*，http://www.opec.org/home/basket.aspx。

④ 见欧佩克2008年的各期 *Monthly Oil Market Report*，信息来源：http://www.opec.org。

⑤ 欧佩克原油出口占其产量的75%，并随产量增加和需求增加而增加，欧佩克中东成员国原油出口占欧佩克出口总量的75%。

从而增至6000亿美元。

由于石油出口的增加，2008年中东地区经常项目盈余占GDP的比重也从2007年的19.8%上升至23.0%，各产油国经常项目盈余占GDP比重的增长更为明显。据海合会国家商工会联合会发布的经济报告预计，海合会国家经常项目盈余将达到历史最高水平，从2007年的2150亿美元增至2008年的3320亿美元，约占2008年GDP的31%。[①] 2008年中东地区的外汇储备再次迅速扩大，比上年增加了2000多亿美元，达10159亿美元。2008年外汇储备的增长相当于商品和服务出口的133.7%。[②]

石油出口收入增加和海外投资收益上升，以及大量外资的流入，进一步推动中东地区金融业的活跃和发展。近年来，该地区海外投资和对外融资总额都在迅速扩大，特别是私人资本流量明显增大。据IMF统计，2008年中东海外投资增加了1923亿美元，超过上年300多亿美元。[③] 同时，IMF还预计海湾国家在未来两年中在区内投资5000亿美元，以推动旅游、交通、医疗等相关服务产业，以及金融、科技、运输、建筑、仓储、通讯和制造业的发展，实现经济多元化。

2008年中东地区经济呈现两个重要的特点，一个是通货膨胀压力明显增大，负面影响增强；另一个是可支配的资本迅速增加，积极影响也在增强。由此向中东国家提出了深化财政政策与金融货币政策调整和改革的重任。

1. 通货膨胀压力

由于国际和国内两方面的因素不断积累，造成了中东国家普遍的通货膨胀，消费物价指数上涨11.5%。在国际因素方面，美元贬值使产油国实际购买力下降和大宗商品价格上涨。但是更重要的是，由于国内消费迅速扩张，流入人口增加等因素，导致食品、燃料涨价，房租上涨，以及相关商品价格上升。另外，政府支出扩大，财政货币政策宽松也是重要的因素。2003年以来，政府支出增长了58%，政府工资薪金、津贴、公共福利、卫生等支出以及向公共部门的投资都有显著增加。[④] 这一问题的严重性在于，有些国家的通货膨胀率已经超过了可

---

① 沙特2008年7月29日《经济报》报道，信息来源：中华人民共和国商务部驻沙特阿拉伯经商参处网站，http：//sa. mofcom. gov. cn。

② 见IMF，*World Economic Outlook*，April 2008，STATISTICAL APPENDIX，Table A15。

③ 见IMF，*World Economic Outlook*，April 2008，STATISTICAL APPENDIX，Table A13。

④ 见IMF，*Regional Economic Outlook*：*Middle East and Central Asia*，May 2008，Box 4。

控制的范围，如果不采取有效措施，将有继续加重的可能。

有些国际银行（如英国渣打银行）建议，海湾国家政府应当紧缩银根，实行从紧的货币政策，并赞赏科威特实行本币与美元脱钩的汇率政策。

但是海湾国家各央行则依然保持本币与美元挂钩，并采取了提高银行准备金率、控制投机者的炒作行为等一系列措施，吸收市场剩余资金，以减轻通胀压力。① 同时，海湾国家决定采取联合行动，实行统一采购外国商品、对部分阿拉伯和伊斯兰国家有比较优势的产业进行投资、设立海湾联合公司、成立合作协会和保护消费者协会等一系列政策措施，旨在共同抑制通货膨胀，稳定经济发展。

需要强调的是，即使是在保持钉住美元的汇率政策的情况下，中东地区各国政府对抑制通货膨胀所采取的财政货币，也必须根据中东国家的经济周期差异进行适宜的调整。

2. 主权财富基金规模扩大

中东国家的主权财富基金主要来源于外汇储备盈余和石油资源出口盈余。据不完全统计，阿联酋、科威特、沙特阿拉伯、卡塔尔、巴林、阿曼、伊朗、利比亚和阿尔及利亚等国都拥有主权财富基金，基金资产总额大约在1万亿~1.8万亿美元。其中阿联酋的主权财富基金总资产最大，估计有9200亿美元。② 另外，也有统计显示，海合会各国主权财富基金的运营收入在2007年约为1800亿美元，相当于同年石油出口收入的一半以上。预计2008年石油收入增加会使这些国家的主权财富基金进一步增加。到2010年，海湾国家这一数字将翻一番，达到3万亿美元左右，而到2020年则会高达15万亿美元。

随着资产的增长，中东国家主权财富基金的投资方式和方向也在转化。过去主要投资于美国和欧洲的政府债券等，如今已经扩展到银行、金融产品（如商品期货、对冲基金、多元化资产组合）以及房地产和股票等非传统性投资类别，外国政府长期债券只占大约20%。

---

① 迄今为止，各国从官方到学者都围绕采取什么样的财政货币展开着激烈的争论，但目前，尽管有些进退两难，政府还是采取比较谨慎的政策措施。他们强调美元和金融市场的混乱只是暂时的。

② 根据很多资料和信息（包括德国银行研究部、国际货币基金组织、主权财富基金研究所、英国《经济学人》、英国皇家国际问题研究所）综合计算得出的估计数。

中东国家的主权财富基金已经开始关注发展中国家和地区，主要是亚洲并包括中东地区本身。投资领域将涉及所有行业。[①] 阿联酋的 Istithmar 全球投资公司已经在中国市场开展投资并在上海开设了办事处。

中东主权财富基金的发展和在世界市场的影响逐渐扩大，主要表现在以下几个方面。（1）有利于稳定本国市场和促进本地区经济的可持续发展。科威特的后代基金和伊朗的石油稳定基金等中东主权财富基金，为了减轻石油耗竭后对经济可能造成的不利影响，保证长期持续的经济与社会发展，将累积的石油收入投资于国内，推动经济建设，并通过参与国际金融机构和跨国企业的资金投入，实现本国资源财富的扩大及国民公共财富的有效运用。科威特的各个主权财富基金在伊拉克战争后的科威特家园重建中发挥了重要作用。（2）推动国际资本向国内投资并获得世界先进技术和产品。阿联酋穆巴达拉开发公司购入 30 亿美元的美国通用电气股份，成为通用电气 10 大股东之一。同时，阿联酋穆巴达拉开发公司与通用电气组建了一家合资公司，将在未来三年内为阿布扎比的基础设施提供贷款和开发资金，并向阿布扎比提供清洁能源技术和产品。（3）通过多元化的投资来规避单一投资可能带来的机会成本损失，并实现稳健的收入。中东的主权财富基金转向开拓新的高风险、高回报的投资领域，如入股或收购欧美国家的银行、港口、证券交易所和能源公司。卡塔尔投资局购买了伦敦证券交易所近 24% 的股份和北欧证券交易所的大量股份，阿联酋的迪拜国际资本公司投资日本索尼等公司，阿布扎比投资局不断扩大在澳大利亚的房地产投资，阿布扎比国家能源公司投资 50.9 亿美元收购加拿大的 Primewest Energy Trust，阿联酋的迪拜世界将斥资 52 亿美元投资美国的娱乐、酒店和博彩集团 MGM Mirage。这些基金在海外的多元化投资收益几年来迅速增加，成为国家资金财富积累的重要来源。（4）稳定全球信贷市场。据不完全统计，从 2007 年 11 月到 2008 年 4 月的半年里，阿布扎比投资局向美国花旗集团注资 75 亿美元，科威特投资局分别向美国花旗集团和美林证券注资 30 亿美元和 20 亿美元，卡塔尔投资局向瑞士信贷银行注资 5 亿美元，总计约 130 亿美元。2007 年 12 月阿曼政府储备基金购买了瑞士

---

① 科威特财长 Mustapha al-Shamali 在 2008 年 7 月 17 日会见日本财长时指出，科威特投资局认为“中国、印度和亚洲基本上属于新的市场，是具有增长性和诱人前景的市场，那里的投资回报率高”。

银行（UBS）相当于20亿瑞士法郎的新增一级资本。金融分析公司Global Insight发布的一份报告评价主权财富基金在当前金融动荡中起到了一定的稳定作用。[①] 当然，中东的主权财富基金进入国际金融市场中，必然会受到金融风暴的冲击。

近两年中东国家的主权财富基金活跃的行动已经引起世界的关注和警觉。一些国家和国际金融机构抱怨这些基金的投资行为缺乏透明度，主张应遵循国际投资准则。对此，中东国家的态度很明确，一是推动并加强本国基金加入国际金融市场的竞争实力，二是积极参与国际金融规则的制定，做“游戏规则”的制定者，而不仅仅是一个执行者。2008年9月初，中东国家几个主要的主权财富基金代表参加了IMF的主权财富基金国际工作小组在智利首都圣地亚哥的会议，达成了一项自愿行为准则草案——《公认原则与实践》（GAPP）。

三　主要国家经济形势

（一）沙特阿拉伯：高油价支持下应对通货膨胀压力

沙特阿拉伯2007年度经济发展强劲，除了石油产业继续增长外，非石油私营产业，尤其是建筑、零售业、通讯、运输业等增长较快，增长率为6%。[②] 商品出口值达2259亿美元，同比增长11%。高石油出口收入使沙特实现巨额经常账户盈余960亿美元（占国内生产总值的25%）。

2008年度沙特经济仍将有良好的状况，经济增长率为6%，实现经常账户盈余1910亿美元（约占国内生产总值的35%）。此外，沙特政府财政盈余亦将占到国内生产总值的30.4%，债务比下降到占国内生产总值的11%。2008年商品出口继续增长，收入达2900亿美元。主要得益于油价上涨和石油产量增加。[③]

为了满足世界市场对石油的需求，沙特不断增加石油产量。2008年前8个

---

① Global Insight 2008年4月28日公布的报告，信息来源：世华财讯网《Global Insight报告显示主权财富基金每年增长24%》。

② 国际货币基金组织2008年8月18日发布的新闻公告认为，沙特银行进行的一系列体制改革，推动了沙特经济强劲增长。

③ 数据来源：沙特2008年8月13日《中东报》（阿文）。

月平均产量达到921万桶/日，比上年提高了55万桶/日。预计2008年底日均产能可达到1065万桶。按当前955万桶/日实际产量计，沙特还拥有110万桶/日的剩余生产能力。①

预计，沙特2008年石油收益也将从2007年的1718亿美元增至2600亿美元，增长51.3%。

近年来，沙特高石油收入和石油天然气产业的发展，强有力地支持并推动着知识经济城项目战略和多元化非石油产业经济发展规划的实施。不断改善的国内投资环境，吸引了大量国内外资金，实现公共投资和私人投资的迅速增长。投资主要集中在基础设施建设、房地产、旅游、社会项目、加工业和服务业方面。据统计，到2008年4月，沙特已正式宣布的投资项目总值超过3.2万亿里亚尔（合8620亿美元）。其中，房地产等民建项目占39%，水电项目占19%，石油和石化项目则分别占15%和13%。② 2008年，沙特政府继续大量投资于石油产业，扩大产能，从勘探、开发、生产到炼油、储运、分配等各个环节，都投入了相当数量的资金，以保持稳定的石油供应能力。9月初沙特新开发的哈尔散油田开始产油，日产量达50万桶，该油田是近年来世界最大的新投产油田。

在沙特总体经济发展前景看好的形势中，出现一些较为严重的经济“过热”现象：货币供应量增长过快，③ 房地产供不应求，房租上涨（9.8%），粮食进口成本增加，粮食价格上涨（5.9%），因建筑材料价格上涨也将使上千个房地产项目停工。这些情况的出现，导致沙特长期保持的低通货膨胀率被打破。2007年7月通胀率冲破3.8%，创下了7年内最高水平，④ 2007年12月通胀率已经持续上升至6.5%。2008年通货膨胀状况没有好转，1～7月份通货膨胀率更从年初的7%上升到11.1%。受到美元贬值、国际大宗商品价格上涨等外部因素的影响，以及国内消费需求增长、政府预算支出扩大、现金流量迅速增加，用于基础

① 见IEA，*Oil Market Report*，August 2008，pp19，以及OPEC，*Monthly Oil Market Report*，2008年1～9期提供的数据，信息来源：http：//omrpublic. iea. org，http：//www. opec. org/library。

② 参见2008年4月迪拜Shuaa Capital机构的一项研究报告，信息来源：arabnews，中华人民共和国商务部驻沙特阿拉伯经商参处网站。

③ 4月份沙特货币供应量达到8262.1亿里亚尔（2203亿美元），虽比3月份的8340.4亿里亚尔略有下降，但与上年同期比增长19.3%，而2、3月两个月份的增长率分别高达26.2%和23%。数据来源：沙特银行报告。

④ 多年来沙特的消费物价指数一直保持在1%以下。

设施建设和生产性投资数量增大，都是导致通胀上升的重要原因。

高通货膨胀问题已经引起沙特政府和社会的重视，并和就业问题一起被看做是影响国家安全的头等大事。阿卜杜拉国王指示各相关政府部门要有效解决通胀问题，保持市场运行平稳。①

自2007年以来，沙特政府正在试行一系列政策和措施，以期控制通货膨胀。（1）继续保持现行货币政策和汇率政策，本币与美元挂钩，里亚尔不升值，以稳定国内金融市场。2007年11月，沙特国民银行调低“回购利率”50个基点，同时保持基础利率水平不变，旨在提高贷款成本，控制通货膨胀水平。（2）合理安排政府支出、紧缩银根。2008年初，沙特内阁讨论通过了17项决议，涉及包括通货膨胀和就业状况等有关经济发展和民生问题，抑制通胀成为新财年的重要任务。如增加10%的社会保障和补贴费用来稳定基本消费品如大米、婴儿奶粉和大麦的价格，建设更多的廉租住房；自2008年4月起，提高银行准备金率，从10%升至12%，上调银行3个月存款利率110个基点，达3.92%。（3）完善市场监督管理机制。成立由八部委（城乡事务部、财政部、经济计划部、商工部、水电部、教育部、交通部和卫生部）专家组成的专门委员会，讨论制定在物价上涨情况下补偿承包商成本的机制；要求商家明码标价，防止销售环节的欺诈行为。

沙特针对通货膨胀和稳定市场（包括消费品、生产资料、金融市场）的行动和政策措施，在2008年受到了油价波动和国际金融形势严峻以及世界经济增长乏力等因素的影响，增加了难度。其结果是否能达到预期，还有待观察。

（二）伊朗：创造良好的投资环境以促进经济发展

近年来，由于石油价格居高不下，同时致力于国内经济的调整和改革，得益于区域共同发展，伊朗经济获得了较快的发展。

据伊朗统计局公布的数字显示，即使不计油价上涨因素，伊朗2008财年（2008年3月21日至2009年3月20日）的经济增长率也可望达到7.6%，这是近年来伊朗经济增长最好的年度。②

① 沙特政府强调“不断扩大的通胀和失业问题对国家安全可能造成影响”，见沙特内政大臣纳伊夫2008年3月3日演讲。信息来源：中华人民共和国商务部驻沙特阿拉伯经商参处网站。

② 据伊朗统计局统计，伊朗2004～2007年的经济增长率分别是4.8%、5.7%、6.2%和6.9%。信息来源：驻伊朗使馆经商参处网站，http://ir.mofcom.gov.cn。

对外贸易的明显增长有力地支持伊朗经济的发展。2007 财年，伊朗石油和天然气出口收入达 817 亿美元，比上年增长 31%。同时，非石油产品进口和出口也有明显增长，分别比上一财年增长 16.6% 和 15.8%。2008 年 3～7 月石油出口收入 430 亿美元；3～6 月的非石油产品出口达 58.2 亿美元，同比增长 27.69%，预计 2008 财年非石油产品出口可超过 230 亿美元。

石油出口收入的大幅度增长使伊朗财政状况进一步改善，政府继续实施积极的财政政策来提高消费和增加投资。2007 年度伊朗共吸收外资 110 亿美元，其中 75% 来自欧洲及亚洲的工业领域投资。

与很多中东国家一样，伊朗通货膨胀的压力也很大，2007 年度的通胀率为 19.8%。2008 年 6 月份通货膨胀率上升到 20.7%，同期政府投入的货币资金总量达到 1740 亿美元。为此，政府拟大幅提高伊朗里亚尔币值，以应对国内的通胀压力，央行还将成立特别委员会，研究货币改革方案并向议会提交。

继续推动经济调整和改革，是伊朗政府实现经济全面稳定发展，对抗来自美国等西方国家制裁压力的基本方针。这些调整和改革包括加大油气产业实力，创造更自由、宽松的投资环境，强化与各国的经贸合作。伊朗政府在这方面采取的措施主要有以下几个方面。

（1）实施稳健的石油天然气发展战略和政策。伊朗剩余可采储量 710 亿桶，可开采近 100 年，在未来不可能发现大油田的前提下，开发小块油田和提高油田的二次开采率，是伊朗的主要目标。① 同时，伊朗制定了大规模提高炼油能力的计划，以降低对汽油进口的依赖，减少进口用汇。在资金方面，2008 年度政府将向石油产业投资 200 亿美元，但是更重要的资金来源则是吸引的外资。在市场方面也适时调整，限制石油产品出口以满足国内消费需要和市场稳定。

（2）修改《外资促进和保护管理法》。将部分外资管理权限下放给各省经济主管部门；外资股份不再受原《公司注册法》规定的 49% 封顶限制，外国政府、公司、个人均可参股伊朗公司或设立新公司，并取得控股地位。除非有特殊法令禁止，伊朗所有私营行业都可对外资开放。②

---

① 伊朗近年陆续发现一些新油田，如位于胡泽斯坦省的 Andimeshk 富油区新油田，储量 11 亿桶，南部港口城市 Assaluyeh 附近发现一个新的油田，储量约 5.25 亿桶。

② 参见《伊政府下放外资管理权》，2008 年 5 月 6 日《伊朗日报》报道。信息来源：驻伊朗使馆经商参处网站。

（3）继续私有化进程。私有化意在吸引更多外资和进行经济自由化改革，目标是将国有资产比例降至20%，私人资产比例由目前的35%提高至55%（特定行业不超过35%），其余为合作社。伊朗私有化进程计划将在2014～2015年完成。2007年度伊朗共出售或转让国有股份190亿美元，预计2008财年将有230个国有企业进行私有化改革，177个国有企业将在德黑兰证交所上市。同时，计划成立私营旅游银行，银行的股份分别由私营公司（60%）、公共部门（10%）、私人（30%）共同持有。

（4）金融政策调整。其一是逐步放开银行业，通过颁发许可证和授权的形式为外资银行进入伊朗清除障碍，允许外资银行在德黑兰和其他城市开设分行，同时伊朗银行也将到其他国家开设分行。其二是开始实施一系列新金融政策，以改善金融管理。如逐步实现银行利率合理化。在第四个五年计划（2005年3月至2010年3月）结束之前，银行对所有经济领域的优惠贷款利率将降至一位数；银行的贷款利率将随通货膨胀实际情况浮动；中央银行独家发行伊朗现金支票等，并规定所有银行和金融机构需优先给农业、工业、建筑业、外贸及服务业提供贷款。

（5）增加农业投资。在政府预算中农业投资的比例从2007年度的7%增加到2008年度的10%，其中，银行贷款75.5亿美元、外汇储备基金拨付10亿美元；另外，将吸引外资约5亿美元。旨在提高农业生产，增加农牧民收入，满足市场需求。

（6）在石油天然气产业坚持对外经济合作。自1996年美国实施制裁伊朗的“达马托法”及近年美国因核问题对伊朗的制裁扩大到金融领域以来，伊朗吸引并获得法国、德国、荷兰、日本等发达国家以及俄罗斯、中国、印度、韩国、委内瑞拉等发展中国家在很多行业的投资。2008财年，迫于压力，法国、荷兰、意大利的大油公司宣布暂停在伊朗的石油投资项目，但仍还有至少15个亚欧国家与伊朗展开了关于投资伊油气领域的项目磋商。据欧盟最新公布的贸易统计数字显示，对伊朗的制裁使欧洲国家受到的不利影响更大。目前，伊朗对亚洲国家的依赖逐渐增加。

（三）埃及：宏观经济运行保持良好状态

2007/2008财年埃及宏观经济运行仍旧显示良好状况，经济增长率处于较高水平。面对世界经济增长速度减缓、全球性金融动荡、石油和粮食等大宗商品价格暴涨等严峻的外部经济环境对埃及经济发展带来的不利影响，埃及表现出较强的应对能力。[①] 埃及与世界经济贸易及金融的联系依旧不断扩大。2007/2008 财年的前三季度（2007 年 7 月至 2008 年 3 月）国内生产总值达 6530 亿埃镑（约合 1200 亿美元），与上一个财年同期相比增长了 21%。在 2007/2008 财年的前三季度商品和服务贸易增长明显，进口达 2509 亿埃镑，出口为 2132 亿埃镑，分别增长 34.0% 和 28.7%。吸引外资 112.5 亿美元，比上年同期增长 25%。尽管实现财政盈余 12 亿美元，但是与上年同期相比却有所下降。[②] 埃及中央银行最新统计报告公布，到 2007/2008 财年末（2008 年 6 月底），埃及外汇储备为 346 亿美元，比上财年增长 21%。

得益于近年来实行的全面经济调整和改革，埃及的旅游、建筑、运河、通讯与信息、运输仓储、工业制造等产业部门增长迅速，产值增长率均超过 8%，推动了经济多元发展，并逐渐形成了良好的经济结构布局。政府致力于增加财政预算支出，提高对基础设施和公共服务项目的投资，同时鼓励对生产性部门，特别是非石油制造业的私人投资。目前，埃及非石油产业部门获得的投资额在这一时期已经达到 295 亿埃镑，在国内各行业中排名第一，占国内已实现投资总额的 20%。政府鼓励并充分发挥了私人企业和私人资金在本国经济发展中的积极作用。据 2008 年 8 月初投资部和外贸及工业部发布的有关信息，私人资金向水泥和钢铁两大产业部门投资达 380 亿埃镑，用于 14 个水泥生产线、6 个钢铁厂项目的新建和扩建，并且，私人投资现已遍布埃及的各个经济部门。[③]

2008 年埃及的通货膨胀形势将会有所好转。2007/2008 财年，为应对国际市场燃料和粮食价格上涨的影响，埃及政府适时采取了专项管理措施来减轻通货膨胀压力。首先，政府按国际价格向农民购买小麦，同时禁止稻米出口，以满足食品消费增加对粮食的需求；其次，自 2008 年 4 月 1 日起减少石油产品价格补贴，以相应提高国内燃料价格，通过财政政策和市场途径，指导国内燃料消费，降低对石油产品的需求。

2008/2009 财年是埃及第 6 个五年计划（2007～2012 年）的第二年，在当今

---

① 世界银行在其发表的 2008 年《世界发展金融报告》（*Global Development Finance*）中肯定了埃及经济取得良好发展成绩。

② 数据来自埃及经济发展部《经济社会发展报告（2007/2008 第 3 季度）》（*Economic and Social Development, During the Third Quarter of 2007/08*）。

③ Egypt Online, Private sector pumps 38 billion LE in new cement steel projects, August 06, 2008。信息来源：埃及新闻总署网站，埃及在线，http://www.sis.gov.eg/En/EgyptOnline//Archive/20080806.htm。

的世界经济大环境下，为了保证其经济继续稳步发展，埃及政府将新财年的经济增长目标定在7.1%，届时，国内生产总值按现行价格达到1.5万亿埃镑（约合2800亿美元）。①

预计新财年埃及经济仍可保持适度的增长速度。为此，埃及讨论并陆续出台了一系列相关提案、计划和政策措施。5月5日，埃及人民议会讨论并通过了议会“计划与预算委员会”提交的提高国家财政收入的一揽子措施提案。其宗旨是增加税收、限制高能耗和高档消费，其主要措施有：取消经济区高能耗企业的免税待遇，提高高能耗企业的天然气消费价，提高汽油和柴油销售税，提高汽车牌照税，提高香烟销售税等。

在推动埃及金融市场发展的金融改革进程中，埃及资本市场管理局（Capital Market Authority，CMA）于2008年2月公布了“第二个战略性资本市场改革计划（2008～2012）”，为埃及资本市场改革和发展，确定了战略目标、政策和优先行动计划，以进一步提高效率、增加竞争力，吸引并指导更多国内外储蓄用于投资。②2008年的金融改革计划工作重点是：发展和扩大当前的资本市场，建立金融衍生品市场在内的多种专用性金融市场；支持和发展金融中介公司，保护投资者利益；提高CMA的市场管理监督能力和调节机制，将非银行金融机构纳入统一的金融市场管理；提高投资者的金融投资意识，鼓励对金融领域投资，维护投资者权益。

四　2009年经济展望

2008年9月11日，欧佩克部长会议决定40天内削减产量52万桶，却并没提振已经下滑的国际油价。同期，国际金融领域接连爆发“金融风暴”。面对严峻的世界经济形势，国际能源机构和欧佩克都再三下调世界石油需求量，对未来的世界经济前景预测普遍持悲观态度。所有这些事件的发生，都影响着人们对中

① Egypt Online，Economic Development Minister：Economic Development Plan Aimed at Increasing GDP to LE 1500 Billion，August 26，2008。信息来源：埃及新闻总署网站，埃及在线，http：//www. sis. gov. eg/En/EgyptOnline/ Archive/20080826. htm。

② Capital Market Authority，Strategy for Capital Market Development 2008 - 2012，February 2008，信息来源：埃及资本市场管理局网站，http：//www. cma. gov. eg/cma/content/english/about _ cma_ en/cma_ about_ en. htm#。

东经济走势的分析和判断。

据 IMF 预测，2009 年中东经济增长将有所减缓，可能下降到 6%。[①] 即使中东经济仍可保持良好的发展形势，也需要清楚地看到，在 2009 年由于受国际和国内一些因素的影响和冲击，中东经济将面临严峻的挑战。

首先，国际油价波动。2008 年国际油价频繁摆动，2009 年这种状况不会改变，油价仍将在每桶 80～140 美元的“巨大区间”内剧烈波动。为阻止 20 世纪末国际石油市场崩溃事件重演，欧佩克将致力于稳定油价行动，欧佩克能够接受的价格是每桶 80～100 美元的价位，中东产油国会约束其产量和出口量，实现这一目标。因此，该地区石油收入将有所减少。

其次，国际金融动荡。2007 年美次贷危机波及全球金融市场，并引发激烈振荡，2009 年股票证券市场、金融货币市场、大宗商品市场、石油期货市场都将陷入难以预测的波动中。美元走向不确定性增加，美国实体经济可能不再支持美元强势。中东的主权财富基金在国际金融市场的严峻时期将面临很大风险。

再次，世界经济下行态势。中东国家对外贸易受世界经济衰弱影响将放慢增长速度，但由于国内消费需求增长快，将增大市场供应的压力，如政府应对措施不当，高通货膨胀率将很难得到抑制。

最后，地区政治局势。伊拉克政局、伊朗核问题、以色列与巴勒斯坦冲突、地区恐怖活动等多年来难以解决的问题和一些突发性事件，对不同经济类型的中东国家将造成各种破坏和影响。

但是，中东国家近年来强化经济多元结构发展，并利用大量石油收入投资于国内外各个领域，刺激国内经济持续发展，同时加强财政和货币政策调整，经济结构调整取得一些成绩，使中东地区多数国家在合作中增强了应对外部不利因素冲击的能力。

参考文献

IMF，*World Economic Outlook*，April 2008；《世界经济展望关键预测更新》（2008 年 7

① 见 IMF《世界经济展望关键预测更新》，2008 年 7 月。

月）；*Regional Economic Outlook*：*Middle East and Central Asia*，May 2008。

联合国西亚经社委员会：*Estimates and Forecasts for GDP Growth in the ESCWA Region*（*2007 - 2008*），December 2007。

IEA，*Oil Market Report*，2008 年第 1 ~ 9 期。

OPEC，*Monthly Oil Market Report*，2008 年第 1 ~ 9 期。

世界银行：*Global Development Finance* 2008，June 2008。

中华人民共和国商务部驻沙特阿拉伯经商参处网站，http：//sa. mofcom. gov. cn。

中华人民共和国商务部驻埃及经商参处网站，http：//eg. mofcom. gov. cn。

中华人民共和国商务部驻伊朗经商参处网站，http：//ir. mofcom. gov. cn。

中华人民共和国商务部驻科威特经商参处网站，http：//kw. mofcom. gov. cn。

埃及新闻总署网站，http：//www. sis. gov. eg。

沙特阿拉伯《中东报》（阿文），http：//www. aawsat. com。

The Mid East Economy：Facing Challenges

Liu Ming

Abstract：Oil is crucial to the economic situation in the Middle East which went through severe test in 2008. Skyrocketing oil prices exerted double impact on the economy of the countries in the Middle East, as income and inflation were all on the rise. Governments' appropriate fiscal and monetary policies and economic adjustment are essential. In 2009 growth in Middle East countries will likely to be slower under the impact of the global economic situation and declining oil prices.

Key Words：Middle East Economic Growth；Oil Price；Inflation；Sovereign Wealth Fund

非洲经济：继续保持增长态势

姚桂梅*

摘　要：2007年是非洲经济持续增长的第十二个年头，宏观经济基本面继续改善。在2008年，随着非洲国家经济改革的深化、内部管理能力的提高以及农业生产的正常运转，非洲经济有望实现6%的增长。但受全球经济下滑、高粮价和高油价的冲击，多数非洲国家通货膨胀压力加大，并开始威胁到经济增长。值得注意的是，近年来，亚非合作不断加强，第四届“东京非洲发展国际会议”（TICAD）、首届“印度—非洲峰会”的召开，均表明不少亚洲国家开始重视非洲，加大了对非洲的投入。这无疑为非洲发展营造了一个良好的外部环境。展望2009年，全球经济危机可能导致非洲经济增速放缓，尤其在资本流入等方面面临新的挑战。

关键词：非洲经济　持续增长　通货膨胀　亚非合作

进入21世纪以来，尽管全球经济增长起伏不定，但是非洲经济基本上保持了稳定快速增长的势头。在1999~2007年间，非洲经济年均增长达到4.6%，相当于过去十年的2倍，这标志着非洲经济步入持续发展和较低通货膨胀的最佳时期。其中，2007年非洲经济增长6.3%。预计2008、2009年非洲经济将继续保持增长态势，增长率分别为5.9%、6.0%。①

---

* 姚桂梅，经济学学士，中国社会科学院西亚非洲研究所研究员，主要研究非洲宏观经济、中非经贸关系等问题。

① IMF, *World Economic Outlook*, Washington, D. C., October 8, 2008, p. 76.

一 2007年非洲经济形势回顾

2007年是非洲经济持续增长的第十二个年头。根据非洲开发银行《2007年非洲发展报告》的数据，全非经济增长速度达到5.7%；联合国非洲经济委员会（以下简称联合国非经委）的数据为5.8%，与2006年的增长速度基本持平（参见表1）。

表1 2000～2007年非洲宏观经济指标统计

年 份	2000	2003	2004	2005	2006	2007
按现价计算的GDP(亿美元)	5879	6824	8111	9505	10835	12326
按2000年价格计算的GDP(亿美元)	5879	6606	6949	7320	7731	8150
实际GDP增长率(%)	3.8	4.9	5.6	5.7	5.9	5.7
实际人均GDP增长率(%)	1.3	2.6	3.2	3.3	3.5	3.4
通货膨胀率(%)	10.0	7.9	8.1	7.6	6.5	8.2
财政余额/GDP(%)	-0.1	-2.1	-0.1	2.8	4.2	2.8
贸易条件变化	16.2	2.7	6.0	14.7	8.6	-1.7
经常账户余额(亿美元)	152.2	37.0	111.6	356.3	572.9	357.8
外债/GDP(%)	51.7	48.4	43.0	32.9	24.5	21.1
净官方发展援助(亿美元)	150	251.3	275.0	336.7	413.1	—
外国直接投资流入量(亿美元)	87	185	172	307	355	—

资料来源：AFDB，*Statistics Pocketbook 2008*，Volume X，page1－2，www.afdb.org；UNCTAD，*World Investment Report*，2001－2007。

非洲经济之所以多年来维持稳定增长势头，是内外因素综合作用的结果。首先，非洲国家多年实行的经济改革政策提高了政府治理经济的水平，商业运营环境的改善以及内部消费能力的释放是支撑增长的内在因素；其次，世界对石油和其他矿产资源的需求日益增长，石油、煤炭、铀等矿产品价格一路飙升，拉动非洲国家对石油矿产品等领域的投入不断增加，产销两旺；再次，多边框架内的减贫举措为非洲国家提供了增加公共投资的机遇。

（一）经济基本面继续维系稳定

1. 高油价加大通胀压力

据统计，在1989～1998年非洲大陆的年均通货膨胀率高达28.4%，而在

1999～2007年则降到8.4%，这对于经济发展条件和环境相对脆弱的非洲国家来说是非常了不起的成就。2007年非洲的通货膨胀率并未因国际市场石油价格飙升而大幅上升，只是从2006年的6.6%小幅升至8.2%。通货膨胀率在5%以下的有21个国家，通货膨胀率在5%～10%的国家为20个，通货膨胀率在10%～20%的国家为9个，超过20%的仅有3个。①

2. 财政继续保持盈余

2007年全非财政余额继续维持盈余状况，但是财政盈余占GDP的比重从2006年的4.2%下降到2.8%。石油收入仍是非洲大陆财政状况改善的重要支撑因素；官方发展援助继续为某些非产油国提供雄厚的财政支持。2007年13个非洲石油出口国的财政盈余占GDP的比重从2006年的5.2%提升到5.4%。与此同时，非洲石油进口国的财政赤字占GDP的比重却从0.9%扩张到1.2%。②

3. 经常账户实现盈余

2007年非洲商品和服务出口额增长15.2%，进口额增长13.2%。但受高油价的拖累，非洲国家经常账户盈余占GDP的比重降到1.7%，其中撒哈拉以南非洲国家经常账户余额占GDP的比重从2006年的0.5%降至2007年的-2.6%。高油价使石油进口国经常账户赤字进一步加大，占GDP的比重从2006年的-4.4%变为2007年的-5.0%。所幸的是，由于流入的外援增多，2007年非洲内陆国经常账户赤字有所改善，占GDP的比重由2006年的-2.3%变为2007年的-1.1%。③截至2007年底，非洲大陆的国际储备可支付10.3个月的进口费用。

4. 储蓄率和投资率略有提高

非洲人均GDP增长率从2003年的2.6%提高到2006年的3.5%，2007年为3.4%。人均收入的增长使得非洲大陆的储蓄率有所提高。2002～2007年非洲大陆的储蓄率从22%增至26%，与此同时，非洲国家的投资率从20.1%增至22.1%。但是总体来看，由于非洲金融市场普遍不发达，金融工具少，相对于旺盛的投资需求而言内部融资能力仍显低效，对外部资金仍有严重依赖。

5. 非洲成为投资热土

非洲商业和投资环境的日益改善、债务减免以及外援增多吸引了更多的外资

---

① UNECA, *Economic Report on Africa 2008*, Addis Ababa, Ethiopia, March 2008, p. 47.

② UNECA, *Economic Report on Africa 2008*, Addis Ababa, Ethiopia, March 2008, p. 3.

③ UNECA, *Economic Report on Africa 2008*, Addis Ababa, Ethiopia, March 2008, p. 5.

流入非洲。根据联合国贸发会数据，2006 年非洲吸引的外资达到创纪录的 355 亿美元，占到全球 FDI 总量的 2.7%；2007 年流入非洲的外国直接投资约为 400 亿美元。尽管从全球来看，非洲吸引的外资规模仍然十分有限，但是从投资对非洲经济增长的贡献率来看，正在逐年扩大。2006 年流入非洲的 FDI 对非洲大陆固定资本形成的贡献率达到 20%；2004～2006 年间，非洲吸引的外国直接投资总量已经占到 2006 年 GDP 的 29.5%。

6. 外援增加，外债减轻

在国际社会各种债务减免计划安排下，流入非洲的官方发展援助从 2005 年的 337 亿美元增至 2006 年的 413 亿美元。非洲外债总量从 2003 年的 3092 亿美元减少到 2007 年的 2550 亿美元，其中官方债务 1445 亿美元，商业债务 1102 亿美元。值得指出的是，尽管外债总体规模、负债率和偿债率都呈下降趋势，但是银行贷款和私人债务却有所上升。

（二）地区和国别经济继续不平衡增长

非洲大陆共有 53 个国家，无论是经济发展水平还是经济增长速度都存在较大的差距，不平衡发展特征凸显。2007 年，在可获数据的 51 个非洲国家中，人均 GDP 增长超过 3% 的国家有 28 个，人均 GDP 出现下降的有 8 个国家。

北非地区是非洲大陆经济发展水平较高的地区，2007 年北非经济增长 5.6%。除摩洛哥之外，北非其他国家继续保持经济增长的活力。在埃及，大幅削减公司和个人所得税措施刺激国内需求旺盛，建筑业和房地产业发展迅速，加上旅游业的明显回升，拉动埃及经济增长。在阿尔及利亚，外国直接投资大量流入石油工业，公共支出增加，推动经济增长。与此相反，摩洛哥由于农业生产大幅下滑，经济活动明显放缓。

在撒哈拉以南非洲，除尼日利亚和南非外，其他国家的国内生产总值从 2006 年增长的 6.1% 提高到 7%。非洲经济巨人——南非经济保持了多年的增长势头。2007 年尽管由于消费者支出有所减速，但金融业、建筑业、采矿业比较兴旺，拉动南非经济增长 4.8%。非洲第一人口和产油大国尼日利亚，由于非石油部门经济的强劲增长以及公共投资的扩张，拉动经济增长 5.4%。此外，在农业仍居主导地位的布基纳法索、埃塞俄比亚、肯尼亚、坦桑尼亚等国，建筑业、制造业和服务业成为经济增长的主要部门。在安哥拉、塞拉利昂、刚果（民）

等富矿国，由于农业风调雨顺，原油、钻石、铜、钴等产量和出口量大增，推动经济高速增长。内陆穷国中非得益于外援和国内投资的增加，经济呈现适度恢复。另外，在加蓬和塞舌尔，历经多年萧条后，在建筑业和服务业推动下经济出现明显复苏。同样，在科特迪瓦，2007 年 3 月瓦加杜古和平协议的签署和全面执行，明显改善了该国的政治和治安局势，降低了经济运营的风险，经济也出现复苏迹象。但在津巴布韦，经济继续衰退。在乍得，社会和政治形势动荡，经济增长停滞。

二　2008 年非洲经济形势分析

联合国非经委在《2008 年非洲经济发展报告》中预测，2008 年非洲经济增长 6.2%；非洲开发银行预测为 5.9%；国际货币基金组织在 2008 年 10 月版《世界经济展望》中最新预测值为 5.9%，其中撒哈拉以南非洲为 6.1%，增长速度均低于 2007 年。[①]

影响非洲经济增长的因素包括非洲内部因素和国际因素。一方面，多数非洲国家农业生产运行良好，国际市场金属、棉花、咖啡、可可的价格较高，非洲国家实施经济改革的能力增强、管理能力的提高是经济持续增长的主要驱动力；另一方面，受美国次贷危机拖带全球经济下行、西方发达国家经济集体减速的负面影响，非洲的输入性通货膨胀压力加大，经常项目赤字增加，非洲发展的国际经济环境又正朝着不利的方向变化。

（一）地区经济表现

1. 增长参差不齐

联合国非经委预测，在 2008 年东部非洲经济增长 6.6%，是非洲 5 个地区中增长最为强劲的地区；西部非洲由于尼日利亚石油产量的增加和经济的稳健增长而拉动地区经济增长 6.4%，排列第二；南部非洲和北部非洲分别增长 6.3% 和 6.1%；中部非洲预计增长 5.4%，为增长最慢的地区。非洲开发银行预计，2008 年将有 16 个非洲国家的经济增长率在 3% ~5% 之间，31 个非洲国家的经济

---

① IMF, *World Economic Outlook*, Washington, D. C., October 8, 2008, p. 76.

增长率超过5%。

2. 地区一体化趋势加强

自从2002年非洲联盟成立以来，非洲地区一体化得到逐步推动。2008年7月，非盟第11届首脑会议签署了关于设立非洲货币基金监督委员会的谅解备忘录。[①] 非洲货币基金、非洲中央银行、非洲投资银行是非洲联盟宪章中拟成立的三个全洲性的金融机构。其中，非洲货币基金将发挥清算所的功能，有力推动非洲大陆内的跨境贸易。在地区层面，2008年8月17日，南部非洲发展共同体自由贸易区正式启动，标志着南部非洲地区一体化有了实质性进展。按照既定一体化目标，自由贸易区建成后，南共体将分别于2010年实现关税同盟、2015年建立共同市场、2016年成立地区中央银行及实现货币联盟、2018年统一货币。

3. 高油价、高粮价苦乐参半

2008年上半年，全球原油价格高涨对于拥有15个石油生产国（净出口的为10个）、38个石油进口国的非洲大陆来说，可谓喜忧互见。国际油价的不断飙升，使得包括乍得和毛里塔尼亚在内的石油出口国颇为受益，经济预计增长8.4%。对非洲石油进口国而言，高油价和高粮价使得这些国家的商业盈利大打折扣，进口成本的提高耗费了原本不多的外汇储备，通货膨胀压力加大。南非4月份居民消费价格指数上涨了10.4%。肯尼亚5月份的通货膨胀率也达到了创历史新高的31.5%。非洲国家通货膨胀压力的加大已经严重威胁到经济的增长。2008年6月30日，国际货币基金组织的专题研究报告指出，高油价和高粮价或将抵消0.3~0.7个百分点的增长，预计石油进口国仅增长5.1%。报告还指出，粮价和油价的飞速上涨至少把18个非洲国家推向政治经济动荡的“临界点”。事实上，莫桑比克、肯尼亚、毛里塔尼亚、布基纳法索和喀麦隆等国都因此而引发骚乱。2008年5月，厄立特里亚、埃塞俄比亚、几内亚、利比里亚、马达加斯加、马拉维、刚果（金）和津巴布韦的贸易逆差至少耗费了50%的国际储备，贝宁、布基纳法索、中非、几内亚比绍、马里和多哥，以及布隆迪、科摩罗、冈比亚、塞拉利昂等国的贸易逆差至少占到GDP的2.5%。[②] 总之，高油价、高粮

① Ethiopia, AU to Set Up African Monetary Fund, *The Daily Monitor*, 10 July 2008.

② IMF African Department, the Balance of Payments Impact of the Food and Fuel Price Shocks on Low-Income African Countries: A Country-by-Country Assessment, June 30, 2008.

价严重冲击非洲穷国经济，一些非洲穷国不得不停止基础设施建设，重新举债向贫困阶层提供补贴，非洲减贫遭遇严峻挑战。

（二）主要国家经济表现

1. 南非经济增速放缓

南非经济一直是非洲经济的领头羊。自 2003 年起，南非经济年均增长速度一直保持在 5%。但受全球经济增长放缓、银行利率不断上调以及食品和燃料价格攀升导致居民消费不足、电力短缺导致矿业和制造业产量下降等诸多因素的拖累，2008 年第一季度南非的经济仅增长 2.1%，大大低于 2007 年第四季度的 5.3%。[①] 南非建筑业、农业、金融业成为推动南非经济增长的主要动力。但值得注意的是，受电力供应紧缺影响，1 月份，南非许多大型工矿企业被迫停产好几天，后来被迫转而使用燃料油，导致第一季度南非的矿业产值下降 22%。虽然矿业对 GDP 的贡献率相对较小，只有 5.4%，但是却占到出口收入的 50%，如果矿业继续不景气的话，就将增加经常账户的压力。不过自 3 月起，南非已经能确保矿业生产 95% 的电力需求。制造业对 GDP 的贡献率为 16%，但是由于电力短缺、高利率造成国内需求不振的影响，第一季度，制造业的增长率从 2007 年第四季度增长 8.2% 下降到 -1%。未来几个月，制造业的展望并不乐观。南非的基准采购经理指数（PMI）从 4 月份的 54.1 下滑至 5 月份的 49.1，[②] 反映新的销售订单的减少和生产成本的提高。因为，制造业 PMI 指数若低于 50，通常反映制造业衰退。

目前，南非经济已出现增速放缓迹象，面临新的挑战。一些经济学家日前将南非 2008 年的经济增长预期调低到 4% ~3%。南非标准银行估计为 4.3%。先前南非政府宣布，要在 2014 年将国内失业与贫民人口减半，年均经济增长率必须达到 6%。由此看来，2008 年南非经济已无法达成年度增长的目标。虽然这对于遭受粮价及运输价格高涨重击、失业率居高不下、有着数百万贫困人口的南非来说绝非好消息，但是南非过去早已历经过多次经济与汇率重挫，受益于明确的经济政策，南非政府定能顶住经济低迷情况，目前预算尚有盈余，公债比降至

① EIU, *Country Report on South Africa*, July 2008, p. 14.

② EIU, *Country Report on South Africa*, July 2008, p. 15.

GDP 的30%，外汇储备自2004年以来已经增加逾一倍，截至2008年3月底，外汇储备为306.15亿美元。

2. 尼日利亚经济面临诸多挑战

近年来尼日利亚非石油部门的增速明显，但尼日尔河三角洲不时爆发的骚乱阻碍了石油和天然气产量的增长。而且，由于尼日利亚基础设施落后（特别是电力供应紧张）、人均收入低下、劳动力市场缺乏技术熟练的工人和高级管理人才，实际的增长率将会比乐观估计的要低很多，特别是在制造业部门。因此，2007年尼日利亚实际GDP增长率为6.2%。[①] 据尼中央银行的数据显示，2008年第一季度，尼日利亚GDP增长6.49%，比2007年第四季度下降了1.33个百分点。其中，占GDP总量64.4%的非石油部门增长9.67%。农业部门获益于较高的商品价格；但工业部门由于制造业、矿业和电业生产的下降而呈现轻微下滑。占GDP总量35.6%的石油部门由于受到尼日尔河三角洲地区治安局势紧张的严重影响，第一季度石油日产量下降到205万桶，而2007年第四季度的日产量是213万桶，为此丧失了非洲最大产油国的地位。预计尼日利亚第二季度石油产量可能继续下降。4月份以来，尼日尔河三角洲地区不断受到武装分子的袭击，为期8天的工人罢工导致埃克森美孚公司被迫停产。然而，1～6月以来，世界市场急剧攀升的石油价格，将弥补尼日利亚较低的石油产出。另据《非洲石油杂志》的数据显示，尼日利亚7月末石油产量比6月上升了4万桶/日，达到192万桶/日，而安哥拉石油产量从192万桶/日降至190万桶/日。因此，尼日利亚以小幅优势超过安哥拉，重新成为非洲最大产油国。

在经济增速放缓的同时，尼中央政府分别于3月和6月两次从石油溢价基金账户向各州政府拨款，导致全国流通中货币量从1月的8610亿奈拉上升至7月的9370亿奈拉，进而引发尼国内通货膨胀率的进一步上升，6月达到12%，首次出现两位数。[②] 目前尼国内市场食品和燃油价格，主要是柴油，较2007年同期相比都有大幅上升，接近20%。由于通胀率和美元汇率的双双上升，导致尼外汇储备从2008年5月中旬的614亿美元降至7月2日的593亿美元。[③] 另据尼

① EIU, *Country Report on South Africa*, July 2008, p. 6.

② 中国驻尼日利亚使馆经商处：《尼日利亚通货膨胀率升至12%》，2008年7月22日。

③ 新华网，拉各斯，2008年7月17日电。

日利亚《今日报》消息，为减少政府开支，亚拉杜瓦总统将于10月份提交国会讨论的2009年度政府预算中，将会大幅削减工程项目投资的预算资金。

三　亚非合作加强

自从2006年中国成功举办中非峰会以来，亚洲的日本、印度、韩国等也纷纷效仿中国，加大了同非洲国家的合作力度。

日本为谋求政治大国地位，将争取非洲支持其“入常”和保障资源稳定供给作为对非工作重点，不断采取措施加强日非合作。2008年5月28～30日，在横滨举办了“第四届东京非洲发展国际会议”（TICAD），来自50多个非洲国家、55个国际机构和16个非洲区域机构的代表出席了本届会议。会上宣布了日本政府在未来5年内加大对非洲援助的《横滨宣言》和《横滨行动计划》等多项战略性文件。《横滨宣言》被称为是日本今后对非援助的政治文件。宣言对近年来非洲国家依靠自己的力量在政治和经济方面取得的发展给予了积极评价，同时对非洲大陆人口大幅增加、农村和城市的失业问题加剧、传染病以及全球粮食价格上涨给非洲经济发展带来的严重挑战等问题表示高度关注。呼吁国际社会应向非洲国家提供必要的援助，以帮助它们发展经济，实现消除贫困的千年发展目标以及应对气候变化等各种挑战。《横滨行动计划》将援助重点定在基础设施、贸易投资和旅游、农业农村开发、基础教育和医疗、地区和平以及应对环境与气候变化等领域，促进南南合作和亚非合作。为推进《横滨行动计划》的落实，会议还决定建立东京非洲发展援助项目计划跟踪机制，分多层面对各项行动计划的进展情况实施监督和定期评估。日本首相福田康夫在会议上承诺将向非洲国家提供数十亿美元的长期低息贷款，并在2012年之前将对非援助增加一倍。目前，日本每年对非援助的金额为5.29亿美元，占其用于发展公共援助总额的8.8%。2008年7月，在北海道举行的八国集团峰会上，作为东道主日本还打破传统的“8加5”模式，邀请了包括7个非洲国家在内的15个集团外国家的领导人与会。这样一来，八国峰会对话机制不仅包含了发展中国家与发达国家对话成分，而且成为发展中国家多边和双边对话的平台。

近年来，印度也将非洲列为当前外交政策的重点之一。除了在经贸上对非洲石油和市场份额的诉求外，争取“入常”也成为其在非洲频繁出手的主要驱动力。2007年11月，印度在新德里举办印非石油会议并提出新的对非援助计划；2008年3月在新德里召开了“印度—非洲经贸合作会议”，4月又召开“印度—非洲峰会”。在此次峰会上，宣布了《对最不发达国家的免关税优惠计划》、《印度—非洲论坛峰会德里宣言》和《印度—非洲合作框架协议》三个文件，对未来印非关系的发展具有重要意义。根据《对最不发达国家的免关税优惠计划》，非洲34个国家可以享受印度提供的优惠市场准入。该计划将覆盖印度关税系列的94%，涉及1.2万种商品。印度商会认为，通过出台出口激励措施和鼓励非洲国家改善商业环境，印非贸易额在2012年有望达到500亿美元。[①] 在对非投资方面，印度将在今后5年投资5亿美元用于非洲的开发项目。印度还将提高对非洲国家的金融信贷，从过去5年中的大约20亿美元增加到54亿美元，重点支持铁路、信息技术、电信和发电等基础设施建设。

日本、印度等亚洲国家加大对非洲的重视和投入，无疑为非洲发展营造了一个难得的外部环境。但是，究其共同点都是受到了快速发展的中非关系的刺激，并且在其对非政策中都充分考虑到“中国因素”，无不包含抵消中国在非洲的影响的成分，为此，未来中非关系的发展要面临来自国际上复杂而激烈的挑战。

四　2009年非洲经济前景展望

展望未来，国际金融机构普遍认为，非洲经济正处于“持续发展和较低通货膨胀的最佳时期”。尽管2009年全球金融动荡、能源和粮食价格较高，但是非洲经济仍然可以从其他较高价位的出口产品中获益，为此，可以继续看好非洲经济的总体发展前景。国际货币基金组织在2008年10月《全球经济展望》中预测非洲经济增长6%，其中撒哈拉以南非洲地区经济增长6.3%。

尽管非洲经济增长前景维持向好，宏观经济指标不断改善，政府管理能力进一步增强，但这种中速增长的态势仍不足以提供非洲人民摆脱极度贫困所需要的动力。克服和摆脱不发达状况、消除贫困，将是非洲各国面临的长期任务。当前，影响非洲经济增长的不确定因素依然很多。首先，农业仍未摆脱靠天吃饭的

① Huma Siddiqui, India wants to boost trade with the African continent, *The Financial Express*, Delhi 9 April 2008, p. 8.

命运。全球气候变暖将进一步加剧非洲农产量的波动，从而威胁非洲粮食安全。其次，非洲生产和出口的产品种类单一，缺乏多样化。非洲国家经济结构整体上依旧呈现“生产的（原材料）不消费；消费的（制成品）不能生产”的依附格局。这种生产与消费脱离的畸形结构使非洲经济极易受国际市场价格波动的影响。第三，非洲国家储蓄率低，融资困难，过于依赖外部资金，抵御外界冲击的能力有限。近年来，不少经合组织发展援助委员会成员国奉行高承诺、缓兑现，甚至不兑现的做法，使得非洲国家一些经济社会发展计划可能落空。第四，非洲国家基础设施建设严重滞后，成为社会经济发展的瓶颈。尤其是电力短缺将在一段时期内制约南非、尼日利亚、肯尼亚、加纳、塞内加尔和坦桑尼亚等国经济增长的步伐。最后，政局稳定与否对经济发展起着决定性作用。近年来，虽然非洲大部分地区冲突和骚乱爆发的强度减弱，但从未停止，对本国和邻国经济发展都会产生较大的破坏作用。

总之，随着非洲国家实施经济改革自觉性的增强，包括实现经济多元化和进一步改善基础设施等措施的实施，非洲国家内部的经济基础将得到进一步的巩固；新兴市场国家对非洲地区产品需求增长保持较为强劲的势头，有助于非洲经济继续保持较快的增长步伐。但受诸多制约因素的影响，非洲经济增长的脆弱性和波动性不可避免，消除贫困、实现经济复兴的道路并不平坦。探索非洲特色的发展模式，坚持资源开发与多样化并举、自主发展与国际协调并重仍是未来非洲经济发展的战略选择。

参考文献

IMF, *World Economic Outlook October 2008*, Washington, D. C, October8, 2008.

African Development Bank, *ADB Statistics Pocketbook 2008*, Tunis, Tunisia, Volume X.

UNECA & AU, *Economic Report on Africa 2008, Africa and Monterrey Consensus: Tracking Performance and Progress*, Addis Ababa, Ethiopia, First printing March 2008.

EIU, *Country report Nigeria*, July 2008.

EIU, *Country report South Africa*, July 2008.

Huma Siddiqui, India wants to boost trade with the African continent, *The Financial Express*, Delhi 9 April 2008.

IMF African Department, The Balance of Payments Impact of the Food and Fuel Price Shocks on Low-Income African Countries: A Country-by-Country Assessment, June 30, 2008.

African Economy: Continue to Improve

Yao Guimei

Abstract: It is the 12th years that African economies continued to sustain the growth momentum in 2007, and basic macroeconomic data in Africa have been increasingly improved. In 2008, the African leaders strengthen the consciousness of economic reform, try to raise the management's ability, and the agricultural production will be a harvest, GDP in Africa is expected to grow to 5.9%. However, the slowdown in global growth, and the impact of the food and fuel price shock, the majority of African countries inflationary pressures is intensifying, pose threats to economic growth. The South African economy growth has been slowing down. Notably, the Asia-Africa cooperation has been strengthened in recent years, the fourth "Tokyo International Conference on African Development" (TICAD) and the first "India-Africa Summit" were held, lead to the international capital increase inflow in Africa, and create a good external environment for African development. The outlook of Africa economy in 2009 remain quite optimistic, the continent is set to feel a negative impact of the global crisis, particularly in areas such as capital inflow is facing new challenges.

Key Words: African Economy; Sustained Growth; Inflation; Asia-Africa Cooperation

专 题 篇

国际贸易形势回顾与展望

倪月菊*

摘 要：由于发达国家和地区需求下降，2007 年世界经济和国际贸易的增长幅度明显放缓。2007 年国际贸易的实际增长率为 5.5%，大大低于上年 8.5% 的增速。近期美国次贷危机不断扩大并蔓延，给 2008 年和 2009 年的国际贸易增加了很多不确定因素。预计 2008 年的国际贸易实际增长率在 4.5% 左右，2009 年的增速将进一步下降。

关键词：国际贸易　增速放缓　多哈回合谈判　美国次贷危机

2008 年下半年美国信贷危机的扩大，将对 2008 年乃至 2009 年的国际贸易产生很大影响，国际贸易增速将持续放缓。预计 2008 年国际贸易实际增长

* 倪月菊，博士，中国社会科学院世界经济与政治研究所副研究员，主要研究国际贸易发展趋势、国际贸易政策和服务贸易。

4.5%左右，名义贸易增长12%左右。由于美国信贷危机的影响不断扩大，影响2009年世界经济增长的不确定因素增加，同样存在着对资源类产品价格，特别是石油价格、美元汇率等问题的担忧，预计2009年世界贸易增长步伐将继续放缓。

一　2007年国际贸易形势回顾①

受金属等初级产品价格高涨，以及美元贬值等因素的影响，2007年国际贸易名义增长率为15%，贸易额达到13.57万亿美元。但由于贸易额的增长主要源于出口价格的上涨（9.4%），因此，2007年国际贸易实际增长率（贸易量）仅为5.5%，低于上年8.5%的增速，略低于我们上年6%的增长预期（见表1）。

表1　2000～2007年世界贸易增长状况

单位：万亿美元，%

类　别	贸易额	类　别	年增长率			
	2007年		2000～2007年	2005年	2006年	2007年
商品贸易	13.57	实际增长率	5.9	6.5	8.5	5.5
		名义增长率	12	14	16	15
		出口价格增长率	—	5.0	5.1	9.4
服务贸易	3.26	名义增长率	12	12	12	18

资料来源：世界贸易组织《WTO报告》，2008年4月17日；日本贸易振兴会《2008年JETRO贸易投资白皮书》，2008年8月7日。

2007年国际贸易发展呈现出以下特点。

第一，发展中国家和独联体国家的贸易继续保持快速增长势头，对世界贸易增长的贡献度不断提高。据统计，2007年发展中国家的出口增速超过发达国家（13.6%），增长率达到16.8%。特别是东亚地区表现不凡，增长17.2%，出口额达到3.3万亿美元，对世界出口增长的贡献度为24.7%。

① 本部分资料主要来源于2008年4月17日WTO公布的《WTO报告》，2008年8月7日日本贸易振兴会出版的《2008年JETRO贸易投资白皮书》。

第二，中国成为世界第二大出口国。2007 年中国贸易增长显著，创下连续 6 年增长超过 20% 的纪录。2007 年中国出口增长 25.7%，达到 1.22 万亿美元，超过美国，成为仅次于德国的第二大出口国。

第三，机械机器出口增长迅速。占世界贸易 40.7% 的机械机器出口增长 13.0%，达到 5.6 万亿美元。其中，运输机械增长 16.9%，出口额超过 1.5 万亿美元。在汽车出口中，发展中国家所占比重超过了 20%。中国（占世界出口比重 11.1%）首次超过美国（10.8%），成为仅次于德国的第二大机械机器出口国。

第四，贵金属出口大幅增长。由于贵金属价格持续上涨，贵金属出口增长了 22.5%，出口额接近 1.2 万亿美元，对世界贸易增长的贡献度达到 12.2%。其中，钢铁增长 26%，出口总额为 6724 亿美元。中国首次超过德国，成为世界上最大的钢铁出口国，占世界钢铁出口总额的比重达到 11.4%。

第五，矿物性燃料出口增速下降。2003 年以后，矿物性燃料一直以年增长 20% 以上的速度增长。然而，2007 年矿物性燃料的增长率大幅度放缓，仅增长 11.4%。受占石油及其制品出口 40% 的中东和非洲出口大幅下滑的影响，占矿物性燃料出口 84.6% 的石油及其制品的出口也由上年的增长 25.3% 下降到 2007 年增长 12.0%，出口额为 1.45 万亿美元。受印度尼西亚出现负增长的影响，液化天然气的出口由上年的增长 33.3% 减少到增长 12.4%。

第六，粮食出口增长迅猛。由于 2007 年粮食出口价格骤升，导致谷物贸易扩大。2007 年世界谷物贸易出口增长 44.4%，出口额达到 686 亿美元。美国和欧洲占世界谷物出口的 30% 以上，此外，中南美的谷物出口增长势头强劲。

第七，服务贸易增长速度超过货物贸易。由于汇率变动和运输燃料消费的增长，2007 年世界服务贸易增长速度快于货物贸易，增长率达到 18%，贸易额达到 3.3 万亿美元。

二　2008 年国际贸易的走势分析

从 2008 年上半年来看，各主要国家和地区国际贸易表现情况如下。

（一）美国的进口需求疲软，出口增速快于进口

由于内需疲软导致美国进口量下滑，而弱势美元有利于美国扩大出口。因

此，进入2008年以来，美国出口增长势头强劲。9月11日，美国商务部发表的统计数据显示，2008年1~7月份，美国出口总额达到1.09万亿美元，增长18.3%。货物贸易和服务贸易出口分别上涨了19.9%和14.6%。与上年同期相比，进口增长速度虽有所增长，但明显低于出口。进口总额为1.51万亿美元，增长12.9%。其中，货物贸易进口增长13.7%，服务贸易进口增长仅为9%。进口速度的下滑，使美国外贸逆差持续减少。作为世界贸易大国，特别是进口大国的美国，其进口增长的下滑必然对其他国家的出口产生一定的影响。

（二）欧盟和日本进口需求旺盛，进出口增长率明显高于上年同期

欧盟委员会9月17日公布了2008年1~7月欧盟的外贸状况。统计结果显示：欧盟27国的外贸进出口额与上年同期相比分别增长了12%和8%；欧元区15国的外贸增长略低于27国，进出口额分别增长11%和8%，明显好于上年同期欧盟的外贸增长水平。

据日本海关统计，2008年1~7月，日本货物进出口额为9139.1亿美元，比上年同期增长23.4%。其中，出口4715.3亿美元，增长19.5%；进口4423.8亿美元，增长27.8%；贸易顺差291.5亿美元，下降39.7%。日本进出口贸易的快速增长对2008年的世界贸易增长将起到一定的支撑作用。

（三）巴西、印度、俄罗斯和中国“金砖四国”的外贸充满了生机

2008年1~8月，巴西货物进出口额为2447.9亿美元，比上年同期增长38.0%。进口增长率达到52%，进口额达到1139.5亿美元。进口的大幅度上升，使贸易顺差下降38.5%。巴西是农业和资源大国，铁矿石等矿产资源储量在世界上名列前茅，大豆等农产品产量和出口量均居世界前列。这些资源和产品在国际市场上供不应求，价格不断攀升，使巴西的出口额仍然保持了较快的增长。1~8月巴西的货物出口1308.4亿美元，增长27.7%。由于石油、大豆和铁矿石等出口商品价格上涨，飞机、石油、手机等出口量大幅度增加，9月份巴西发展工业外贸部再度宣布将2008年出口目标由1900亿美元上调至2020亿美元，即在2007年出口额1606亿美元的基础上增长25.7%。

2008~2009财年前五个月（4~8月）印度出口812.2亿美元，同比增长35.1%；进口1303.6亿美元，同比增长37.7%。同期印度进口原油460亿美元，

增长幅度达59.6%。印度出口势头良好，正朝着2000亿美元的财年出口目标稳步前进。随着欧美经济下滑，特别是由于成本上升、利息增高、流动性不足和石油价格高涨等原因，欧洲和美国市场对印度产小型轿车的需求大增。根据印度汽车工业协会的统计，2008年4~8月，印度紧凑型轿车出口同比增加了47.3%，达到10.24万辆。据专家分析，一方面，高档车大多依赖汽车贷款，由于流动性不足和高额利息，欧美人更青睐小型车；另一方面，印度汽车企业具有明显的成本优势。其劳动力成本仅占印度汽车出口企业总成本的6%~10%，而在欧美这一比例高达30%~35%。

俄罗斯的进出口继续保持高速增长。据俄罗斯联邦海关署的统计显示，2008年1~8月俄罗斯对外贸易总额达到5042亿美元，比2007年同期增长50.4%。其中，出口额达到3274亿美元，比2007年同期增长52.3%；进口额达到1767亿美元，比2007年同期增长46.9%，贸易顺差达1507亿美元。

中国的外贸继续保持了20%以上的增速。海关总署9月10日发布的数字显示，2008年1~8月中国外贸进出口总值达17233.8亿美元，同比增长25.7%。出口9376.9亿美元，同比增长22.4%，增速比上年同期减缓5.3个百分点；进口7856.9亿美元，增长30%，增速比上年同期加快10.4个百分点。贸易顺差持续减少，这与初级产品的进口均价快速上涨有关。

世贸组织在《2008全球年度贸易报告》中指出，2007年中国出口额占世界总出口额比重是1990年的3倍，2008年很可能成为世界最大的商品出口国。中国出口增长异常迅速，2004年甩下日本，2007年超过美国，2008年将很可能超越德国，成为世界最大的商品出口国。

（四）美国经济降温对亚洲出口影响不大

美国经济降温对亚洲国家和地区出口影响不大，韩国、泰国和新加坡等主要贸易国的外贸形势良好。据韩国海关统计，2008年1~7月，韩国货物进出口额为5186.2亿美元，比上年同期增长27.4%。其中，出口2551.3亿美元，增长22.8%；进口2634.8亿美元，增长32.3%。贸易收支由上年同期顺差87.1亿美元转为逆差83.5亿美元。同期，泰国出口1041.7亿美元，增长26.1%；进口总额1062.6亿美元，增长38.6%；贸易逆差20.9亿美元。新加坡对外贸易进出口总额4048.2亿美元（5601亿新元），同比增长17.2%。其中，新加坡进口

1962.2 亿美元，增长 22.2%；出口 2086 亿美元，增长 12.8%。据越南《西贡解放报》7 月 26 日报道，2008 年头 7 个月越南出口 370 亿美元，同比增长 37.7%。其中内资企业同比增长 40%，外资企业同比增长 35.8%。

从 2008 年上半年的情况看，发展中国家和发达国家的贸易形势普遍好于上年，贸易额增长较快。当然，这与上半年国际商品价格的大幅度上扬以及美元疲软关系较大。然而，2008 年下半年，美国次贷危机的蔓延、多哈回合谈判的失败、商品市场价格的下跌等因素给 2008 年下半年的国际贸易发展增加了很多不确定因素。具体表现在以下几个方面。

1. 世界经济正面临许多不确定因素

经过几年的强劲增长，全球经济正面临很多挑战。美国房地产市场泡沫的破灭，逐步显现的信贷危机，美元相对其他主要货币持续走低，国际收支的巨大逆差以及大幅振荡的国际油价，都威胁着未来几年国际经济增长的可持续性。

2. 全球经济增长将放缓

联合国预测认为 2008 年全球经济增长将降低到 3.4%。目前全球经济面临的风险大于一年前，由房产市场低迷引发的美国经济增长缓慢是导致全球经济放缓的主要原因。2007 年，美国持续恶化的房地产市场，以及随之而来的次级抵押市场的雪崩，最终引发了遍及全球金融市场的信贷紧缩。主要国家央行纷纷采取一系列措施缓解金融压力，但并没有从根本上解决根植于全球金融体系及全球经济中的深层次问题。由美国次级抵押市场引发的金融动荡迅速蔓延至欧洲主要国家，也影响到日本和其他一些发达国家。2008 年，这些国家的经济增长预期相应调低，这表明，其他主要发达国家的经济增长还不足以替代美国成为全球经济增长的新的引擎。在悲观预测方案中，2008 年美国将经历衰退，全球经济增长也将降至 1.6%。

3. 多数发展中国家和转型经济体经济也将适度放缓

全球金融市场震荡也造成大多数发展中国家和转型经济体资本债券市场的剧烈波动和外债利率的提高。但经过一段时间后，这些负面影响得到缓解。这些国家受金融震荡影响不大，部分原因得益于宏观经济环境的改善、外汇储备的增加以及过去几年强健的经济增长。同时，中国和印度经济的持续快速增长也发挥了积极作用，增强了发展中国家经济增长的独立性。然而，这些国家的经济还远没有走上自我加速发展之路，仍高度依赖于国际经济环境，而这种环境本身又依赖于大多数发达国家的经济表现和经济政策。

4. 国际大宗商品市场价格大幅震荡

上半年国际市场商品价格总体仍然延续上年走势，持续上扬。6 月份，现货、期货价格水平比上年 12 月份分别上涨了 33.05%、27.32%，同比分别上升 39.75%、37.58%。

然而，2008 年下半年，以石油为代表的商品期货市场连续暴跌，从石油、黄金到有色金属、农产品，几乎所有商品都大幅下跌。7 月还要冲击 150 美元大关的石油，到 9 月百元大关都岌岌可危。受此影响，各种商品价格都大幅下跌。黄金从最高的每盎司接近 1000 美元价格，一度跌破 800 美元大关；伦敦有色金属交易所的铜、铝、铅、镍、锌等价格大跌，其中铝的价格创出新低；芝加哥期货交易所的大豆、玉米等农产品期货也同步暴跌。商品价格的大幅震荡势必对国际贸易产生极大的影响。

5. 多哈回合谈判破裂

世贸组织 30 多个成员的代表 7 月 21 日开始在日内瓦举行部长级磋商，试图为年内完成多哈回合谈判做出关键性努力。然而经过 9 天的努力，世界贸易组织小型部长级会议未能就多哈回合农业和非农产品市场准入等争议问题取得突破，谈判最终破裂。谈判破裂的主要原因在于美国。谈判后期，虽然其余 6 国就特殊保障机制争议达成了妥协，但只有美国坚决不肯让步，并试图将这一争议与棉花问题挂钩，直接导致了谈判失败。此次失败意味着年内完成多哈回合谈判的希望更加渺茫，多哈回合历经 7 年谈判后很可能再耽误数年。

受上述因素的影响，预计 2008 年下半年国际贸易形势会受到严峻考验。预计全年实际贸易增长率在 4.5% 左右，名义增长率在 12% 左右。

三　2008 年国际贸易热点问题

2008 年值得关注的国际贸易的热点问题有国际商品价格大幅震荡、多哈回合谈判失败以及美国次贷危机蔓延可能给国际贸易带来的影响等。

（一）国际商品价格大幅震荡给国际贸易增加了不确定因素

2008 年上半年国际国内商品市场可谓热点纷呈：国际粮价飙升，供给出现短缺，全球粮荒问题引起各个国家和国际组织的关注；石油价格一路上涨，带动下游产业纷纷提价保本……国际商品市场行情之所以能够联袂走强，与美元疲软、国际投机资本炒作、产业关联、国际市场油价与玉米价格之间的联动性以及囤积、出口国惜售政策、恐慌性抢购等有很大关系。商品价格的大幅上涨，是带动上半年国际贸易额增长迅速的主要原因之一。

然而，进入下半年以来，以石油为代表的商品期货市场却连续暴跌，从石油、黄金到有色金属、农产品，几乎所有商品都大幅下跌。纽约市场油价于7月11日创下147.27美元/桶的最高价。就在大家认为必破150美元大关的时候，暴跌却开始了。仅仅两周，油价就跌至120美元大关。很多人以为这不过是一次回调，调整结束油价将继续走高。然而，油价跌势依旧，即使强大飓风“古斯塔夫”也没有让油价暴涨。纽约商品交易所9月第一个交易日，油价再度暴跌，10月份交货的轻质原油期货价格最低跌至每桶105.46美元，是4月4日以来最低交易价格。油价在不到两个月时间里跌去30%，逼近100美元大关。

商品市场从上半年上涨到下半年下跌的巨大变化，会影响很多行业，也给2008年和2009年国际贸易的增长带来很多不确定因素。

（二）多哈回合谈判失败给多边贸易体系带来较大的负面影响

旨在寻求多哈回合关键性突破的世界贸易组织小型部长会议历经9天的艰苦谈判后于7月29日宣告失败。各方对巩固多边贸易体系、刺激全球经济发展的期望再次落空，这一功亏一篑的结局令各方痛惜。

导致这次谈判破裂的直接原因是美国和印度在农产品特殊保障机制方面的分歧。所谓农产品特殊保障机制，是指发展中成员可在农产品进口激增的情况下，采取提高关税等特殊保障措施以保护本国农业免受冲击。印度希望能放宽动用这一机制的下限，但美国拒绝让步。尽管始于2001年的多哈回合谈判被冠以“发展回合”的称谓，其本意旨在促进发展中国家的经济发展，但一遇到农业补贴这样的实际问题，发达国家总是“利”字当先。即便迫于外界压力有所表示，但发达国家转而把削减农业补贴变成进一步撬开发展中国家工业品市场的筹码。

在当前世界经济下行、通胀严重、金融风险重重的情况下，谈判失败将会给脆弱的多边贸易体系带来较大的负面影响。多哈回合带来的贸易开放将有助于增强各方抵制贸易保护主义的政策，谈判受挫对多边贸易体系的负面影响不言而喻。如果能达成协议，仅通过关税削减，世界经济就能节省1300亿美元。虽然贸易部长们重申仍将致力于多边贸易体系，但已有不少人承认，从目前来看，还是寻求双边或区域贸易协议更简单易行。但与多边贸易协议相比，双边或区域贸易协议带来的经济利益要少，而且，弱小的发展中成员也会在谈判中处于更不利的地位。谈判受挫还令之前取得的一些成果失效，比如香蕉协议。由于欧盟长期对从非洲、加勒比和太平洋（非加太）国家进口的香蕉实施零关税优待，这引起了拉美部分国家的强烈不满。2008 年 7 月 27 日，欧盟与拉美国家就降低香蕉进口关税基本达成一致。但 29 日，欧盟宣布，由于小型部长会议破裂，欧盟和拉美香蕉出口国在会议期间达成的协议失效。

（三）美国次贷危机蔓延可能催生新贸易保护主义

自 2007 年 9 月份金融市场出现动荡以来，信贷危机已从美国扩散到全球。2008 年 9 月份随着雷曼兄弟破产、美林贱卖、美国国际集团获政府资助、华盛顿互惠银行倒闭，以及银行业危机向欧洲的蔓延，金融危机进入高潮。金融危机恶化也造成国际金融市场的剧烈波动。为减轻危机对经济的影响，各国央行纷纷采取措施，扩大向市场注入流动资金。美国财政部提议拿出 7000 亿美元买入不良信贷相关资产。此举受到全球市场关注，并得到全球主要国家的欢迎和支持。然而救助方案是否会真正奏效还有待时间考验。在欧洲，此次危机似乎是 1999 年欧元诞生以来的最严重的一次危机。当危机出现时，欧央行一度大规模对银行贷款，额外的资金并未使储户或者投资者恢复信心，欧洲股市的表现甚至比美国股市更差。9 月份随着原油价格的回落和经济的进一步疲软，全球通胀压力得到缓解。而华尔街金融危机恶化并向全球扩散，加剧了全球经济陷入衰退的风险。

美国次贷危机的蔓延，可能催生新贸易保护主义。9 月 24 日，WTO 2008 年公共论坛就特别围绕“贸易的未来”展开讨论，WTO 总干事帕斯卡尔·拉米表示了他对贸易保护主义抬头的担忧：“当危机来临之时，通过设置进口壁垒来保护国内生产商无疑是一个诱人的措施，但却并不可取。1930 年的 Smoot-Hawley 法案将美国 2 万多种进口产品的关税提升到历史最高点，但最后只带来了一场全球贸易大战，贸易保护主义最终把全球领入了死胡同。”他特别提醒各国与会代表：当很多人已经把这次金融危机称为“第二次大萧条”之时，一定要防止 20 世纪 30 年代的贸易保护主义和经济孤立主义盛行的历史重演。危机之中全球更需要增加消费，各国关闭贸易通道的“自救”行为只会加剧危机。

美国20世纪30年代大萧条的历史表明，当前金融危机可能会引起经济民族主义和新一轮贸易保护主义在美国乃至全球抬头。美国传统的贸易保护主义，主要是通过提高关税、影响他国货币汇率等手段来设置进口壁垒，同时也会通过知识产权保护谈判等手段，更加积极地推动美国本国的出口。我们需要注意一些隐性的贸易保护主义——以其他理由来设置贸易壁垒。比如美国国会中就有人试图依照碳排放标准对进口产品征收关税，一些人以环保的名义支持这种措施，但是也有人认为这就是一种变相的贸易保护主义。美国采取这些措施的力度，取决于经济衰退的严重程度。

贸易保护主义一旦抬头，将对美国乃至世界经济产生很大的影响。首先受到影响的是美国的消费者，因为进口产品的价格提高了，贸易保护主义会从刺激通货膨胀和经济衰退两方面产生负面影响。它对全球的影响也与此类似，会减少各国出口机会，增加各国的进口成本。

四　2009年国际贸易形势预测

美国次贷危机的蔓延已经把美国经济拉至衰退的边缘。2008年2月20日，美联储再次调低美国2008年经济增长率至1.3%～2%。相对于官方预期，市场人士更为悲观，许多分析家认为美国经济已经步入衰退。而且，无论在官方还是民间，这种预期恶化的趋势还在延续。由美国次贷危机引发的关于经济衰退的担忧也日趋升温。随着金融市场动荡局面的愈演愈烈，全球经济前景不确定性增大，经济陷入衰退的风险增大。全球各国经济都难以幸免于美国金融风暴的袭击。

有鉴于此，各国际组织和权威机构纷纷下调对2008年和2009年经济增长的预测。国际货币基金组织在9月初调低了对2009年世界经济增长的预测，从3.9%调低为3.7%。该组织认为，2008年下半年世界经济将明显放缓。原材料价格仍在高位，且2009年市场将继续动荡。国际货币基金组织对美国2008年经济增长的预测保持在1.3%，对美国2009年的预测从0.8%调低为0.7%。同时，该组织调低了对欧元区2008年和2009年的经济增长预测，从1.7%调低为1.4%，从1.2%调低为0.9%。

受此影响，预计2009年的国际贸易增速将继续放缓，实际贸易增长在3%左右。

Review and Prospect of International Trade

Ni Yueju

Abstract: The global economy and world trade started to slow down in 2007 due to the deceleration of demand in the developed regions. North America showed the weakest growth in output, measured as gross domestic product (GDP). World trade growth slid to 5.5% last year from 8.5% in 2006 and may grow even more slowly in 2008 – at about 4.5% – as sharp economic deceleration in key developed countries is only partly offset by continuing strong growth in emerging economies. Recent developments cloud the near-term prospects for the world economy. The world trade would grow more slowly In 2009.

Key Words: International Trade; Slowdown; Doha Round Negotiation; Subprime Lending Crisis

国际金融市场回顾与展望

高海红[*]

摘　要：2008 年的国际金融市场经历了 20 世纪 30 年代大危机以来最严重的动荡。美国次贷危机演化为信贷危机，并随着美国大型金融机构接二连三的重组、倒闭、被接管和被迫转型演化为美国金融体系的危机，对政府监管和干预金融市场的有效性和程度提出新的课题。与此同时，由于美国经济增长放慢，全球经济增长同步减缓，市场对通货膨胀预期的调整，美国等发达国家货币政策的宽松趋向，以及市场流动性的急剧紧缩等因素，使得国际资金追捧短期市场产品，金融资产风险溢价大幅度波动。所有这些都成为影响国际金融市场形势的主要因素。

关键词：国际金融市场　金融危机　股市　汇率

当前，国际金融市场正在经历着自 20 世纪 30 年代大危机以来最大的一波动荡。在此过程中，影响国际金融市场的因素包括：（1）美国次贷危机造成大型国际性金融机构巨额损失，以及由此引发的对全球金融危机爆发的恐惧；（2）美国经济增长放慢，全球经济增长出现同步减缓，加上市场对通货膨胀预期的调整以及市场流动性急剧紧缩，国际资金追捧短期金融市场产品，金融资产风险溢价大幅度波动；（3）美国为应对经济增长放缓采取了宽松的宏观经济政策，而降低利率与全球油价和食品价格飞涨造成的通货膨胀压力又形成了矛盾，加大了金融冲击的不确定性和管理金融冲击的复杂性；（4）在过去几年中广为流行的套利活动在 2008 年开始减少，对汇率走势产生了一定的影响。

---

* 高海红，中国社会科学院世界经济与政治研究所研究员，主要研究领域为国际金融。

一　金融市场动荡升级为金融危机

从2007年8月开始，国际金融市场正在经历着20世纪30年代大危机以来最为剧烈的动荡。这场危机源于美国的次级抵押贷款危机，随后演变为全球范围的最为严重的信用危机。主要表现是：第一，国际性大型金融机构普遍收缩信贷和流动性，使流动性过剩瞬间转变为信贷紧缩，银行间市场流动性迅速减少，寻求流动性的紧急措施造成信贷市场的动荡，以及对金融资产风险的重新定价。第二，国际金融市场动荡使一些大型国际性投资银行纷纷出现严重的亏损，甚至被接管、重组或倒闭。到2008年8月，根据国际清算银行的估算，国际性金融机构的资产减记已达到5030亿美元。第三，金融市场动荡引致美国、欧洲、日本以及澳大利亚等发达国家中央银行改变了多年的中立态度，纷纷干预市场，向市场注资，期望通过注入流动性来恢复市场信心。第四，由于这次金融动荡源于拥有世界上最发达金融市场的美国，次贷问题的根源又在于美国多年来的过度借贷，而美国从20世纪90年代以来就成为世界最大的债务国，减缓美国的过度借贷不会一蹴而就，大大增加了从根源上消除危机的难度。第五，这场金融危机与经济周期下降交错，与全球价格冲击互相交织。为应对危机和经济增长减缓，美国开始采取放松的货币政策，而降低利率政策却与全球油价和食品价格飞涨而产生的通货膨胀压力形成矛盾，加大了金融冲击的不确定性，加剧了各国制定应对金融冲击和能源价格冲击政策的复杂性。

根据BIS（2008a）的总结，始于2007年中后期的全球金融市场动荡分为六个阶段。第一阶段，伴随着抵押品支持证券的信用等级大幅度降低，次级抵押贷款产品的利差急剧扩大；第二阶段，在一个月间危机蔓延至信贷等各种结构性产品市场；第三阶段，在2007年7月底，动荡蔓延至短期信贷市场，演变为银行间市场危机；第四阶段，到2007年10月中旬，金融机构以及为金融机构担保的一些金融担保公司纷纷出现问题；第五阶段，在2008年初期，美国宏观经济前景出现恶化的迹象，与此同时，系统性风险出现的威胁加剧，引发对高质量资产的抛售；第六阶段，2008年3月美联储对美国的投资银行的救助行动缓解了市场的压力，但银行间市场危机仍没有得到缓解。

事实上，从2008年中后期金融市场动荡的进展看，这六个阶段的划分为时过早。这场动荡，随着 2008 年 7 月美国房利美（Fannie Mae）和房地美（Freddie Mac）两家房地产抵押贷款担保公司出现危机，又进一步升级为美国金融市场危机，或称为华尔街危机。

房利美和房地美是美国两家私人和国有混合的房地产担保公司。它们一方面是上市公司，另一方面受到美国联邦政府以“政府授权企业”（GSE）形式享受包括免交各种联邦和州政府的税收，以及各自享受美国财政部 22.5 亿美元的信贷支持。“然而最重要的特权是隐性的，投资者相信，如果房利美和房地美面临破产倒闭的威胁，联邦政府一定会出手援救”（张明和郑联盛，2008）。这两家公司拥有或担保超过 5 万亿美元抵押贷款支持证券（MBS），是美国房地产市场的重要支柱。美国次贷危机爆发，使得这两家公司贷款组合的违约率上升，以及拥有的抵押贷款支持证券市场价值不断下降，公司连续出现账面损失，两家涉及负债金额达到 750 亿美元。为了挽救市场信心，避免发生可能的系统性金融风险，美国联邦政府于 2008 年 7 月宣布接管这两家公司。

然而，美国这场住房抵押贷款并没有因为美国政府的救助而得到扼制。2008 年 9 月 15 日，拥有 158 年历史的美国雷曼兄弟控股公司正式发布公告宣告破产。在雷曼 8000 亿美元的资产负债表中，资产净值大约只有 250 亿美元，而雷曼涉足的抵押贷款关联证券和衍生产品约相当于其净资产的 2.5 倍。在 2008 年第二季度，雷曼损失达 28 亿美元，第三季度损失达 39 亿美元。

在雷曼兄弟宣布破产之际，保险巨头美国国际集团（AIG）又面临信用评级恶化的危机，并开始寻求过渡性贷款以支撑自身资产负债表。2008 年 9 月 17 日，美联储决定为美国国际集团提供 850 亿美元紧急贷款，以换取 79.9% 股权的控股方式接管美国国际集团，以拯救这家美国最大保险公司免于破产倒闭的厄运。与此同时，另一个有着 94 年历史的华尔街大型投资银行美林的信用评级也出现降级危险，这使得借贷成本上升，而借贷成本是华尔街大型金融机构的一项重要支出。同时，随着担忧情绪的上涨，其交易伙伴可能会终止和它的交易。美国银行最终与美林达成协议，由美国银行出资 500 亿美元收购美林。美国政府向市场发出救市信号，布什政府要求国会表决批准 7000 亿美元的救援计划。这是“大萧条”以来美国政府最为庞大的金融救援计划中的一个组成部分。援助资金一方面用于购入不良抵押贷款，同时将给予政府更大的权力，可以在两年内购入任何一家美国金融机构手中的不良抵押贷款，并将美国国债的法定限度由原来的

10.6 万亿美元提高到了 11.3 万亿美元。然而，这项援助计划于 9 月 29 日众议院首次投票中遭到否决。在随后提交参议院投票中，援助方案附加了保护纳税人利益等多项附加措施，最终在参议院投票通过。经过多方游说，日众议院终于在 10 月 3 日的再次投票中通过了这项方案。这项救援计划的通过和实施将对美国金融体系的运转产生重大的影响。

纵观这场危机的演变和深化过程，美国政府在这场金融危机中面临严峻的挑战。随着危机的蔓延和大型金融机构的卷入，政府在金融危机中的作用受到了广泛的关注。2007 年各国中央银行为了增加流动性进行了大规模的注资，2008 年美联储、欧洲中央银行、英国中央银行和日本中央银行等多国中央银行再次对市场进行注资，美国政府对贝尔斯登、房地美和房利美，以及美国国际集团进行接管和援助，以及最终通过的 7000 亿美元援助计划，这一系列的政府援救措施，引发了政府对金融市场和金融机构干预行为的讨论。从消极影响看，任何政府干预和担保都伴有成本，特别是会毫无疑问地产生道德风险，这对金融市场中长期的健康发展十分不利。但是，短期的政府干预，在阻止危机蔓延、防止系统性危机发生等方面确实起到重要的作用。在各国政府普遍对金融市场通过直接注资、接管，或制定援助计划进行的积极干预下，在短期内对重建市场信心也十分奏效。

无论如何，在危机深化到一定程度的情况下，政府干预金融市场已经成为一项政策选择。在权衡干预与担保的成本和收益之后，政府除了对整体金融体系提供一揽子救助方案之外，个案处理方式随着金融危机的不断演化而成为政府管理金融市场、确保金融稳定性的政策选择。这种个案处理的方式，在美国联邦政府对待雷曼兄弟公司破产过程当中，则表现为拒绝资助救援。这与美联储解救贝尔斯登和联邦政府收购房利美和房地美的积极态度，形成强烈对比。美国政府在对待雷曼兄弟公司中表现出来的“不管不救”的态度表明政府十分担忧由此会引发一系列无止境的救助，产生市场“道德风险”和随后快速累积的风险。美国财政部的决策实际上是期待以“严格的爱护”方式稳定市场。这是一场赌注，是在避免道德风险和短期稳定市场之间进行选择。在美国财政部看来，雷曼与贝尔斯登不同，贝尔斯登的问题是突发的，而雷曼兄弟的问题已经暴露了好几个月，那些本来会因为雷曼破产而陷入困境的机构应该有足够的时间对冲风险，清理交易。然而，由于雷曼兄弟公司是华尔街曾经的五大投资银行之一，随着它的

解体和先前贝尔斯登的消失，其他三家机构能否顺利渡过危机，仍然是个变数。更重要的是，在雷曼之前，华尔街尚未见证一家投行的破产，而该行业内部的互联程度自1990年以来通过信用衍生品市场达到空前水平，继发的连锁反应将会是相当大的。

随着雷曼的破产，以及美国银行对美林的收购，随之而来的购并将使得美国金融机构的重组不可避免。而美国金融市场恐慌对欧洲以及全球市场带来的传染性影响也是显而易见的，美国市场的动荡立刻引起欧洲央行的高度戒备。更重要的，这场20世纪30年代以来最大的金融市场危机，被称为“金融海啸”，使持续一年多的美国次贷危机进而演化为美国金融市场的危机，甚至有可能蔓延至实体经济。这场危机能否得到遏制，首先要看这场金融危机到底在多大程度上影响实体经济；其次要看美国救助措施是否奏效，美国政府在为此不惜成本地下赌注；再次要看美国金融体系的自我修复能力，一系列收购活动已经开始，私人资本已经开始进入市场，市场在为金融风险重新定价，这是一个自动的纠正过程。在欧洲，随着富士通等大的欧洲金融机构得到救助，欧洲各国都开始了大规模的救助。这是一场政府与市场之间的较量，而目前这场较量还远没有结束。

二 金融资产风险重新定价

全球性金融动荡和信贷紧缩带来新一轮对金融资产风险的定价。通货膨胀预期、经济增长预期，以及由此带来的货币政策走向预期等因素在风险定价中起决定作用。从2007年8月以来，次贷危机爆发带来的流动性严重收缩，促使金融机构寻求流动性，大量资金转向货币市场和银行间市场。这使得长期债券市场受到打击，收益率普遍下降。

2008年8月，美国10年期联邦政府债券收益率下降到3.67%，比2007年9月高点的5.34%下跌了167个基本点，欧元区10年期政府债券收益率也从2007年5月的4.75%下降到4.22%。日本政府10年期债券收益率在经历从2007年10月到2008年3月的深幅下降后有所回升，但从2008年5月开始又掉头下降，到2008年8月下降了30个基本点（见图1）。两年期政府债收益率也在2008年中期出现明显的下降，美国、欧元区和日本的相应收益率都下降了20个基本点（BIS 2008b）。

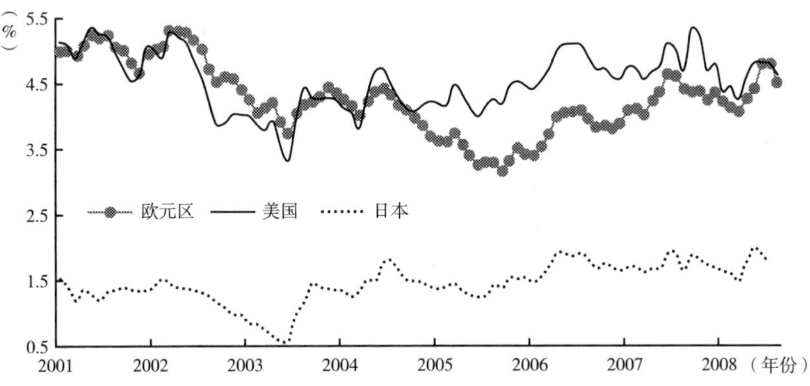

图 1　美国、欧元区和日本长期收益率曲线
(2001 年 1 月~2007 年 8 月，月数据)

资料来源：欧洲中央银行公布的数据。

造成 2008 年中期金融资产收益率下降的主要短期原因是市场对美国房地美和房利美两家公司倒闭带来冲击的反应。而在 2008 年 7 月下旬开始的小幅反弹也是由于美联储采取措施对两家公司进行了救助。但是从 2008 年的总体资金走向看，次贷危机反映为对流动性的需求激增，银行间市场大幅度波动，资金流动纷纷导向货币市场，长期市场受到打压。从经济基本面来看，2008 年美国等发达国家经济增长普遍减速，货币政策的调整也趋向放松。货币政策的转变，在相当程度上决定风险溢价的变化。美联储降息始于 2007 年 9 月，美联储将持续一年多的联邦储备金率大幅度降低了 50 个基本点，使其达到 4.75%。随后在 2007 年 10 月和 12 月，2008 年 1 月、3 月和 4 月多次降息。到 2008 年 7 月，联邦基金利率维持在 2% 的水平（见图 2）。美联储持续减息，反映出其对经济增长减速的担心远远大于国际油价上升带来的通货膨胀压力的担心。在这一轮美国减息过程中，直到 2008 年中期，欧盟、日本和英国等发达国家中央银行并没有跟进。相反，欧洲中央银行于 2007 年两次提高再融资利率，使其达到 3.75% 的水平。日本中央银行也于 2007 年年初再次提高贴现率，使日本官方利率提高到 1.75%。2008 年 7 月由于担心通货膨胀，欧洲中央银行又再度提高再融资利率，使之到达 4% 的水平。

未来发达国家的货币政策走向仍将对国际市场资产风险溢价产生影响。各国中央银行将在应对各种冲击中进行艰难的选择：是减息以刺激增长，缓解金融危

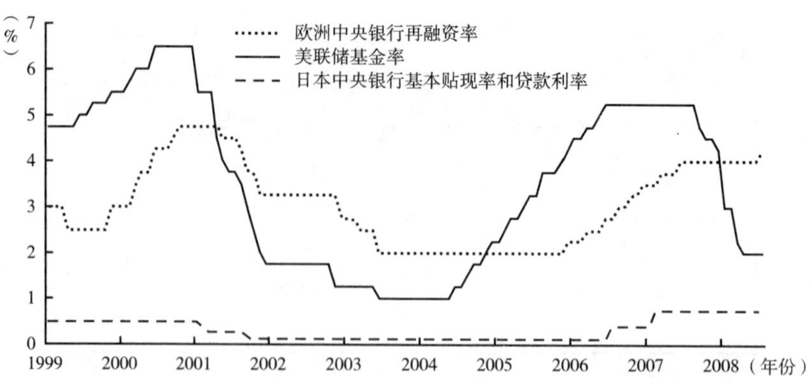

图2 美国、欧元区和日本官方利率变动(1999年1月~2008年7月)

资料来源:美联储、欧洲中央银行和日本中央银行官方网站公布的数据。

机,还是加息抑制能源和食品价格上涨带来的通货膨胀压力。由于欧元区经济增长减速加剧,英国也开始经历近六年以来最为严重的经济减速,所以停止加息周期不是不可能的。与此同时,大型金融机构信用等级不断向下调整,以及不断升级的美国信贷市场危机,将带来流动性的进一步紧缩,全球货币政策的调整将普遍趋向宽松。这意味着,资产风险溢价将进一步向下调整,投资者对风险的规避程度将因此而减弱。这在相当程度上影响着全球资本市场的资本流向和市场工具结构的变化。

三 全球股票市场大幅度下跌

在经济增长减速,公司盈利前景暗淡,特别是与金融市场动荡伴随而来的金融机构大幅度亏损和倒闭的背景下,全球股票市场同样处于风雨飘摇之中,股票价格出现2005年以来最大幅度的下跌。

这一轮股价下跌是从2007年7月下旬开始的。2007年8月初,美国次级抵押贷款危机对全球股票市场带来了严重的冲击。首先是与美国房地产抵押贷款产品有关的建筑公司和金融机构出现严重亏损,直接影响其股票价格,随后波及涉足次级抵押贷款的银行。由于抵押贷款危机严重发生表内损失,这些银行不得不收紧信贷以增加流动性,从而平衡其资金账户,其结果是银行不得不将资金从股市撤出。其次,由于对冲基金卷入具有杠杆性质的高风险中间级和次级CDO产品交易,其损失也相当惨重,造成对冲基金大幅度亏损,面临的赎回压力剧增,不得不减持其投资组合中流动性较高的股票。进入 2008 年，金融市场动荡并没有缓解，而由于美国宏观经济前景出现恶化的迹象，金融市场普遍出现对系统性风险的预期，对高质量资产抛售的担心带来了对金融危机进一步扩大的担忧。到 2008 年 8 月，标准普尔 500 指数比 2007 年 8 月下跌了 12%，欧元区 DJ EURO STOXX 50 指数在同期下跌了 21%，日经 225 指数在同期下跌了 21%（见图 3）。这其中，下跌最为严重的是金融部门类股票。从 2007 年 5 月到 2008 年 5 月，以 MSCI（摩根斯坦利资本国际）衡量，全球金融股下跌了 20%，是 1994 年年底以来的最大跌幅。而在 2008 年中期，受美国房地美和房利美两家公司可能倒闭的影响，金融股价格，包括商业银行的股票价格进一步普遍走低，而房地美和房利美的股价从 2008 年 5 月中旬到 7 月中旬分别下跌了 74% 和 79%。尽管美国证券交易委员会在 7 月中旬推出紧急救助措施，但是并没有从根本上消除市场对金融部门健康状况的担忧。随着美国金融危机的深化，和美国众议院在第一次投票中否决保尔森提出的 7000 亿美元援助华尔街计划，全球股市大幅度下跌。美国道琼斯指数在 2008 年 9 月 29 日当天下跌 777 点，创下历史单日最大跌幅。

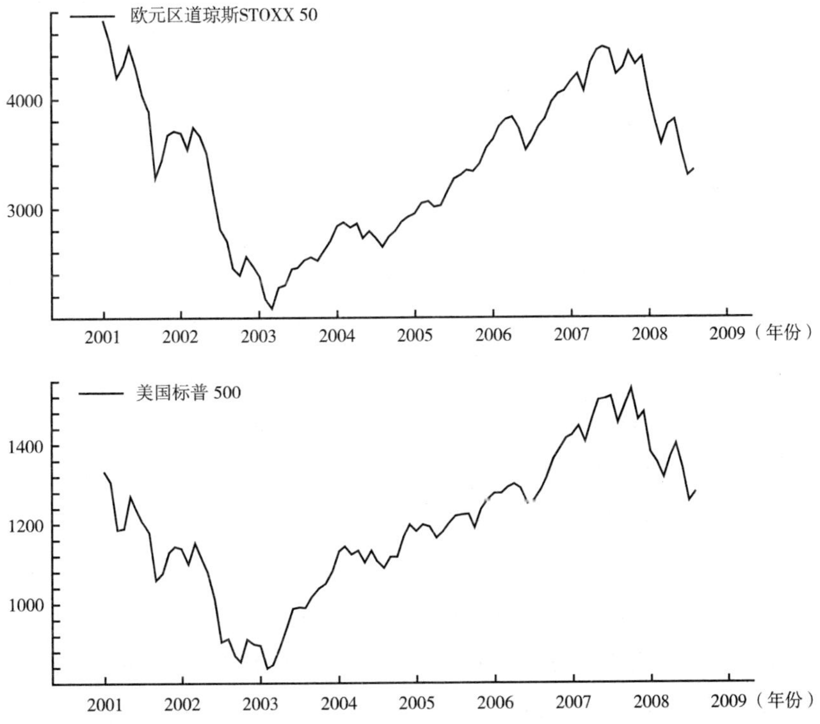

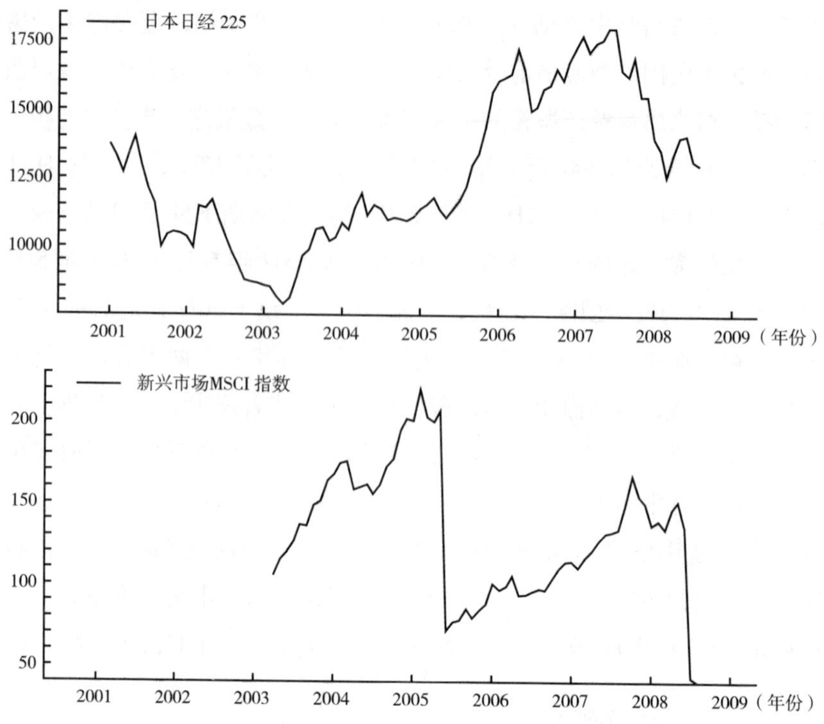

图 3　欧洲、美国、日本和新兴市场的股票市场走势
（2001 年 1 月～2007 年 9 月，周数据）

注：新兴市场 MSCI 指数在 2005 年 6 月、2008 年 7 月除权 3∶1；2003～2008 年每年 12 月分红。

资料来源：http：//finance. yahoo. com。

新兴市场受发达市场的影响危机爆发的初期反应剧烈。在 2007 年的 7 月到 8 月，广义的 MSCI 新兴市场指数在一个月之间就下跌了 18%。2008 年年初，在美国经济衰退可能性加大的阴影笼罩下，欧美市场的下跌再度波及新兴市场。但是，与发达市场相比，在 2008 年，新兴市场的表现相对平稳，这主要受益于新兴市场相对良好的内部增长和食品价格的上涨。这在一定程度上使得新兴市场与美国等发达国家市场的相关度有所减低。

未来股市走向主要取决于美国金融危机的进展，美国经济增长前景和对公司盈利前景的判断。2008 年间美国市场的下跌主要反映了市场对美国经济减速可能持续时间和严重程度的预期不断加强，美国公司的预期收益因此而不断调低。尤其是随着深陷危机中的金融机构的账面损失不断暴露，金融类股价大幅度下

跌。与此同时，市场波动性加大，风险承受力降低，对股票市场走势也产生了负面影响。当然，由于基本面因素的变化，美国和欧洲等国家的货币政策走向也对股市产生影响。发达国家会在通货膨胀和经济增长之间进行权衡，在通胀压力减轻的判断下，会将货币政策侧重刺激经济增长，进一步减息对股票市场回调是个支持性因素。同时，以美国政府为主导，欧洲和亚洲等主要国家政府普遍跟进，对金融市场通过直接注资，实施接管，或制定援助计划进行积极的干预行动能否成功，也在一定程度上直接影响市场信心。

四　美元止跌回稳

以扣除通货膨胀因素，反映货币真实价值和出口竞争力的实际有效汇率来看，美元实际有效汇率从 2002 年 2 月开始贬值。到 2008 年 8 月，美元实际有效汇率已经贬值了 22%（见图 4）。尽管从 2007 年 8 月开始到 2008 年 4 月，日元实际有效汇率与美元走势相反，呈现大幅度升值，但是，日元实际有效汇率在 2002 年 2 月到 2008 年 8 月间仍贬值了 19%。与美元和日元相反，欧元走势相对强劲，从 2002 年 2 月到 2008 年 8 月，欧元实际有效汇率升值了 24%。然而，上述分化的走势在 2008 年间发生了变化。美元实际有效汇率到 2008 年 4 月达到低点后开始回升。从 2008 年 4 月到 8 月，美元升值了 3%。这表明，

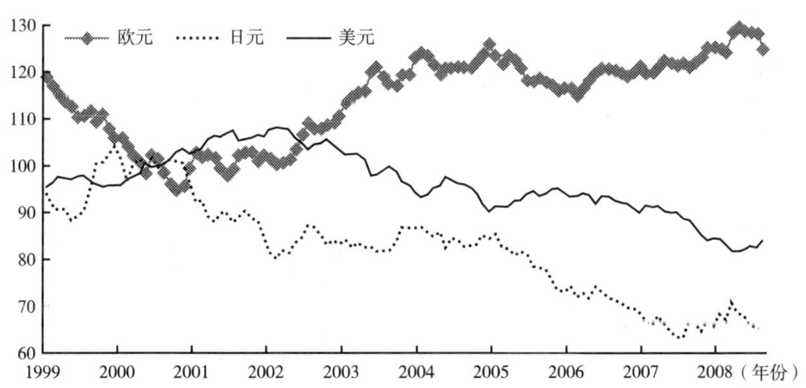

图 4　美元、欧元和日元实际有效汇率

（以 CPI 为基础，1999 年 1 月～2008 年 8 月，2000 年 =100）

资料来源：BIS。

美元对其主要贸易伙伴国货币普遍升值。同期，日元实际有效汇率再度出现贬值，在到2008年8月的四个月间，日元贬值了5%。欧元在2008年4月达到历史最高点，之后开始调整，在此后的四个月间，欧元实际有效汇率贬值了4%。

从美元双边名义汇率看，在2002年2月到2008年8月间，美元对欧元贬值了42%，对日元贬值18%。然而，一个值得关注的变化是，与实际有效汇率走势相似，自2008年5月以来，美元名义双边汇率也呈现升值势头。其中，从5月到8月，美元对欧元升值了4%，对日元升值了9%（见图5）。不过，美元对新兴市场货币的升值却相对温和。

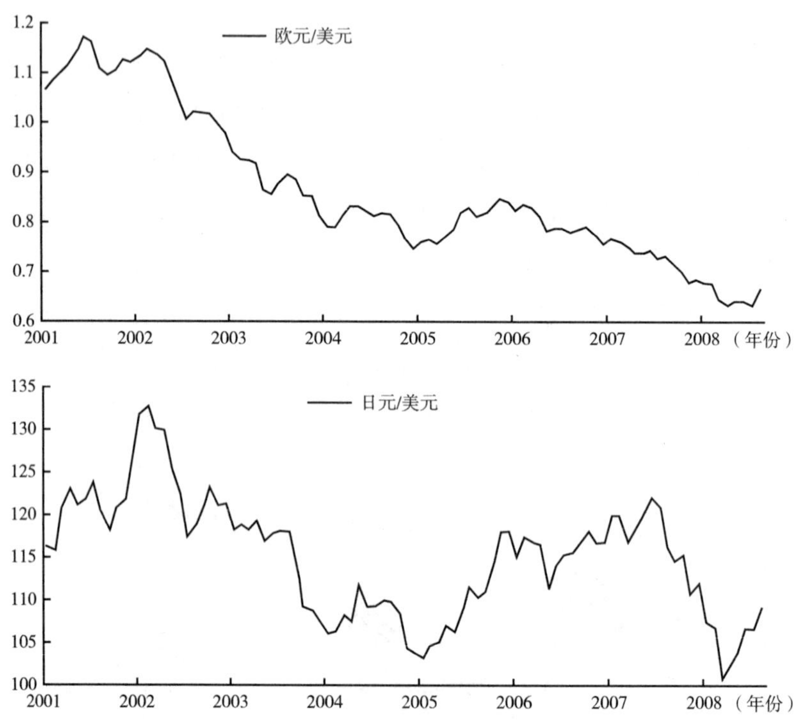

图5　美元对欧元和日元双边名义汇率（2001年1月~2008年8月）

资料来源：http：//fx. sauder. ubc. ca/

影响2008年美元汇率走势的主要因素，第一，欧元区日益令人担忧的经济增长前景。由于名义汇率是相对价格，影响汇率的因素也是来自双边的，这在2008年年中美元对欧元升值中反映得十分明显。尽管美国经济基本面因素没有发生根本的转变，美国经济增长仍然低迷，但是，由于高企的能源价格，全球金融市场动荡，以及欧元长期升值对欧元区经济带来的紧缩作用越来越明显，欧元区经济增长开始变得越来越令人担忧。这是欧元相对美元出现贬值的重要决定因素。2008 年第二季度，欧元区经济回落 0.2%，这是自 1999 年欧元问世以来的首次回落。第二，以往在外汇市场上活跃的利差交易在 2008 年相当清淡。从技术层面上看，利差交易风险比率（Carry-to-risk ratios）高低反映了利差交易是否有吸引力。但这个比率需要经过风险（主要是汇率风险）进行调整。2008 年，由次贷危机引发的信贷危机和全球市场的动荡，投资者对各种资产风险的重新定价，外汇市场波动性明显增强，汇率风险加大，这使得经汇率风险调整后的利差交易风险比率大幅度下降（BIS 2008a），导致利差交易吸引力降低。因此，尽管在 2008 年美联储连续三次减息，与欧元区和日本等发达市场的利差不断减小，这本应该对美元资产是个不利的因素。但是，由于套利活动减少，利差对汇率变动的影响相对有限。换言之，在 2008 年中期，对美元汇率来说，利差这一不利因素的影响在下降。第三，长期贬值的美元对美国经常项目逆差纠正起到一定的作用。美国经常项目逆差占 GDP 比重在 2007 年年底已经低于 5%，比 2006 年的高峰期的 6.5% 大幅度下降。经常项目逆差的改善对美元走强是一个支持性因素，尽管强势美元不利于美国经常项目逆差的进一步改善。

美元币值反弹是短期性的，还是长期贬值趋势逆转的信号？第一，经济基本面因素将起重要作用，这主要反映在经济周期的变化。如果美国经济快速走出谷底，这对美元汇率是个根本的支持性因素。与此同时，美国伙伴国，欧元区，日本和其他发达国家，以及新兴市场国家的经济增长前景对影响双边汇率十分重要。尽管美元依然面临着长期基本面因素的考验，但有越来越多的人相信，美元汇率将会继续缓慢爬升，至少在 2009 年是如此。第二，国际能源价格能否进入平稳阶段。进入 2008 年 9 月，世界石油价格暴涨势头似乎开始减弱，通货膨胀预期有所减缓，这对美元持续回稳有支持性作用。而美元回稳，对能源价格下降将起到积极作用。因为作为能源产品交易和计价货币，美元在过去几年中的大幅度贬值是造成能源价格上涨的因素之一。而能源价格回稳，对美国进口价格上升和通胀压力有抑制作用，从而对美元具有支撑作用。美元汇率与能源价格之间存在着互动关系。第三，一些理论研究发现，美元实际有效汇率已经接近均衡水平（IMF，2008）。然而，将2008年美元出现的短期升值视为美元长期走势的转折点还为时过早。美国经常项目逆差并没有得到根本的改善，美国仍然是全球最大的债务国，即便美元止跌回升，其幅度也将十分有限，而且市场波动不可避免。

五 国际融资结构调整

作为传统市场的主要交易产品，国际负债证券在2008年上半年并没有因为风险溢价的下降而受到影响。在2008年第一季度，国际负债证券的融资额达到3710亿美元，而到第二季度，这一数额达到10710亿美元（见图6）。其中，受欧洲国家私人金融机构发行负债证券激增的推动，以欧元计价的债券和票据发行达到4640亿美元，稳居各币种负债证券发行之首。美元负债证券达3920亿美元，位居第二。这表明欧元已经连续多年成为国际债券市场上融资的主要货币。

值得注意的是，亚洲新兴市场公司债券发行出现大幅度增长，而在亚洲新兴市场固定收益公司融资中，人民币在2008年首次取代美元成为主要货币。人民币债券发行主要反映了中国企业本币债券发行数量的急剧增加。截至2008年8月，亚洲新兴市场2008年发行的人民币公司债券（不包括可转换债券）的价值为249亿美元，比2007年同期增加了84.5%，同类美元债券发行下降了64.3%，仅为100亿美元。

从全球范围看，主要国家货币政策走势将对国际债券市场产生重要影响。随着美国次贷危机加深，全球金融市场动荡加剧，在流动性紧缩和经济衰退阴影笼罩下，主要发达国家减息的可能性加大，资产风险溢价进一步向下调整。随着政策调整对长期收益率产生压力，投资者的风险规避程度将因此减弱，从而影响着全球资本市场的资本流向和市场工具结构的变化。

与负债证券市场不同，国际银行业资本流动却深受美国信贷市场危机的影响。在2007年发生次贷危机之前，银行持有全部跨境银行资产以53000亿美元的规模流向美国，远远大于美国对其他伙伴国家的负债。但是，2007年中期次贷危机的爆发使得银行资本流动方向发生逆转，这一势头到2008年第一季度并没有减弱。从2007年中期以来，国际银行业的跨境资金流动持续从美国流向英

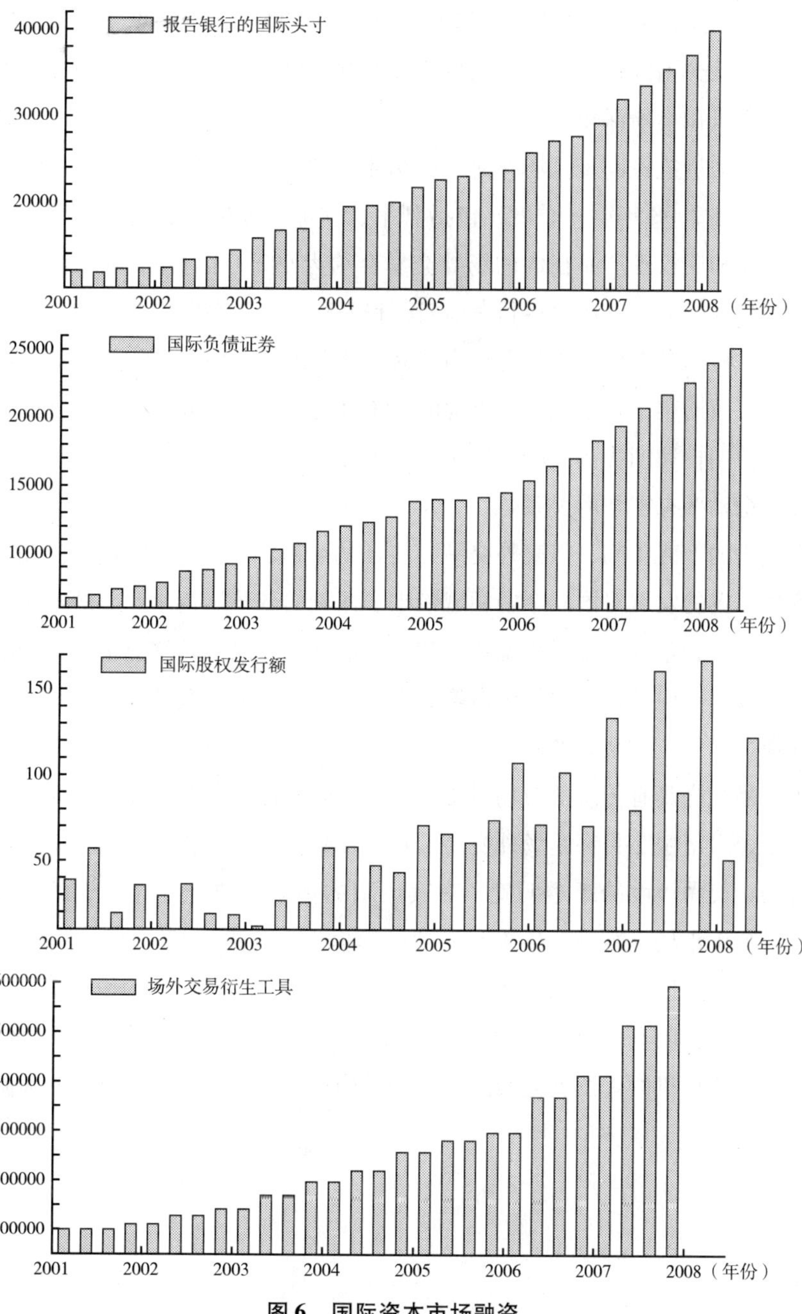

图6　国际资本市场融资

注：银行国际头寸：未清偿额；国际负债证券：未清偿额；国际股权：发行额；衍生市场：未清偿额。单位为10亿美元。

国和欧元区国家，流出净额达到3210亿美元。在2008年第一季度，通过银行跨境交易仅仅从美国银行部门流出的资产就达到2590亿美元。这充分反映美国信贷市场的危机在不断深化。

与美国信贷危机同步，场外交易的衍生工具市场在2008年第二季度出现下降的趋势。在2008年第一季度，包括利率、外汇、股权、商品、与信贷相连的远期、互换和期权等产品在内的场外交易合约为692万亿美元，但到第二季度，减少到600万亿美元。在包括利率远期、利率互换和利率期权在内的各种利率衍生工具中，短期利率衍生工具合约为交易主体。但是，由于受货币市场流动性紧缩的影响，短期利率合约从第一季度的548万亿美元，降低到第二季度的473万亿美元。与期权和期货相关的衍生工具周转额大幅度减小。衍生工具市场的发展与全球金融动荡有密切的关系。

在过去的十五年间，以表外交易为特征的金融衍生工具得到了快速的发展。金融衍生工具的发展对国际金融领域带来了深刻的变革。衍生产品的本质是通过创新将风险重新整合，使得跨境的套利活动更顺利，风险转移更平稳，金融市场运作更有效率。但是，金融衍生市场的发展也同时带来巨大的风险。一方面，与其他任何一个传统的金融产品一样，由于金融衍生产品依托于基础金融工具，金融衍生产品同样具有传统的市场风险、信贷风险、法律风险和营运风险。另一方面，由于金融衍生工具都是场外交易，每笔交易都具有零售性质，没有固定的程式化合约，交易极度缺乏透明度，对其风险的衡量和监控存在很大的难度。因此，金融衍生市场更容易产生未预料的巨额损失。更进一步，在缺乏监管框架、缺乏国际合作，以及缺乏由法律制定者和监管者共同参与治理的情况下，金融衍生市场的风险会因其高度的信息不对称性和公共信息披露的高度不透明性而放大。美国次贷危机的爆发就是金融衍生产品中最重要的证券化产品出现风险的结果。

参考文献

BIS (2008a), *78th Annual Report*, June 2008.

BIS (2008b), *Quarterly Review: International Banking and Financial Market Developments*, June,

September 2008.

IMF (2008), *World Economic Outlook*, April 2008.

张明、郑联盛（2008），《透视房利美、房地美危机》，中国社会科学院《国际金融研究中心政策简评》，2008。

International Financial Market: Developments and Prospects

Gao Haihong

Abstract: International financial market has been experiencing the severest turbulence since the 1930s. The US subprime mortgage crisis spread over to credit market and finally evolved into a crisis of the entire financial system of the US in 2008. Moreover, recent bankrupts of Leman Brother and other big financial giants raised a concern about the government's role in dealing with financial crisis. In 2008, other developments, including the American economic recession, synchronized economic slowdown elsewhere, reversion of inflation expectation, tendency of loosing monetary policy in the developed economies, global credit crunch, search for short-term money market products, decreasing risk premium and crash of stock markets worldwide, cast a shadow on the international financial market.

Key Words: International Financial Market; Financial Crisis; Stock Market; Exchange Rat

国际直接投资形势回顾与展望

张金杰*

摘　要：2007 年的全球外国直接投资（FDI）流入规模创下了 1.8 万亿美元的新纪录。FDI 流入规模大幅增加在很大程度上反映了世界许多地区经济的快速增长和企业良好的经营状况。2007 年，全球金融危机对 FDI 形势的影响还是很有限的，但进入 2008 年后，这种影响开始充分的体现出来。世界经济增速的放缓和金融动荡，导致了主要发达国家货币市场及债务市场的流动性危机。预计 2008 年全球外国直接投资规模为 1.6 万亿美元，比 2007 年下降 10%。

关键词：外国直接投资　跨国公司　并购

2007 年，全球外国直接投资创下了历史最高纪录。进入 2008 年，美国次贷危机引发的全球金融动荡和世界经济增速的明显放缓，对国际直接投资形势产生了很大的负面影响。联合国贸发会议组织（UNCTAD）等一些主要国际经济组织，当初都对 2008 年的国际直接投资形势做出了过于乐观的预测。实际上，2008 年，国际直接投资形势难以再现上一年的活跃状况，外国直接投资流入规模将明显减少。

一　全球外国直接投资概况

（一）FDI 流入在创新高后开始呈现下降态势

虽然世界金融和信贷危机已于 2007 年下半年开始显现，但 2007 年全球外国

* 张金杰，中国社会科学院世界经济与政治研究所副研究员，主要研究国际直接投资、企业并购等问题。

直接投资流入量比上年增加了30%，达到创纪录的18330亿美元。这一年，几乎所有地区的FDI流入都呈现出增加与活跃的形势，而全球FDI存量更是达到15万亿美元的新峰值。

不过，进入2008年后，由于美国次贷危机引发的全球金融动荡和世界经济增速的放缓，全球投资将难以再现2007年的活跃形势，FDI流入规模将呈减少之势。按照联合国贸发会议预测，这一规模大致将在1.6万亿美元左右，比2007年减少10%左右（见图1）。①

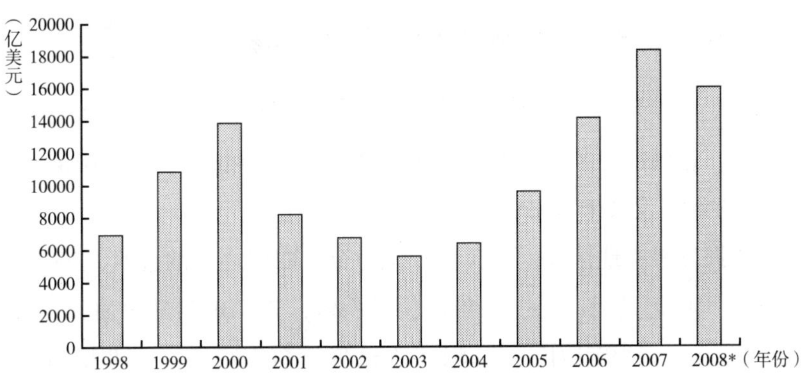

图1　1998～2008年全球FDI流入规模

注：* 预计数。
资料来源：根据UNCTAD历年，*World Invesement Report* 制作。

（二）美国依然维持其全球最重要的国际投资地位

发达国家从来都是国际直接投资形势的主导者。只不过由于近年来伴随着中国、印度等新兴发展中国家的崛起，它们无论在引进外资抑或在对外投资，都呈现规模不断上升的趋势，因此造成发达国家的国际投资地位略显降低而已。2007年，发达国家吸收FDI增长17%，达到1万亿美元。

美国依然是全球最大的FDI接受国和最大的FDI来源国。其中，外国公司2007年对美国本土公司的并购行为同比增长了20%以上。美国在全球国家投资格局中的重要地位与影响，由此亦可见一斑。

① UNCTAD, *World Investment Report 2008*, p. 3.

同时，欧盟25国吸收的FDI占全球FDI流入总金额的46%，达到8485亿美元。来自欧盟的跨国公司在这一年显示出强劲的投资欲望和雄厚的资金实力，对外投资比2006年增长了近一倍，达到1.14万亿美元。另外，值得关注的是，2007年流入日本的FDI也达到了前所未有的225亿美元。[①]

按照美国BEA的统计，2008年上半年，流入美国的FDI仍然达到1756亿美元。由于下半年美国金融风暴愈演愈烈，使得许多风险投资公司收缩战线，收购美国企业成本大幅下降，从而给外国投资者收购美国企业留出了大量运作空间。

（三）国际投资依然看好亚洲新兴经济国家

2007年，在全球发展中地区及转轨国家中，南亚、东亚及东南亚是吸收FDI最多的地区，达到创纪录的2490亿美元，比2006年增长18%。中国依然以吸收835亿美元继续居发展中国家引进FDI之首。

除了亚洲发展中地区外，在拉美，作为金砖四国之一的巴西，2007年吸收的FDI达到350亿美元，比上一年增长了一倍，其FDI存量增加到3225亿美元。[②] 随着巴西经济稳定增长，跨国企业在巴西市场的盈利正在逐步增加。2004～2006年，跨国企业汇出利润在巴西外国直接投资存量中的比例分别为4.41%、6.07%和6.33%，而2007年跨国企业从巴西汇出利润179亿美元，相当于巴西外国直接投资存量的7.58%，创历史最高。2007年，荷兰、美国和卢森堡是巴西的主要投资国，分别占巴西外国直接投资的23.7%、17.7%和8.3%。吸收外国直接投资最多的部门分别是冶金业、金融业和采矿业。

进入2008年后，尽管全球FDI流入总额将有所减少，但流入亚洲的许多发展中国家和地区的FDI不减反增。在中国，2008年1～8月，尽管新批设立外商投资企业18797家，同比下降24.35%，但实际使用外资金额却达到677.32亿美元，同比增长41.60%。[③]

又如越南，尽管受通货膨胀的影响经济面临很多困难，但跨国公司依然看好越南的中长期发展前景。按照越南官方统计，2008年上半年越南吸收FDI高达

---

① UNCTAD, *World Investment Report 2008*, pp. 7 - 8.

② Mac Margolis, Revolution in the Air: Brazil is an island of relative stability, *Newsweek*, Jul 26, 2008.

③ 商务部网站，http://www.mofcom.gov.cn/。

316 亿美元，比上年同期增加 3.7 倍。在投资项目中，有 55.4% 流向了制造业，其中包括我国台湾地区一家企业投资 79 亿美元兴建炼铜厂。

巴西也属于 FDI 不减反增的情况。据巴西央行统计，2008 年 1 ~ 4 月，巴西累计吸收外国直接投资 126.7 亿美元，比上年同期增长 26.2%，创历史同期最好水平，其中 4 月份吸收外资 38.7 亿美元，同比增长 11.5%。估计 2008 年全年流入巴西的 FDI 规模将达 320 亿美元左右。

非洲尽管在全球 FDI 中所占份额仅为 3% 左右，但由于近两年跨国公司在非洲投资获得较高的收益率，不仅 2007 年这一地区吸收的 FDI 达到 530 亿美元的历史新高，而且在 2008 年还继续有所增长。跨国公司在非洲的投资项目，大多与自然资源开采有关。

当然，也有一些发展中国家，它们在 2008 年的 FDI 流入状况比上一年有所减少。例如，在阿根廷，由于该国经济政策开始趋向于限制外资，加上受阿根廷农业罢工等经济因素的影响，在阿根廷的外资企业目前举步维艰，不得不纷纷撤离阿根廷。仅在 2008 年第二季度，便有 72 亿美元的外资从阿根廷流出。[①]

（四）全球并购规模创历史新纪录后骤然减少

近年来全球 FDI 的迅速增长，在很大程度上应当归因于跨国并购的持续增长。格外活跃的跨国并购活动，在很大程度上，可以反映跨国公司正在不断加强它们在全球范围内的经营整合行为。正是在世界主要地区的经济连续数年强劲增长、跨国公司整体盈利水平提高和企业竞争压力增大等诸多因素的推动下，包括跨国并购在内的全球企业并购总交易规模，均在 2007 年创下历史最高纪录。其中，跨国并购交易规模达到 1.64 万亿美元。

进入 2008 年后，在次贷危机引发全球金融市场动荡的情况下，由于银行在信贷方面更加趋于谨慎，加上股票价格大幅下跌，各国企业并购的直接与间接融资环境都变得艰难起来。从全球企业并购交易状况看，2008 年前 5 个月，全球企业并购交易为 1.6 万件，交易规模为 1.4 万亿美元，而在 2007 年下半年，全球企业并购交易则为 1.98 万件，交易规模曾高达 2.16 万亿美元。在全球企业并

① 高健：《二季度 72 亿美元外资撤出阿根廷》，2008 年 8 月 5 日《中国证券报》。

购交易中，跨国并购交易规模在2008年上半年也仅为6000亿美元左右，均低于2006年和2007年的同期水平（见图2）。①

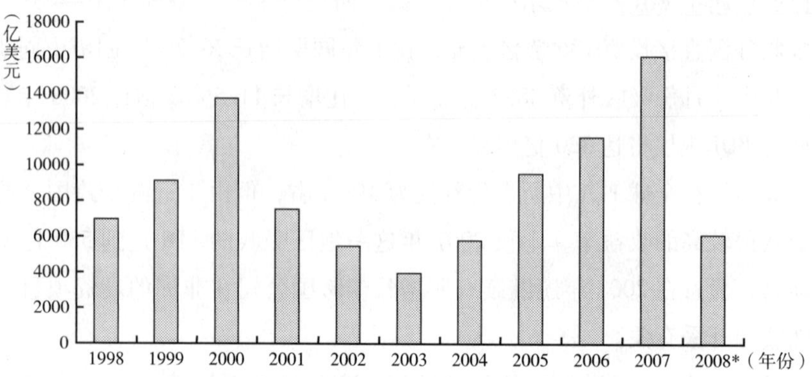

图2　1998~2008年全球企业跨国并购规模

注：* 2008年1~6月。
资料来源：UNCTAD，*World Investment Report 2008*，p. 5。

（五）服务业成为吸收跨国投资最主要的领域

近年来，在全球FDI的资金部门流向及其存量中，金融、基础设施等服务业所占的比例在增加。相比之下，制造业的所占比例则在继续下降。在20世纪90年代初期，服务业在全球FDI流入存量中的比例为49%，而2006年则上升到62%。发生在服务业中的跨国并购活动远比其他领域活跃。例如，2007年，发生在服务业中的电力、天然气与自来水等公用事业领域的跨国并购交易规模由上一年的630亿美元骤增至1300亿美元，在全球FDI流入规模中所占的比例，也相应地由6%提高到8%。

制造业在跨国投资中所占比例不断下降的趋势主要还是体现在发达国家。例如，在西欧，在吸收FDI的产业构成中，制造业吸收的投资便从2006年的57%下降到2007年的40%②

近年来，国际直接投资产业流向的一大主要特点，是矿产、石油等自然资源

① KPMG（2008），Global deal environment set to deteriorate into H2 2008，claims *KPMG's Global M&A Predictor*，KPMG 14th July，2008.

② Peggy Hollinger，West Europe's services sector gets FDI boost，*The Financial Times*，June 5，2008.

领域正在成为吸收国际投资最多的领域之一。流向这一领域的跨国投资规模在全球 FDI 总额中所占的比例，由 20 世纪 90 年代初的不足 2% 增加到 8% 左右。①

2008 年，由于全球金融市场的动荡，发生在金融领域的跨国并购活动明显增加。例如，英国巴克莱集团同雷曼兄弟达成协议，将收购后者的美国投资银行和资本市场业务。②

（六）中印等新兴国家企业海外投资热潮有增无减

中国、印度等新兴国家（地区）企业不断扩大跨国并购活动，是近年来国际投资领域中颇为引人关注的事情。2007 年，亚洲发展中国家和地区 FDI 流出规模增至 1500 亿美元，占所有发展中国家对外投资的 59%，达到历史最高水平。其中，跨国并购规模为 890 亿美元。进入 2008 年后，尽管全球经济增长面临下降等多方面的风险因素，但来自中印等发展中国家（地区）企业的跨境并购活动依然表现得格外活跃。这些新兴的跨国企业开始成为推动全球并购市场不断发展的新生力量。根据汤姆森-路透（Thomson Reuters）的数据，2008 年以来新兴市场的并购活动较上年同期增长了 17%，交易金额达到 2180 亿美元。

中国企业的海外并购一直以获取自然资源为主，以满足国内经济增长的需要。截止到 2008 年 9 月中旬，中国企业在石油、天然气、矿产业已经完成了价值 260 多亿美元的交易。自然资源相关交易已占中国 2008 年前三季度全部境外并购交易额的 58%。③ 在 2008 年发生了一些比较引人关注的并购活动，例如，2008 年初中国铝业斥资近 143 亿美元，通过新加坡全资子公司 Shining Prospect Pte. Ltd 收购力拓英国上市公司（Rio Tinto plc）。2008 年 9 月，中石油聘请雷曼兄弟亚洲投资有限公司（Lehman Brothers Asia Limited）做收购交易顾问，以微弱优势战胜印度竞标对手石油与天然气公司（Oil & Natural Gas Corp.），以 20 亿美元购得加拿大上市公司 Tanganyika Oil Co. 位于叙利亚的油田资产。此外，江苏沙钢集团（Jiangsu Shagang Group Co.）也敲定了一笔复杂的交易，将其澳大

① UNCTAD, *World Investment Report 2008*, pp. 207 - 210.

② UK's Barclays to Acquire Lehman's Investment Bank, Capital-Markets Businesses, *The Wall Street Journal*, September 17, 2008.

③ Rick Carew, China Extends Resources Push with Global Deals, *The Wall Street Journal*, September 26, 2008.

利亚资产与Grange Resources Ltd. 进行合并，由此获得合并后公司45%股权。新公司估值在10亿澳元左右（约合8.337亿美元）。

金融领域的并购增幅则小得多，比较引人关注的案例，如2007年次贷危机苗头初现时，中国投资有限责任公司曾大手笔购进黑石（Blackstone Group LP）、摩根斯坦利的股权，而2008年金融领域最大的对外并购是工商银行以56亿美元价格收购南非标准银行（Standard Bank Group Ltd）。

二 影响2008年国际直接投资形势变化的主要因素

（一）世界经济增速的放缓

2007年的世界经济实现了5%的强劲增长，为各国企业从事跨国经营活动创造了扩大投资的良好环境。但是，这种投资环境从2007年下半年就开始有所转变。进入2008年后，世界经济发展更是面临着严峻的考验。一方面，包括欧美在内的主要经济体的需求急剧减缓，另一方面，能源与初级产品价格的攀升又增加了通货膨胀的压力。在此背景下，全球经济增长在2008年下半年明显减速，按照国际货币基金组织（IMF）2008年7月预测，2008年，世界经济增速将降至4.1%。具体地，美国平均增长年率将减缓至1.3%。欧元区和日本也将明显减速，分别从2007年的2.6%和2.1%降至2008年的1.7%和1.5%。同样，新兴和发展中经济体的扩张预计也将进一步失去动力，将从2007年的8%减缓到7%。中国的增长将从2007年的将近12%减缓到2008年的大约10%。[①] 全球经济增速的放缓和主要地区的市场需求下降，不得不使跨国公司经营业务的投资扩张变得逐步谨慎起来。

当然，福兮祸所伏，祸兮福所倚，事物总是两方面的。对于某些跨国公司和其他国际投资机构而言，在全球股市的大幅下跌和大量美欧企业陷于经营困境之际，也使它们面临更多跨国投资机会。例如，由于美元疲软加上公司股价缩水，为外国企业提供了更多廉价收购美国公司的机会，从而可能引发一股不大不小的外资收购热潮。2008年9月，在华尔街发生一系列金融危机之际，20年前经济泡沫破灭后一直伺机进行国际扩张的日本金融大鳄终于在美国纷纷出手。例如，

① IMF（2008），Gloomy on Growth，Sees Rising Inflation Threat，*IMF Survey online*，July 17，2008.

在日本市值最大的券商野村控股，宣布收购已经申请破产保护的华尔街投行雷曼兄弟亚洲资产；市值最大的银行三菱东京 UFJ 将收购华尔街仅剩两大投行之一的摩根斯坦利 20% 股权。

2008 年 9 月 16 日，俄罗斯的股市遭遇 10 年来最大单日下跌，跌幅高达 20%，因石油价格暴跌以及货币市场困境引发了股票抛售狂潮。俄罗斯最大的投资银行之一资本复兴公司（Renaissance Capital）以 5 亿美元价格出售了其 50% 股权。而在此一年前，这家银行在进行出售股份谈判时其对自身估值还为 40 亿美元，在近一年的时间里资产缩水 75%。这对早已关注这家公司的外国投资机构而言，此时的收购，当然要比 2007 年出手要合算得多。

不过，就全球并购市场而言，毕竟并购那些已经陷入困境的企业，可能面临很大的投资风险。在各种国际经济环境都面临很大不确定性的情况下，对许多跨国公司而言，谨慎投资不能不说是一种更为明智的选择。

（二）企业并购的融资难度加大

次贷危机引发全球的金融市场动荡一年多来不断加剧，投资者争相从前景不明的机构或行业中撤离资金。在这种情况下，不仅短期美国国债收益率跌至二战以来的最低点，银行间借贷实际上陷于停顿。而且站在企业并购角度观察，杠杆贷款价值也在大幅下跌。其中，标准普尔（Standard & Poor's）LCD 和 Markit 的数据显示，美国金融市场中十分活跃的杠杆贷款平均报价下跌了 330 个基点，降至仅为面值的 84.28%，创历史最低水平。而欧洲杠杆贷款平均报价不仅跌至数月以来的最低水平，而且范围更大的贷款平均价格也同样跌至历史最低水平。[①] 正是由于企业从事并购的融资条件变得如此不利，所以包括跨国并购在内的全球企业并购交易规模的减少，自然是顺理成章的事情了。

（三）全球企业整体经营业绩不容乐观

按照著名会计师事务所毕马威对全球 1000 家企业财务状况的评估结果，不仅全球许多企业的并购意愿在下降，而且它们的并购能力也比上年大为衰减。

---

① Anousha Sakoui（2008），Leveraged Loan Values Drop To Record Low，*The Financial Times*，September 23，2008.

在2007年12月~2008年6月间，在全球各股票市场上市的企业中，除拉美地区企业的市盈率（PE ratios）从15.2倍上升至16.1倍之外，所有地区的估值都呈现下跌趋势。亚太地区企业虽然在2007年12月预测市盈率曾上升11.8%，但到2008年6月，市盈率便由19.0倍回落至17.0倍。在欧美两个发达经济区，欧洲从15.5倍下降到13.5倍，美国也由17.4倍下降到15.9倍。这种状况反映出市场并不看好上述这些国家和地区的企业经营现状与发展前景。[①]

事实上，包括一些以往经营状况很好的巨型跨国公司在内的许多大企业，都在近一年多来凸显出经营困境。其中，最具代表意义的，莫过于多年来都被视为美国经济指向针的通用电气（GE）公司所出现的经营业绩下滑。

2008年9月，通用电气宣布，因金融服务市场“从未有过的疲弱和动荡”，公司下调全年的盈利预期，并对经济前景表示悲观。公告刚一发布，立即在早已处于风声鹤唳的美国金融市场中引发一阵恐慌。对于通用电气这只进入道琼斯指数成分股而言，多年来其予以投资者丰厚回报的状况可能已走到尽头。其实，这家从事多元化经营并广受投资者青睐的美国企业巨擘，在次贷危机引发的金融风暴中，便已表现出企业经营方面的困境，其股价也早已反映出它的这种状况。到2008年9月，其股价跌幅已达30%多。[②] 通用电气的状况，也许确实可以成为2008年以来遭受金融动荡冲击的许多西方企业的一个缩影。

（四）美元贬值对国际直接投资产生很大影响

近年来，全球外国直接投资规模不断增加并在2007年创出历史纪录，与美元汇率的变化有很大关系。一方面，对于欧元区等经济体而言，由于美元的贬值（如在2002~2007年间，美元对欧元名义汇率贬值33%，对英镑贬值24%），使得以美元计价的FDI流入规模的名义价值增加。例如，在2007年中，美元兑欧元汇率在2006~2007年间由0.80降至0.73，使欧元区的FDI流入以美元计价的名义价值上升了9%。[③] 另一方面，美国则由于美元的贬值吸引了更多的外国投资。在

① KPMG（2008），Global deal environment set to deteriorate into H2 2008，claims *KPMG's Global M&A Predictor*，KPMG 14th July，2008.

② David Gaffen，GE Is a Microcosm of the Economy. This Isn't Good Right Now，*The Wall Street Journal*，Septmber 26，2008.

③ OECD网站，www. oecd. org，June 2008，Issue 7。

2003~2007年4年中，流入美国的FDI规模，从2003年的530亿美元的低点剧增至2007年的2330亿美元，而在2008年美元贬值对美国吸引FDI的影响依然存在。

美元贬值使得以往重视向美国这个全球重要消费市场进行出口的日本、欧洲等国家和地区企业，不得不考虑转变市场进入模式，纷纷在美国投资设厂，以减少经营成本。对于那些依赖美国市场的欧洲汽车企业来说，加大在美国的投资便成为势在必行的事情了。例如，美国是德国宝马公司在全球最大的市场，约占宝马全球销量的1/4。尽管2007年宝马汽车在美国销量上涨近8%，但由于在德国制造并以欧元结算成本，而出口到美国后美元大幅贬值，使得当年宝马公司结算利润比预期大幅下降。①

在美元汇率持续走低情况下，包括宝马、菲亚特、阿尔斯通、大众、空中客车等著名欧洲跨国公司从2007年开始纷纷宣布将在美国扩大投资。例如，宝马决定在美国增加70%的生产；法国阿尔斯通2007年12月宣布要投资2亿美元在美国建厂。而德国大众在2008年1月宣布将在北美生产发动机等汽车部件，并在美国建立一家年产25万辆轿车的组装厂。② 它们这种做法的战略目的之一，就是要应对美元贬值给企业经营造成的负面影响。

三　一年来国际直接投资形势中值得关注的几个现象

（一）主权财富基金日益活跃并推动全球企业并购保持较高规模

与以往跨国公司是国际直接投资最重要载体的情形有所变化的是，近年来以主权财富基金（Sovereign Wealth Funds，SWFs）对国际直接投资形势的影响越来越大。

近年来，由于国际油价飙升和国际贸易顺差的扩大，促使包括中国、新加坡、韩国在内一些新兴市场经济国家和石油出口国纷纷设立主权财富基金，并由独立于央行等官方金融机构的专业投资机构来管理这些基金。目前，有44个国家拥有70家左右、规模在2亿美元以上的主权财富基金。最大的主权财富基金

① Richard Milne（2008），Daimler and BMW report fall in profits，*The Financial Times*，April 29，2008.

② Ruters（2008），Volkswagen plans production in North America，*Ruters*，22 January 2008.

是沙特阿拉伯的一家基金公司，其管理的总资产在5000亿美元以上，与私募基金不同的是，主权财富基金不仅由投资国政府直接控制，一般更倾向于长期投资而不是短期投机，而且其全球规模是私募基金的9倍，远远大于私募基金。按照联合国贸发会议预计，全球主权财富基金管理的资产约为5万亿美元之巨，而1999年这一规模还尚为5000亿美元。

主权财富基金进行的国际直接投资，具有地域和产业相对集中的特点。2007年的统计数据显示，主权财富基金大约有3/4的外国直接投资流向了发达国家，主要是英国、美国、德国等（见图3）。而在产业方面则有73%流向了服务业。①

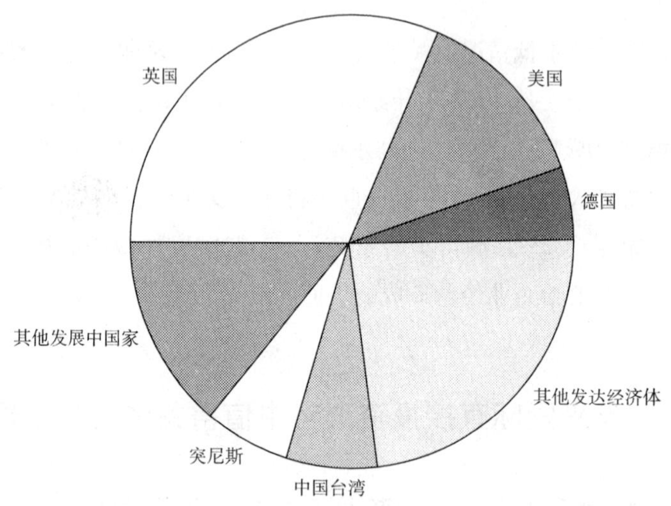

图3　2007年主权财富基金境外直接投资的地区分布

资料来源：UNCTAD。

虽然大多数主权财富基金的信息发布缺乏一定的透明度，但即使从少数主权财富基金公布的信息中，我们同样可以看到全球主权财富基金在国际直接投资中扮演的重要角色。例如，作为全球主权财富基金第三的新加坡政府投资公司（Government Investment Corp. of Singapore），其2008年1~8月间在全球继续积极开展收购活动。其中包括对花旗集团（Citigroup）、美林证券（Merrill Lynch）的股权收购在内的投资规模达到255亿美元，比上年同期的154亿美元增加了66%。另

① UNCTAD, *World Investment Report 2008*, pp. 21-24.

外，列居全球主权财富基金第七位的科威特神秘的投资基金科威特投资局（Kuwait Investment Authority，KIA），也难得地公布了其在全球金融危机中的2008年的经营业绩。该基金据估计管理着2600亿美元资金，2008年初向花旗集团（Citigroup Inc.）注资30亿美元，向美林（Merrill Lynch & Co.）注资20亿美元。①

尽管欧美等西方国家对主权财富基金的影响力表示很大担心，并敦促制定有关主权财富基金的行为准则，但主权财富基金对国际直接投资形势的影响力是否会因此有所减弱，还有待进一步观察。

（二）私募股权基金在跨国并购中的作用有所减弱

私募股权基金（private equity funds）在2006年全球跨国并购总额中所占比重为25.3%，达2826亿美元。而2007年，相应指标变化为28.2%和4610亿美元（见表1）。

表1　1998～2008年私募股权基金跨国并购交易数量与金额

年　份	交易数量		交易规模	
	数　量（件）	占总跨国并购比例(%)	金　额（10亿美元）	占总跨国并购比例(%)
1998	906	11.3	77.9	11.2
1999	1147	12.7	86.9	9.6
2000	1208	12.0	91.6	6.8
2001	1125	13.9	87.8	12.0
2002	1126	17.2	84.7	17.5
2003	1296	19.6	109.9	26.7
2004	1613	22.2	173.7	30.7
2005	1707	19.9	211.0	22.7
2006	1649	18.2	282.6	25.3
2007	1813	17.9	461.0	28.2
其中：				
第一季度	441	17.1	75.1	28.2
第二季度	520	19.7	181.8	38.5
第三季度	417	16.6	115.4	30.8
第四季度	435	18.0	88.8	17.6
2008年上半年	715	16.4	193.7	31.2
其中：				
第一季度	388	16.8	131.5	37.4
第二季度	327	15.9	62.2	23.1

资料来源：UNCTAD。

① Saeed Azhar (2008), FACTBOX: Sovereign funds M&A deals surge in 2008, *Reuters*, Sep 4, 2008.

私募股权基金的交易是以最终退出并获高额利润为目的的。因此，它们一般不倾向于进行长期投资，只注重低价杠杆买进，并在取得被收购企业的控制权后采取重组、裁员等措施，最终再转手以高价卖出。例如，凯雷集团、新桥资本也曾先后买入韩国的银行，重整数年之后，纷纷高价转手，获利退出。其中，2005年，凯雷集团以27亿美元的价格，将所持韩国KorAm银行控股权出售给花旗集团，获利6倍。同年，新桥投资集团将其持有的韩一银行（KFB）49%的股份以32.5亿美元的价格出售给英国渣打银行集团，获利5.5倍。由于韩国税务体制存在缺陷，在这种境内的外资间企业并购中并没有获得太大收益。[①]

在全球经济增长明显放缓的情况下，私募股权基金对于已买入的企业股权将面临两方面的压力，一方面是日益严峻的借贷环境，另一方面是它们拥有的公司的价值缩水，难以获得较为理想的收益。这也正是进入2008年第二季度后全球私募股权基金在跨国收购中仅完成622亿美元，仅为第一季度1315亿美元的一半。其在全球跨国并购交易规模中所占的比重也仅为23.1%，不仅远远低于第一季度的37.4%，也降至近年来的最低点。

（三）一些国家投资保护主义的抬头

在2008年1月19日出版的英国《经济学家》（The Economist）杂志上，其封面文章的标题是《主权财富基金大举入侵》（Invasion of the sovereign-wealth funds），所配封面图案是蜂拥而至的大量满载金条的直升机。其中，领先的一架飞机画有中国国旗。该文章发表的背景是，2007年爆发次贷危机后，主权财富基金的投资行动引发了美欧各国政府的担忧。由于许多主权财富基金纷纷注资花旗银行、摩根斯坦利、美林、贝尔斯登等全球金融市场巨头，它们在被西方媒体称为华尔街救火队的同时，也因这些基金均受各自母国政府的控制与管理，故此它们的投资动机引起各国特别是西方国家的疑虑与警惕。

在美欧的敦促下，在国际货币基金组织（IMF）主持下，2008年9月初，包括中国投资公司在内，全球各大主权财富基金针对对外直接投资，在自愿行为准则问题上达成了一致。该准则的核心是，要求确保主权财富基金的透明度和良好治理。美欧国家对于制定该准则之所以如此心情迫切，其主要原因就是要限制别

① 梁国勇：《中国应重视私募股权基金短期行为》，2007年12月10日《经济参考报》。

国对本国资产的非商业目的的战略并购。

以西方国家为主的许多国家也正是基于此种考虑，一方面常常对一些尤其来自主权财富基金的跨境并购设置障碍直至否决；另一方面，开始制定或修改相关投资法律，从立法上维护本国的国家经济安全。当然，必须指出的是，上述这些国家出台某种限制外资并购的政策，并不完全因主权财富基金引起。例如，中海油并非主权财富基金，它其实不过是来自中国的一家国有企业。但美国政府却同样在 2005 年阻止了中海油对美国的尤尼科收购。关于国际上限制某些外资并购本国资产的政策中，主要涉及能源、公用网络、军工企业等战略领域。按照 UNCTAD 统计，2007 年，在全球 58 个国家共出台 98 项与 FDI 相关的政策变化中，其中有 24 项是不利于 FDI 流入的政策，而这种政策也大都与国家经济安全有关。

在美国，2007 年 7 月 26 日，布什总统正式签署了《2007 年外国投资与国家安全法案》（the Foreign Investment and National Security Act of 2007，以下简称 FINSA）。这是对 1988 年《埃克森 - 佛罗里奥修正案》（Exon-Florio Amendment）的最新修订，从而结束了联邦政府内部出于国家安全考虑，对外资在美投资和并购的“方式”及“度”的争论。

在新法案中，美国首次明确了审查这类并购交易时的考虑因素，包括：向对美国构成威胁的国家进行技术转移的风险；交易对重要基础设施和重要技术的影响；交易是否涉及外国政府所有的资产；等等。同时，新法案还明确了审查涉及外国国有企业的收购案的考虑因素，即要求考虑该外国政府与美国之间的外交一致性以及在多边反恐、防止核扩散以及出口限制方面的政策一致性。

除了美国外，德国、法国、日本、英国、俄罗斯、澳大利亚等国，也已经或将要制定某些新的限制外资并购政策。例如，德国政府不仅在 2007 年 2 月出台提高收购亏损企业时税收减免标准的新政策，用以限制外资并购，更值得注意的是，在 2008 年 8 月，德国政府通过一项限制外资并购的提案表决，决定将针对股权收购在 25% 以上的外资收购交易，德国政府有权进行为期 3 个月的审核。

四　对 2009 年国际直接投资形势的预测

从短期看，美国、欧洲、日本、中国等主要国家和地区的经济放缓，都对国际直接投资的活跃有所抑制。全球金融市场动荡和跨国公司整体盈利水平的下

降，又使得企业对外投资所必需的融资条件变得日益艰难。尽管在这种渐显受抑的投资环境中仍有很多的投资机会，如同目前很多日本等国的企业到美国寻觅并购机会，但这种并购尚不足以弥补 2009 年全球 FDI 总规模的下降。

参考文献

UNCTAD, *World Investment Report 2008*.

KPMG (2008), Global deal environment set to deteriorate into H2 2008, claims *KPMG's Global M&A Predictor*, KPMG 14th July, 2008

OECD (2008), *Investment News*, June 2008, Issue 7.

UNCTAD (2008), Countries continue to compet for FDI, but not unconditionally, *UNCTAD Investment Brief*, No. 3, 2008.

International Direct Investment: Developments and Prospects

Zhang Jinjie

Abstract: World foreign direct investment (FDI) inflows rose to a record level of 1.8 trillion in 2007. Continued consolidation through cross-border mergers and acquisitions (M&As) contributed to the global surge in FDI. The increase in FDI largely reflected relatively high economic growth and strong corporate performance in many parts of the world. The global financial crisis had a limited impact on FDI flows in 2007, but began to bite in 2008. The slowdown in the world economy and the financial turmoil led to a liquidity crisis in money and debt markets in many developed countries. Global foreign direct investment (FDI) flows are expected to reach 1.6 trillion U. S. dollars in 2008, representing a 10 percent decline from the record level in 2007.

Key Words: Foreign Direct Investment; Transnational Corporation; Mergers and Acquisitions

热 点 篇

当前全球通货膨胀的现状、根源及趋势*

张 明**

摘 要： 2006年以来全球范围内出现通货膨胀压力加剧的趋势，这是全球化提速后第一次真正意义上的通货膨胀。从理论上而言，全球化有助于降低各国的通货膨胀率。然而随着中国、印度等大国更紧密地融入全球经济，可能出现核心通胀率与整体通胀率之间的显著背离。此外，全球流动性过剩也是导致全球通货膨胀的重要原因。本文从实体因素层面和金融因素层面剖析了本轮全球通货膨胀的根源，并对其未来发展趋势进行了预测。全球通胀的未来走势存在相当大的不确定性，而发达国家央行能否及时调整货币政策对于全球经济而言至关重要。

关键词： 全球通货膨胀 全球化 大宗商品价格飙升 流动性过剩

---

* 本文的写作受到中国社会科学院国际研究学部应急研究课题“全球通货膨胀与中国应对措施”资助，在此深表谢意。

** 张明，经济学博士，中国社会科学院世界经济与政治研究所助理研究员，研究领域为国际金融与资本市场。

引　言

通货膨胀在任何时候与任何地方均是一种货币现象。

——米尔顿·弗里德曼

世界经济在20世纪70年代经历了痛苦的低增长与高通胀并存的“滞胀”时期。此后随着贸易全球化与金融全球化的提速，全球范围内资源、商品和服务的流动程度不断提高；随着中国、印度等发展中大国逐渐融入世界经济，大量廉价劳动力进入了全球劳动力市场。这导致要素与商品价格逐渐走低，世界经济在20世纪90年代和21世纪初期经历了较长时间的高增长与低通胀并存的“黄金时期”。有研究者将这一黄金时期的形成归功于全球化红利以及IT技术革命两大因素。一方面，新兴市场提供的廉价劳动力和丰富自然资源降低了全球范围内的通货膨胀水平；另一方面，IT技术革命提高了全球范围内的劳动生产率。然而随着全球化红利以及IT革命红利进入边际回报递减阶段，全球通货膨胀压力将会重新上升，世界经济可能重新进入低增长、高通胀的范式（黄海洲、侯振海，2008）。

2006年以来，伴随全球原油和粮食价格的飙升，全球范围内的整体通货膨胀率（Headline Inflation Rate）显著上升，尤其是中东国家和亚洲新兴市场国家。如图1所示，中东国家的消费者价格指数（CPI）从2005年同比增长6.2%跳升至2007年的10.4%，2008年预计将继续上升至11.5%；亚洲新兴市场国家的CPI从2005年同比增长3.8%调整至2007年的5.3%，2008年预计将继续上升至5.9%。[①]

导致本轮全球通胀加速上升的根本原因是什么？它是否意味着全球化下低通货膨胀时代的终结？本轮全球通胀上升是短期现象还是长期趋势？它对于各国宏观经济政策的涵义是什么？这是我们试图在本文中讨论的问题。第一部分分析当前全球通货膨胀状况；第二部分总结全球化、货币政策与通货膨胀之间关系的理论纷争；第三部分探悉本轮全球通胀上升的根源；第四部分预测全球通胀的未来发展趋势；最后是结论。

---

① IMF, *World Economic Outlook*, April 2008.

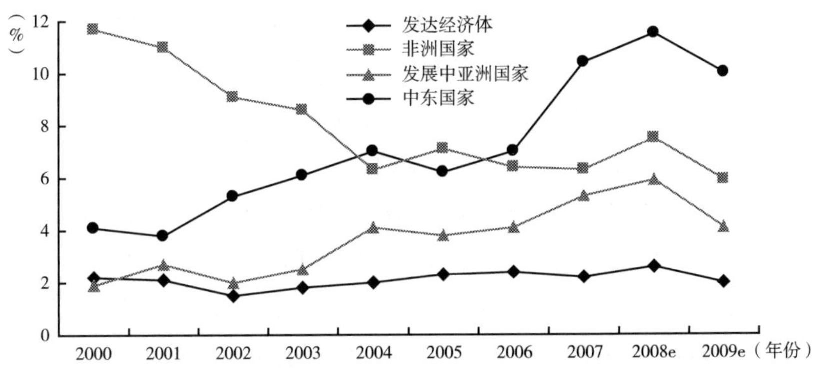

图1　2000~2009年全球主要经济体通货膨胀状况

注：指标均为消费者价格指数的同比增长率。
资料来源：IMF, *World Economic Outlook*, April 2008。

一　当前全球通货膨胀的现状

2006年以来，特别是自2007年下半年以来，主要发达国家、发展中大国以及新兴市场国家的国内通货膨胀率均显著上升。

如图2所示，2007年7月以来，三个主要发达经济体（G3）的CPI指数均有不同程度的上升。从2007年8月到2008年7月，美国的CPI从同比增长

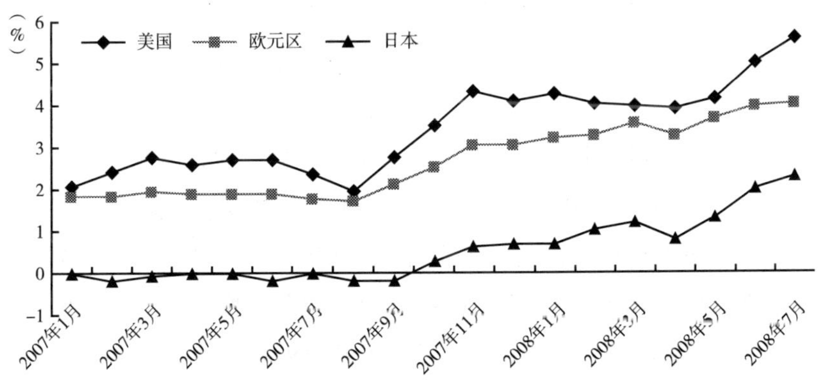

图2　G3的CPI指数显著上升

注：CPI指数为同比增长率，系作者根据原始数据折算。
资料来源：CEIC。

2.0%上升到5.6%，增长了180%；欧元区的CPI从同比增长1.7%上升到4.0%，增长了135%；日本的CPI从同比下降0.2%上升到同比增长2.3%，增长速度甚至超过了美国和欧元区。[①] 通货膨胀压力的上升正是欧元区和日本央行在次贷危机的阴影下迟迟没有降息的根本原因。

如图3所示，“金砖四国”的CPI指数自2007年7月以来出现了较快上升。中国的CPI从2007年7月的同比增长5.6%上升到2008年2月的8.7%，增长了55%，之后回落至2008年7月的6.3%；印度的CPI从2007年7月的同比增长6.5%上升到2008年7月的8.3%，增长了28%；巴西的CPI从2007年7月的同比增长3.7%上升到2008年7月的6.4%，增长了73%；俄罗斯的CPI从2007年7月的同比增长8.7%上升到2008年7月的14.7%，增长了69%。[②]

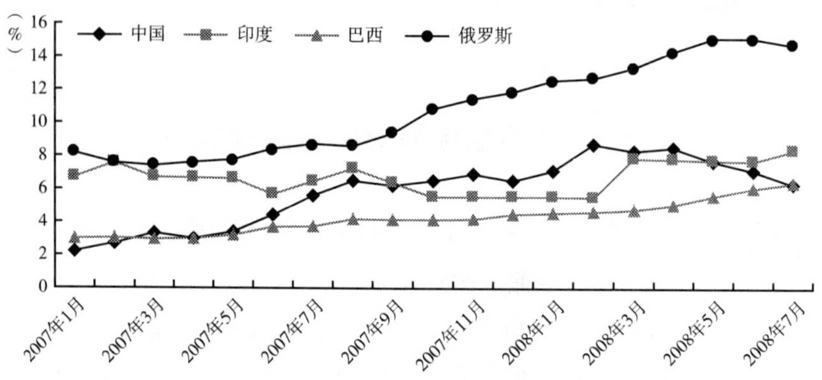

图3 金砖四国的CPI指数显著上升

注：CPI指数为同比增长率，系作者根据原始数据折算。

资料来源：中国、印度、巴西的数据引自CEIC，俄罗斯的数据引自ECONSTATS。

东南亚新兴市场经济体的通货膨胀情况更是不容乐观。如图4所示，从2007年7月至2008年7月，越南的CPI从同比增长8.4%上升到26.9%，增长了221%；印尼的CPI从同比增长6.1%上升到11.8%，增长了94%；马来西亚的CPI从同比增长1.6%上升到8.5%，增长了431%；菲律宾的CPI从同比增长2.6%上升到12.3%，增长了374%；泰国的CPI从同比增长1.7%上升到9.2%，增长了441%。[③]

---

① CEIC。

② 中国、印度、巴西的数据引自CEIC，俄罗斯的数据引自ECONSTATS。

③ CEIC。

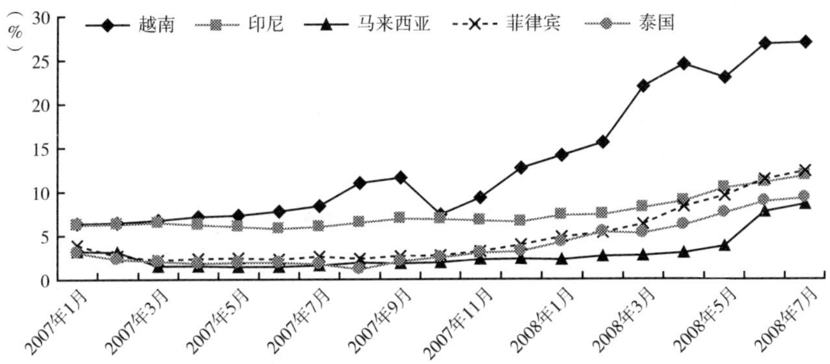

图 4　东盟五国的 CPI 指数显著上升

注：CPI 指数为同比增长率，系作者根据原始数据折算。
资料来源：CEIC。

简言之，自 2006 年以来，G3、金砖四国、东盟各国以及中东国家和非洲国家均出现了不同程度的通货膨胀，世界经济面临着来自通货膨胀压力的新的挑战。

二　关于全球化、货币政策与通货膨胀关系的理论概述

自贸易全球化与金融全球化在 20 世纪 80 年代提速以来，世界经济在很长时期内处于较低的通胀水平上。很多经济学家从理论上指出，全球化有助于降低各国的通货膨胀水平。然而关于全球化与通胀之间关系的经验研究结果分歧很大。考虑到本轮通胀加速是全球化时代的首次全面通胀，这个新的现象是否对全球化有助于降低通胀水平的理论构成了严重冲击呢?

（一）全球化与通货膨胀

宏观经济学中的菲利普斯曲线刻画了一国通货膨胀水平与产出缺口（Output Gap）或者失业之间的关系。如果实际产出水平超出了潜在产出水平（或者失业水平低于自然失业率水平），则通货膨胀率上升；反之亦然。经济学家指出，全球化之所以有助于降低通货膨胀，是因为全球化使得菲利普斯曲线变得更加“扁平化”。换句话说，本国通货膨胀率对于本国产出缺口变动或失业率变动的

反应的敏感程度下降。

Silbert（2007）认为，由于一国消费者物价指数衡量了包括进口产品价格在内的物价总水平，因此以本币计算的进口商品的价格下降将会导致本国通货膨胀率下降；此外，由于本国商品与进口商品的竞争加剧，以本币计算的进口商品的价格下降也会导致本国商品的价格下降，从而间接地降低本国通货膨胀率。这将造成本国产出缺口在预测本国通胀率时的重要性下降，而全球产出缺口的重要性上升。

Nover（2008）指出，在过去20年内，全球化为价格稳定作出了巨大贡献。随着中国和印度等发展中大国更加紧密地融入全球经济，发达国家得以进口大量的廉价制造品。在实际工资不变的情况下，进口价格的下降提高了居民的消费水平，这就降低了在任何给定就业水平上的通货膨胀率，即全球化能够使得发达国家的菲利普斯曲线整体上向下移动。他同时指出，在一个开放经济体中，由于国内消费需求的增加能够很快地被进口增加所满足，造成本国通货膨胀率对本国产出缺口的敏感程度下降，即全球化能够导致开放经济体的菲利普斯曲线趋向扁平化。

Rogoff（2003）认为，全球通胀水平在20世纪90年代的下降是由全球产品与劳动市场上的竞争加剧所导致的，而这和全球化与放松管制有密切的联系。一方面，全球化加剧了各国商品以及各国劳动力在全球范围内的竞争，这不但降低了总体价格水平，而且还通过削弱了本国垄断性企业以及工会的力量而增强了商品价格和劳动力工资的弹性，使得未被预期到的货币政策变动的实际效应变得更加短暂，从而削弱了政客们要求央行制造通货膨胀（以推动经济增长）的动机。也就是说，全球化带来的竞争通过降低国内产品市场以及劳动力市场的名义刚性（Nominal Rigidities）而降低了政策制定者制造机会主义通胀的激励；另一方面，在一个竞争程度更强的经济体中，产出和就业的水平相对较高，这也降低了中央银行制造通货膨胀的压力。因此，全球化强化了中央银行反通胀的声誉，并导致通货膨胀的长期趋势下降。

在国际资本自由流动的前提下，如果一国通货膨胀率的上升导致金融资产的实际收益率下降，那么可能导致资本大量流出本国。因此，资本流动程度的增强对各国货币政策施加了新的约束，制造了各国央行维持低通胀环境的激励（Tytell和Wei，2004）。

不过，在经验研究方面，在全球化能够有效地降低通货膨胀方面并未达成广泛一致。例如，Borio 和 Filardo（2007）发现了全球化能够有效地降低各国（包括欧元区国家在内）通货膨胀率的跨国经验证据。然而，Calza（2008）发现，全球产出缺口指标对于欧元区通货膨胀率的解释力与预测力都非常有限。

既然如此，在贸易全球化和金融全球化趋势进一步加速的 21 世纪初期，全球通货膨胀重新袭来，这是否会显著削弱上述全球化导致通胀程度下降的理论对现实问题的解释力呢?

答案是，未必如此。Silbert（2007）指出，我们必须注意到，在本轮全球通货膨胀率上升的过程中，出现了核心商品（Core Goods，例如，制造品）价格稳中有跌与非核心商品（Non-core Goods，主要是能源和食品）价格飙升共存的现象。而理解这一现象的核心，则是中国、印度等发展中大国是以核心商品的生产者以及非核心商品的消费者的身份进入全球经济的。伴随着中国、印度的经济体的扩张，全球范围内核心商品的供给会增加，而非核心商品的需求会增加，这就意味着非核心商品相对于核心商品的价格将会不断上扬。同时，全球核心商品的定价是凯恩斯主义的，受制于市场的名义刚性；但非核心商品的定价却是浮动的，事实上能源、粮食的交易类似于金融产品交易，有着发达的期货市场。一旦对非核心商品的均衡需求相对于核心商品上升，则短期内非核心商品对核心商品的相对价格很容易出现向上的超调（Overshooting），这将会导致整体通货膨胀水平的上升。由于中国和印度等发展中大国已经进入产业升级阶段，它们对能源与食品等非核心商品的需求会进一步上升，而这将会导致相对价格的继续上升，以及一段时期内全球整体通货膨胀率的上升。Porter 和 Reitzes（2007）也认为中国的崛起将同时导致美国核心通货膨胀率的下降以及整体通货膨胀率的上升，因为中国一方面出口了大量的制造品，另一方面又进口了更多的能源与食品。

（二）货币政策与通货膨胀

有大量的经济学文献将 20 世纪 90 年代以来的全球通货膨胀率下降归功于中央银行采取了更为有效的货币政策，例如更多的央行采纳了通货膨胀目标制、机构改革显著增强了央行的货币政策独立性、央行越来越重视采取前瞻性（Pre-emptive）行动的重要性等（Borio 和 Filardo，2007）。

然而，既然央行的货币政策越来越有效，为什么当前全球范围内再度出现了通货膨胀压力上升的局面呢？Buiter（2006）认为，既然中长期内的任何通货膨胀都必然是一种货币现象，那么当前的全球通胀必然也是货币当局制造的。他认为，全球主要中央银行的以下政策性失误导致了本轮通货膨胀压力失控。第一，货币当局没有对一些可能导致通货膨胀的全球经济中的新进展做出及时反应。这些新的进展包括：全球潜在产出的突然放慢（受到能源、环境与劳动力方面的约束）、全球产出缺口对国内通胀率的影响显著上升、过分相信全球化导致通胀率的下降、低估了中性基准利率水平等。例如，自互联网泡沫破灭后，尽管发达国家经济从2004年开始就明显回升，但是美联储和欧洲央行却迟迟不愿意将基准利率提高到中性水平。第二，一些主要的中央银行采用了不太恰当的目标函数。例如美联储过于重视核心通货膨胀率的作用，一直把核心通货膨胀率视为未来整体通货膨胀率的良好预测指标，却忽视了发展中大国的崛起已经显著改变了核心商品与非核心商品的相对价格这一事实，造成货币政策对通胀压力的反应严重滞后。例如，IMF的一份工作论文指出，在2003～2007年间，没有一场冲击仅限于石油或其他任何一种大宗商品，而是几乎所有大宗商品的价格联袂上涨。而在此期间，消费价格（核心通胀率）走势相对保持平缓，从而给主要中央银行产生了虚假的安全感，使得它们迟迟未能采取正确行动（Krichene，2008）。第三，那种认为在长期内存在可供政府利用的通胀与产出缺口之间的交替的新凯恩斯主义观点越来越受到欢迎。这种观点的理论基础是新凯恩斯主义的动态随机一般均衡模型（Dynamic Stochastic General Equilibrium Models，DSGEM），以及在此基础上推导的新凯恩斯主义的菲利普斯曲线，而相应的政策建议则是所谓的弹性通货膨胀目标制（Flexible Inflation Targeting）。这一理论及政策框架很可能导致货币当局逐渐放弃通胀目标以及价格稳定，从而破坏通胀目标制自1989年新西兰首次采用以来逐渐积累起来的宝贵声誉。

三　当前全球通货膨胀的根源

上一部分的理论综述为我们分析当前全球通货膨胀的根源提供了一个框架，我们将从以下两个方面来探悉全球通胀的根源，第一个方面与全球化等实体因素有关，第二个方面与央行货币政策等金融因素有关。

(一) 导致当前全球通货膨胀的实体因素

从目前来看，导致全球通胀加速的最重要实体因素是能源及大宗商品的价格上涨。如图5所示，从2006年起，国际金属、原油和粮食价格均显著上涨。从2006年1月至2008年6月，全球粮食价格指数上涨了77%，全球金属价格指数上涨了227%，全球原油价格指数上涨了327%。① 从先后顺序来看，全球金属价格上涨要早于全球粮食与原油价格上涨，前者在2007年中期达到顶峰，之后有所回落，到2008年第一季度重新反弹；而全球粮食价格在2008年6月达到顶峰，全球原油价格在2008年7月达到顶峰，之后有所回落。根据IMF的统计，在120个非OECD国家的进口构成中，粮食进口约占16%，燃料进口约占23%；而在120个非OECD国家的CPI商品篮子中，粮食价格约占37%，燃料价格约占7%（IMF，2008）。这意味着全球能源与粮食价格上升，将对全球范围内的通货膨胀水平产生显著冲击。

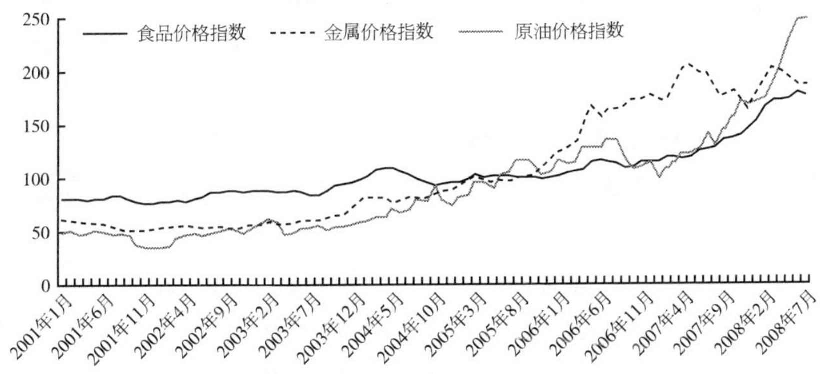

图5 全球初级产品价格指数飙升

注：2005年=100。食品价格指数包含谷物、植物油、肉制品、海产品、糖、香蕉和橙子的价格指数；金属价格指数包含铜、铝、铁矿石、锡、镍、锌、铅和铀的价格指数；原油价格指数是已装船布伦特、西得克萨斯中油和迪拜等三种现货价格的算术平均数。

资料来源：国际货币基金组织。

要继续分析全球原油与初级产品价格上升的动因，则可以从供求因素、计价货币因素和市场结构因素的分析框架来逐一归纳。

---

① 国际货币基金组织。

从供给层面来看，导致全球原油价格飙升的因素包括：第一，在短期内，全球原油供给对价格变动是缺乏弹性的。在20世纪80年代与90年代，全球原油价格保持在很低水平上，造成石油出口国缺乏在勘探、开采和冶炼方面进行新增投资的激励，导致当前石油行业的生产能力已被充分利用，能够迅速增加额外供应的剩余产能不足。而目前高油价激励下的新增投资要在多年后才能转化为生产能力。第二，全球原油产量的很大一部分集中于中东地区，而中东地区的地缘政治格局近年来扑朔迷离，这增加了原油未来产量的不确定性。第三，作为全球原油另一大主产地的墨西哥湾近年来在夏季用油高峰期屡屡遭受飓风袭击。最后，来自非OPEC国家的石油供给量近些年来的增长势头有所逆转。导致全球粮食价格飙升的因素则包括：其一，澳大利亚、欧盟、乌克兰等传统粮食主要出口国由于气候异常而导致产量下降；其二，很多发展中国家农业部门的劳动生产率近年来增长缓慢；其三，全球原油价格上涨导致与粮食生产相关的化肥、农药、农机使用成本、运输成本和加工成本显著上涨；其四，为防止国际粮价上涨溢入本国粮食市场，很多粮食出口国纷纷采取了出口限制措施。简言之，由于原油与粮食的生产周期较长，导致短期内供给对需求上升的反应不够灵敏，供需缺口的持续存在将加剧价格上涨。

从需求层面来看，推动全球原油与粮食价格飙升的主要因素包括：第一，全球经济从2004年起进入高速增长阶段，推动了对能源与大宗商品的需求。如图6所示，在经历互联网泡沫破灭造成的全球经济短暂下滑后，发达经济体、新兴市场国家与发展中国家的经济增长速度从2002年开始迅速反弹，到2004年开始持续高速增长。2004~2007年，发达经济体年均GDP增长率高达2.9%、新兴市场国家与发展中国家年均GDP增长率高达7.6%、全球经济年均GDP增长率高达4.9%，三者均高于20世纪90年代的趋势值。[①] 第二，中国、印度等发展中大国在经济高速增长的同时正在经历工业化、城市化等结构性调整。考虑到这些发展中大国尚处于粗放型增长阶段，对资源的利用效率不高，它们的崛起必然导致对原油的进口需求上升。此外，随着中国、印度等发展中大国的居民进入饮食结构升级阶段，他们对粮食需求的结构性增加也加剧了全球粮食市场的供求缺口。第三，生物燃料项目的推广使得全球原油价格与全球粮食价格的运动相互

---

① IMF, *World Economic Outlook*, April 2008; IMF, *World Economic Outlook Update*, July 17, 2008.

交织。由于全球原油价格上涨，导致美国、欧盟等发达国家纷纷推出雄心勃勃的生物能源战略，试图在一定程度上用生物能源替代原油。美国主要用玉米生产乙醇、欧盟主要用油菜子生产生物柴油。因此，全球原油价格上涨导致对生物燃料的需求增加，直接推动了玉米、油菜子的价格上涨，并通过不同粮食之间的消费替代效应以及耕地替代效应，间接推动了其他粮食产品的价格上涨。第四，随着新兴市场国家和发展中国家居民人均收入的提高，他们对原油以及粮食的需求价格弹性下降。例如，在过去，如果原油及粮食价格上升，发展中国家的居民可能会通过大幅降低相关消费来应对，这有助于尽快改善市场供需缺口，使得油价或粮价回落。然而在现在，随着原油或粮食价格上升，更多的居民对价格的敏感程度下降，从而不会大幅降低需求，这就使得市场供求缺口可能长期存在，为了恢复市场均衡，需要更大幅度的价格上涨。换句话说，人均收入的上升使得贫困群体传统上的冲击吸收器（Shock Absorber）作用下降，降低了需求对于价格变动的反应速度，价格冲击将会持续更长时间。

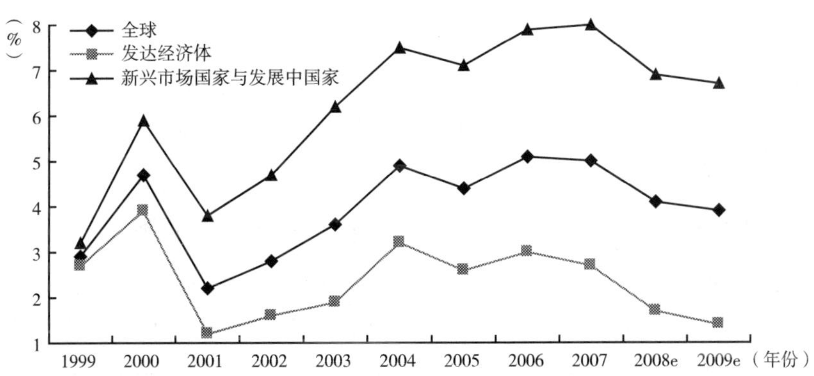

图 6　全球、发达经济体以及发展中经济体的 GDP 增长率

资料来源：IMF，*World Economic Outlook*，April 2008；IMF，*World Economic Outlook Update*，July 17，2008。

从计价货币层面来看，由于美元是全球原油以及粮食交易最重要的计价货币，即使在供求状况不变的前提下，美元名义有效汇率贬值也将推高全球原油与粮食价格。如图 7 所示，在 2006～2008 年期间，全球商品现货价格指数（CRB）与美元名义有效汇率指数呈现出明显的反向运动特征。2006 年 1 月至 2008 年 7 月，全球 CRB 商品现货价格指数上涨了 48%，同一时期内美元名义有效汇率贬值了13%。[①] 导致美元名义有效汇率贬值的主要因素是美国国际收支失衡以及通过降息来应对次贷危机，我们将在稍后部分进行分析。

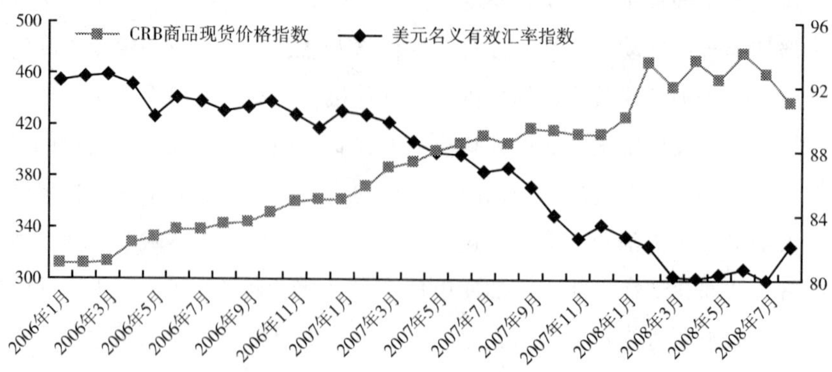

图7 商品现货价格指数与美元名义有效汇率指数负相关

注：CRB 商品现货价格指数 1967 年 =100，美元名义有效汇率 2000 年 =100。

资料来源：CRB 商品现货价格指数来自 Commodity Research Bureau，美元名义有效汇率指数来自 BIS。

从市场结构来看，首先，全球原油市场与全球粮食市场实质上都是一个卖方垄断市场。全球原油供应主要由 OPEC 以及少数几个非 OPEC 大国所垄断；全球粮食市场由少数发达国家的跨国公司所垄断。[②] 在一个卖方垄断的市场上，在市场基本面因素导致价格上涨之时，卖方也会通过制造持续的供不应求的局面来将价格持续维系在高位；其次，对全球原油交易与粮食交易而言，都存在发达的现货市场与期货市场，而现货价格与期货价格也存在着互动机制。次贷危机爆发后，由于全球金融市场价格持续下跌，导致大量国际短期资本流入原油与商品期货市场寻求对冲与套利，这不但直接推高了期货价格，也可以通过改变市场预期来影响现货价格。例如，最近美国国会和商品期货交易委员会开始集中调查纽约原油期货交易市场是否存在价格操纵行为，这说明美国政府已经充分意识到期货市场的投机性操作推高全球油价的可能性以及重要性。

---

① CRB 商品现货价格指数来自 Commodity Research Bureau，美元名义有效汇率指数来自 BIS。

② 米德兰（Archer Daniels Midland，ADM）、嘉吉（Cargill）、邦吉（Bunge）和路易达孚（Louis Dreyfus）等国际四大粮商垄断了全球粮食交易的 80%。它们操纵着全球粮食的进出口、食品加工与制造，以及价格的制定。

（二）导致当前全球通货膨胀的金融因素

通货膨胀归根结底是一种货币现象。全球通货膨胀无非是全球范围内过多的货币追求有限的商品所致。而全球主要央行必然在其中扮演了重要的角色。事实上，全球通货膨胀与2004年以来全球范围内的流动性过剩密切交织在一起（张明，2007）。例如，亚洲开发银行在其《2008年亚洲发展展望更新》中指出，与普遍观点相反，亚洲通货膨胀率急剧上升主要是由国内原因造成的。亚洲国家消费者价格指数增幅中有2/3要归因于多年来宽松的货币政策，这使得总需求骤然升高，并导致对价格上涨的普遍预期。①

我们认为，导致并加剧全球流动性过剩的主要因素包括：发达国家央行未能及时调整货币政策；国际收支失衡；美国政府采用扩张性货币政策来应对次贷危机。

首先，在互联网泡沫破灭后，发达国家央行普遍通过降息来应对经济下滑。然而当宏观经济恢复增长后，发达国家央行却没有及时将基准利率提高至中性水平，持续的低利率环境造就了全球范围内的流动性过剩（见图8）。例如，从2001年1月到2003年6月，美联储连续13次下调联邦基金利率，将利率从6.5%

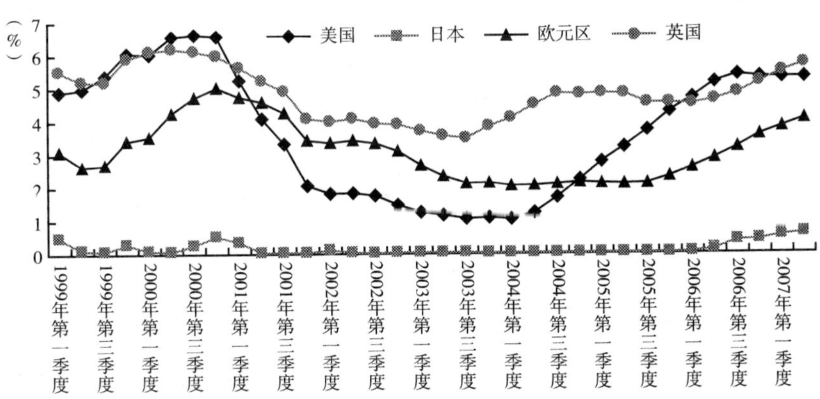

图8 发达经济体央行未能及时调整低利率政策

注：图中利率均为各大经济体的基准利率。

资料来源：OECD。

① ADB, *Asian Development Outlook 2008 update*, 2008.

降至1%的历史最低水平。在宽松货币政策的推动下，美国经济从2004年起迅速反弹。然而为了防止从紧货币政策对资产市场的影响，美联储整整花了两年时间（2004年6月至2006年6月），才将联邦基金利率调整到5%左右的危机前水平上。欧洲央行重新步入加息周期的时间甚至比美联储更晚。发达国家基准利率长期保持在历史低位，推动了国内股票市场以及房地产市场的繁荣。而在资产价格繁荣的“财富效应”以及“金融加速器效应”的推动下，发达国家的消费和投资加速增长，实际产出水平逐渐超过潜在产出水平，从而为通货膨胀埋下伏笔。

其次，进入21世纪后，全球范围内出现了显著的国际收支失衡，这一方面表现为美国的经常项目赤字和外债规模不断扩大，另一方面表现为东亚国家和石油输出国的经常项目盈余不断扩大，并积累起巨额外汇储备。如图9所示，从2001~2007年，美国经常项目赤字占GDP的比重从3.8%上升至5.3%；同期东亚国家经常项目盈余占GDP的比重从1.5%上升至6.7%，中国从1.3%上升至11.1%；中东国家经常项目盈余占GDP的比重从6.3%上升至19.8%。加剧国际收支失衡的因素既包括美国的过度消费，也包括东亚国家的过度储蓄和汇率低估，以及全球原油价格上升。在国际收支失衡格局下，东亚国家和石油输出国累积了大量的外汇储备。1999年底全球外汇储备约为1.78万亿美元，2007年底上升至6.40万亿美元，增长了2.6倍。1999年底发展中国家外汇储备约为1.05万亿美元（占全球规模的59%），2007年底上升至4.90万亿美元（占全球规模的

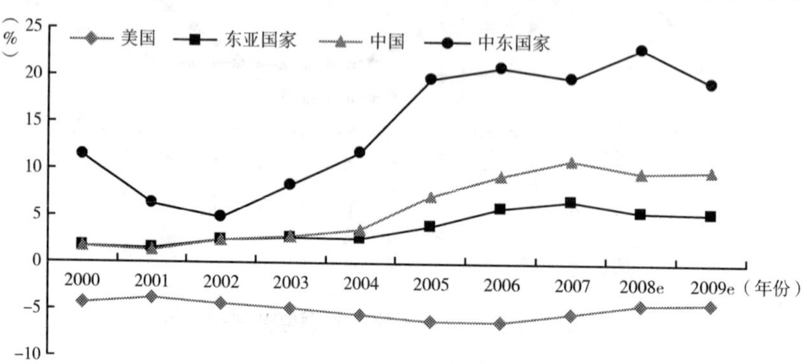

图9 国际收支失衡状况

注：该指标为各国经常项目余额占GDP的百分比。

资料来源：IMF, *World Economic Outlook*, April 2008。

77%)，增长了 3.7 倍。相比之下，工业化国家外汇储备同期内仅增长了 1.1 倍。[①] 由于冲销注定是不可持续的以及不完全的，因此东亚国家和石油输出国外汇储备的累积必然导致国内货币和信贷的增长，加剧了国内的流动性过剩。此外，这些国家外汇储备的绝大部分，又投资于发达国家金融市场，尤其是美国国债市场。这就压低了全球金融市场的长期利率，加剧了全球范围内的流动性过剩，并推动全球资产价格上涨。

再次，次贷危机爆发后，美国政府并未采取国内结构性调整（例如压缩居民消费）措施来应对危机，而是实施了历史上前所未有的宽松货币政策。一方面，美国政府在很短时间内将联邦基金利率从 5.25% 调降至 2% （见图 10），另一方面，美国政府通过各种创新型信贷机制向商业银行和投资银行提供了数千亿美元的贷款。最近，美国政府又将花费数千亿美元来完成房利美与房地美的国有化。这些措施固然有利于尽快缓解金融市场上的流动性短缺与信贷紧缩，避免出现大面积的金融机构破产，尽快恢复美国金融市场的顺利运转。然而在本国依然面临比较严峻的通货膨胀的前提下实施如此宽松的货币政策，则很容易加剧未来的通胀压力。此外，美国政府的宽松货币政策也将加剧全球范围内的流动性过剩。虽然欧洲央行迄今为止尚未下调基准利率，但市场普遍预期欧洲经济将在 2008 年年底以及 2009 年年初显著放缓，欧洲央行也即将步入降息周期。美国政

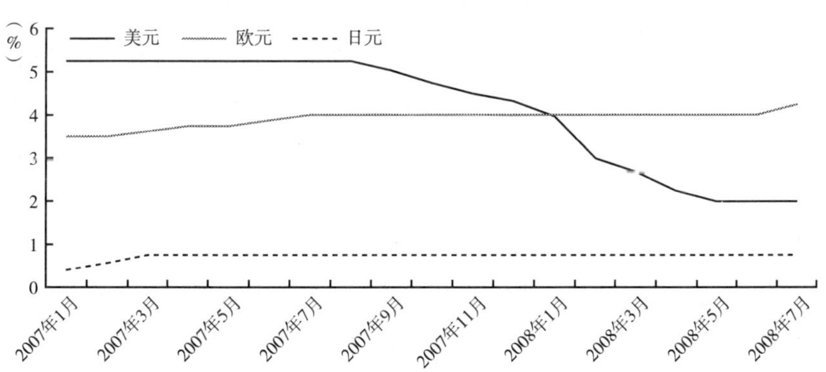

图 10　次贷危机以来全球基准利率的变动

资料来源：美元利率来自 ECONSTATS，欧元利率来自 ECB，日元利率来自 BOJ。

---

① 相关数据引自 IMF COFER。

府连续下调基准利率是造成美元在2007年下半年至2008年上半年加速贬值的根本原因，这无疑加剧了全球能源以及初级产品的价格上涨。此外，基准利率的下调降低了机构投资者的融资成本，而机构投资者在原油以及粮食期货市场上的大规模投机行为也是导致全球能源及初级产品价格飙升的重要原因。

四　全球通胀的未来发展趋势

从目前来看，全球通胀的未来发展趋势确实存在着相当大的不确定性。推动全球通胀率上升以及下降的因素同时存在。通胀的未来走势关键取决于主要央行对未来增长形势的判断以及能否针对增长形势及时调整货币政策。如果应对不当，全球经济可能陷入类似于20世纪70年代的滞胀困局。

推动全球通胀率上升的因素同样包括实体因素和金融因素。

从实体因素来看，原油和粮食的供求缺口问题尚未得到根本性解决，无论是供给还是需求都依然缺乏价格弹性，这导致供求缺口可能持续存在；现在我们还不清楚，全球范围内的气候异常变化是短期现象还是长期趋势；来自中国、印度等发展中大国对能源和初级产品的强劲需求将作为一种结构性因素而长期存在；发达国家尚未真正反省生物燃料战略的合理性以及必要性；卖方垄断的市场结构几乎不可能改变；中东地区的地缘政治格局依然紧张并随时有可能恶化。

从金融因素来看，美联储为应对次贷危机冲击而实施的宽松货币政策必然会加剧美国乃至全球的流动性过剩；东亚国家和中东国家外汇储备的积累速度尚未显著放慢；欧洲央行以及英国可能在2008年下半年和2009年上半年步入降息周期。过多流动性追逐有限商品的问题将持续存在。

推动全球通胀率下行的最重要因素是发达国家（尤其是美国）经济可能陷入较长时间的衰退。在次贷危机的冲击下，美国的居民消费、企业投资和房地产投资均显著下滑，目前仅仅依靠出口和存货投资来维持有限增长。从消费者信心指数、耐用品订单等现行指标来看，美国的消费和投资可能进一步下滑，美国经济依然可能陷入技术意义上的衰退。而欧元区的问题似乎尚未充分暴露出来，一方面很多欧洲商业银行也在次贷危机的冲击下亏损惨重，它们的损失尚未充分披露；另一方面，美国的经济下滑已经严重挫伤了欧元区的出口。因此，市场普遍认为2009年将是欧元区经济非常困难的一年。考虑到从存量意义上而言，美国和欧盟依然是全球能源和初级产品市场最重要的消费者，如果这两大经济体陷入真正意义上的衰退，这会导致它们对能源和初级产品的需求显著下降，从而逆转之前的价格上升趋势。例如，对发达国家经济增长前景的担忧已经导致原油价格从2008年7月初的每桶140美元以上跌至目前（2008年9月初）的100美元上下，跌幅达到将近30%。

因此，问题的关键在于，美国以及发达国家经济是否会真正陷入衰退，以及衰退持续的时间。如果美国以及发达国家经济不会陷入衰退，或者陷入衰退的时间很短，那么它们将会很快恢复增长，全球能源和初级产品市场的基本面不会发生根本性变化，在全球流动性过剩的推动下，全球通货膨胀率将会继续上升。而如果美国以及发达国家经济陷入较长时间的衰退，从而启动结构性调整的话，则全球能源与初级产品市场会面临需求急剧下滑的压力，原油与粮食价格将显著下降，导致全球通胀压力下滑，甚至可能重新面临全球通缩的局面。可以说，目前全球经济走向处于一个非常敏感的时期。

在这种情况下，对于发达国家央行而言，准确预测未来的经济走势，以及根据经济走势的变化尽快调整货币政策的力度和方向，则是非常严峻的任务。如果美国经济并未陷入衰退或者衰退的程度很浅，而美联储却长时间实施宽松货币政策的话，则全球通货膨胀的阴影很可能重新袭来，甚至可能重演20世纪70年代的滞胀困局。而要避免痛苦的“滞胀”重演，关键在于央行应将居民的通货膨胀预期保持在较低水平上，从而避免出现工资—通胀水平的螺旋上升（Lupton，2008）。这就意味着央行应严格坚持通货膨胀目标，一旦实际通胀水平超过通货膨胀目标水平，就必须顶住利益集团压力而尽快实施紧缩。

结　论

尽管从理论上而言，全球化通过增加廉价商品的供应以及加剧商品与劳动力市场上的竞争，有助于降低全球通胀。然而，中国、印度等发展中大国融入全球经济，将导致非核心产品对核心产品的相对价格上升，甚至出现超调。此外，主要国家中央银行的政策性失误也会导致全球通胀压力上升。

2006年以来，全球范围内通货膨胀率显著上升。从实体层面来看，这主要是由全球能源及初级产品价格上涨所导致的。导致全球原油及粮食价格飙升的因素则包括：持续的供求缺口、作为计价货币的美元贬值、市场上的卖方垄断以及期货市场投机对现货价格的推动。从金融层面来看，全球通胀是由全球流动性过剩推动的。全球流动性过剩的根源则包括：发达国家央行未能针对经济复苏及时收紧货币政策、全球国际收支失衡导致外汇储备累积，以及美国政府通过扩张性货币政策来应对次贷危机的冲击。

未来时期内的全球通胀走势存在相当大的不确定性。供求缺口的持续存在将会继续提供通货膨胀的上行动力，而以美国为代表的发达国家经济是否会陷入衰退，以及衰退持续的时间长度，则是决定全球通胀是否会有所缓和的关键因素。如果发达国家央行对本国经济走势发生误判，或者未能针对经济走势及时调整货币政策，则世界经济可能重新陷入滞胀困局。

参考文献

黄海洲、侯振海：《负利率下的高增长、低通胀——美国增长新范式呼唤全球投资新视野》，中国国际金融公司研究部，2008 年 2 月 18 日。

张明：《流动性过剩的测量、根源和风险涵义》，《世界经济》2007 年第 11 期。

Borio, Claudio and Filardo, Andrew, Globalisation and Inflation: New Cross-country Evidence on the Global Determinants of Domestic Inflation, *BIS Working Paper* No. 227, May 2007.

Buiter, Willem H., Prospects for Global Inflation, European Institute, London School of Economics and Political Science, 20 October, 2006.

Calza, Alessandro, Globalisation, Domestic Inflation and Global Output Gaps: Evidence from the Euro Area, *ECB Working Paper Series* No. 890, April 2008.

IMF, Food and Fuel Prices-Recent Developments, Macroeconomic Impact, and Policy Responses, Prepared by the Fiscal Affairs, Policy Development and Review, and Research Departments, June 30, 2008.

Krichene, Noureddine, Crude Oil Prices: Trends and Forecast, *IMF Working Paper* No. 08/133, May 2008.

Lupton, Joseph, Global Inflation: That 60s Show, *JP Morgan Chase Economic Research*, March 14, 2008.

Noyer, Christian, Inflation, Financial Innovation and Monetary Policies: Some Contemporary Challenges, Speech made at GIC and CEPII Conference, Paris, May 13th 2008.

Porter, Douglas and Reitzes, Benjamin, Inflation: China's Next Big Export?, *Economic Research*,

BMO Capital Markets, July 20, 2007.

Rogoff, Kenneth, Globalization and Global Disinflation, Paper prepared for the Federal Reserve Bank of Kansas City conference on Monetary Policy and Uncertainty: Adapting to a Changing Economy, Jackson Hole, WY, August 28 - 29, 2003.

Sibert, Anne, Globalisation and Inflation, briefing paper for the Committee on Economic and Monetary Affairs of the European Parliament for the quarterly dialogue with the President of the European Central Bank, December 2007.

Tytell, I. and Wei, S., Does Financial Globalization Induce Better Macroeconomic Policies, *IMF Working Paper* No. 04/84, 2004.

The Situation, Roots and Trend of the Current Global Inflation

Zhang Ming

Abstract: World economy has been facing increasing inflation pressure since 2006, which is the first round of inflation in the era of the new wave of globalization. Theoretically, globalization helps to ease inflation. However, as the large developing countries such as China and India integrate into the world economy, there will be an increasing gap between core inflation and headline inflation. Moreover, global excess liquidity has been pushing up global inflation rate. This paper analyzes the roots of current global inflation from the aspects of both real economy and monetary economy, and predicts its trend in the foreseeable future which is full of uncertainties. Whether central banks of developed countries adjust their monetary policy in response to uncertain development of global inflation is of vital importance to world economy.

Key Words: Global Inflation; Globalization; Commodity Price Surge; Excess Liquidity

全球粮食价格飙升：根源、影响及对策*

张　明**

摘　要： 本文分析了2006～2008年全球粮食价格上涨的原因、影响及对策。导致本轮粮价上涨的原因是多方面的，本文运用供给与需求、计价货币、市场结构的理论框架进行了总结与剖析。鉴于导致本轮粮价上涨的某些冲击将会持续很长时间，因此未来的全球粮价虽然会有所下落，但依然保持在较高水平。为缓解本轮粮价上涨对世界经济的影响，需要净进口国、净出口国、发达国家与国际组织的密切合作。

关键词： 粮价飙升　供求分析　计价货币　市场结构

引　言

饥饿是粮食的最佳佐料。

——苏格拉底

多年以来，我们一直认为粮食危机已经远离了全球大多数国家，它仅仅继续困扰着一部分最不发达国家。然而自2006年以来的全球粮食价格飙升证明我们错了。各种基础粮食产品的价格急剧上升，这恶化了全球最低收入群体的生存状况，可能将更多的人口拖入贫困，同时激化了社会矛盾。世界银行行长佐利克指

---

* 本文的写作受到中国社会科学院国际研究学部应急研究课题“全球通货膨胀与中国应对措施”资助，在此深表谢意。

** 张明，经济学博士，中国社会科学院世界经济与政治研究所助理研究员，研究领域为国际金融与资本市场。

出，当前的粮食价格危机不仅意味着七年的全球减贫运动成果毁于一旦，[①] 而且可能将低收入国家中新的 1 亿人拖入贫困。[②] 2008 年初至今，已经有 37 个国家因为粮价上涨导致食品短缺而发生骚乱，海地的总统因此下台。[③] 相对于石油价格危机而言，粮食价格危机与人类的生存发展更加息息相关，有着更加深远的社会政治经济含义。何况，目前全球经济同时面临着石油价格和粮食价格的双重冲击。

自 2000 年互联网泡沫破灭以来，发达国家央行普遍实施了极为宽松的货币政策，短期基准利率长期保持在历史低位。而东亚国家和石油输出国则依靠商品和石油出口积累起大量的外汇储备，为国际金融市场提供了充足资金，将全球长期利率维持在较低水平。此外，无论是发达国家还是新兴市场经济体以及发展中国家，在 21 世纪初期都经历了较快的经济增长。在全球流动性过剩的推动以及各国旺盛总需求的拉动下，全球初级产品价格开始进入上升周期。如图 1 所示，从 2003 年起，国际原油和金属价格开始加速上升。2003 年 1 月至 2008 年 6 月，国际原油价格指数上涨了 327%，国际金属价格指数上涨了 227%。[④] 国际粮食价格的上涨滞后于国际原油价格和金属价格，前者从 2006 年初进入快速上升阶段。

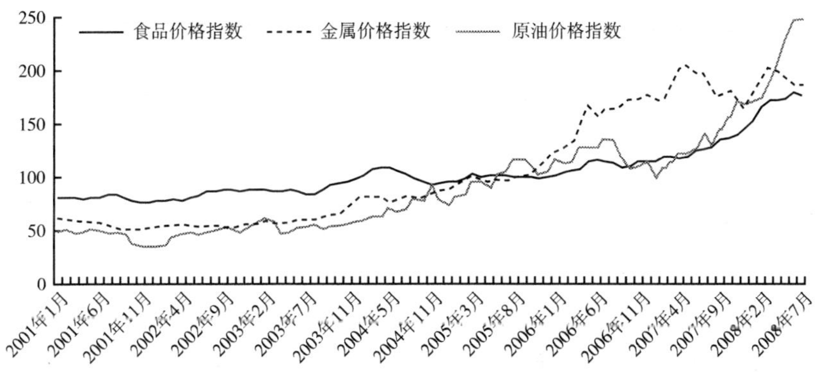

图 1　全球初级产品价格指数飙升

注：2005 年 =100。食品价格指数包含谷物、植物油、肉制品、海产品、糖、香蕉和橙子的价格指数；金属价格指数包含铜、铝、铁矿石、锡、镍、锌、铅和铀的价格指数；原油价格指数是已装船布伦特、西得克萨斯中油和迪拜等三种现货价格的算术平均数。

资料来源：IMF。

① World Bank, Food Price Surge could Mean 7 Lost Years in Poverty Fight, Zoellick Says, April 11, 2008.

② World Bank, Food Price Crisis Imperils 100 Million in Poor Countries, Zoellick Says, April 14, 2008.

③ 路透社：《世界银行：粮食危机看不到尽头》，2008 年 9 月 4 日。

④ 作者根据 IMF 全球初级产品价格指数计算。

2006年1月至2008年6月，国际粮食价格指数上涨了77%。虽然国际粮食价格的上涨幅度不如原油价格和金属价格，但它对世界经济的影响不容小觑。

从四种最重要的粮食产品来看（见图2），2006年1月至2008年6月，大米价格上涨了193%，玉米价格上涨了180%，大豆价格上涨了158%，小麦价格上涨了109%。① 四种最重要粮食产品在过去两年半时间内都上涨了1~2倍，且涨幅远高于国际粮食价格指数。事实上，国际粮价飙升也主要体现在上述四种产品上。

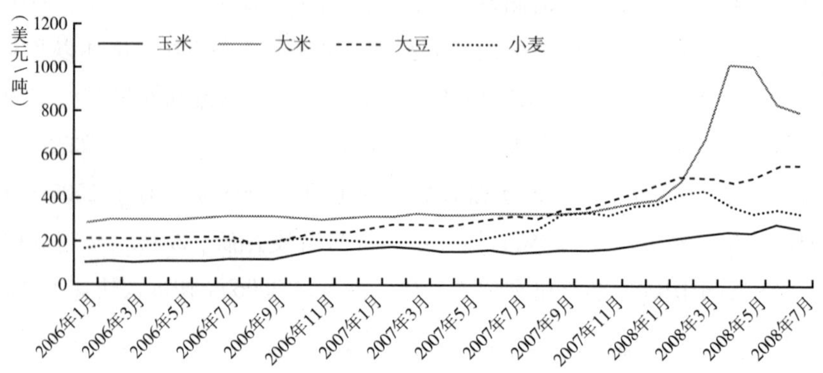

图2 主要粮食产品价格涨幅

资料来源：IMF。

鉴于粮食问题是关系到世界各国国计民生的大问题，全球粮食危机可能危及世界经济格局乃至国际政治体系的稳定，因此，剖析本轮全球粮价飙升的成因，预测价格的未来发展趋势，检视粮价飙升对各国经济的深入影响，以及讨论如何应对全球粮价飙升，具有重要的现实意义。本文的以下部分将逐一探讨上述问题。

一 全球粮价飙升之根源

要全面分析全球粮价飙升的原因，需要一个系统的分析框架。首先，分析任何价格现象，都离不开供给与需求。粮价上升可能与负面的供求缺口（供不应

① 作者根据IMF全球初级产品价格指数计算。

求）有关；其次，由于全球粮食贸易普遍使用美元作为计价货币，因此美元贬值也可能在供求因素之外推高粮价；再次，粮价变动也可能与全球粮食市场的市场结构有关。一方面，卖方寡头垄断的格局可能推高粮价，另一方面，期货市场上的价格投机也可能影响现货市场上的交易价格。因此，我们将从供给、需求、计价货币和市场结构等四个角度来剖析全球粮价飙升的根源。

（一）供给因素

本轮全球粮价上涨，在很大程度上与粮食供应增长缓慢甚至突然下降有关。与供给相关的因素包括主要生产国气候异常、劳动生产率增速下降、原油价格上涨以及主要出口国采取出口限制措施。

1. 主要生产国气候异常

气候异常造成主要生产国产量下降，是导致全球谷物价格上涨的重要因素之一。气候异常导致全球谷物产量在2006年下降了1.3%，尤其是全球小麦产量在2006年下降了4.5%（Mitchell，2008）。澳大利亚一直是排在美国之后的全球小麦第二大出口国。在正常年景，澳大利亚年产2500万吨小麦。但在2006～2007年期间，澳大利亚连续遭遇了117年来最严重的干旱，导致2006年该国小麦产量降至1000万吨以下，2007年仅恢复至1300万吨（Kurata，2008）。与2005年相比，澳大利亚在2006年和2007年的谷物出口量平均下降了920万吨。2007年欧盟和乌克兰的坏收成使得其谷物出口量下降了1000万吨（Mitchell，2008）。缅甸一直是一个大米净出口国，联合国粮农组织原本预计2008年缅甸将出口大米60万吨。然而自2008年5月纳尔吉斯台风（Nargis）登陆后，缅甸不得不在历史上首次进口大米，这进一步推高了全球大米价格。①

2. 劳动生产率增速下降

在很多发展中国家，近年来农业部门劳动生产率增长缓慢，甚至有所下降。例如，很多最不发达国家的谷物产量的年均增长率已经由20世纪80年代的3%～6%下降到目前的1%～2%（UNCTAD，2008）。劳动生产率增长缓慢一方面与耕地质量的下降有关，由于城市化占用了越来越多的优质耕地，目前越来越多的农民被迫在生态极为脆弱的边缘地带耕作，导致单位面积产量下降；另一方面也与

---

① 引自Wikipedia（维基百科），2007－2008 world food price crisis。

“绿色革命”以来过度地使用化肥、除草剂和杀虫剂来提高单位产量有关。此外，针对发展中国家农业的国际援助严重不足，并且近年来不断下降，也间接导致了发展中国家农业部门技术进步的停滞。在1980～2002年间，国际多边机构对发展中国家农业部门的官方发展援助从34亿美元降至5亿美元，下降了85%；发达国家的相应援助从28亿美元降至17亿美元，下降了39%（UNCTAD，2008）。农业部门劳动生产率增速下降不仅困扰着发展中国家，也是一种全球性现象。例如，来自美国农业部的数据显示，受“绿色革命”影响，全球大米产量在1980～2000年间增长了40%；但由于最近10年来水稻种植技术并无重大突破，自2000年至今全球大米产量仅增长了5%（张明，2008）。

3. 原油价格上涨

全球原油价格上涨直接影响到粮食生产和销售的整条供应链：不仅直接提高了农用机械的使用成本、粮食运输成本和加工成本，也通过提高化肥、农药的原材料成本而间接提高粮食生产成本。如表1所示，与原油价格上涨前相比，美国主要粮食作物的单位化肥成本和燃料成本均上涨了1倍左右。对玉米、大豆和小麦生产而言，原油价格上升导致的化肥与燃料成本增加，分别占到总生产成本上升的59%、29%和47%。①

表1　美国玉米、大豆和小麦的生产成本：2002年与2007年的对比

单位：美元/英亩

类　别	玉　米		大　豆		小　麦	
年　份	2002	2007	2002	2007	2002	2007
化　肥	42.51	93.96	6.79	13.94	17.71	33.33
燃　料	18.93	30.98	6.98	16.98	8.67	19.20
总成本	334.31	442.34	232	291.4	175.63	230.76

资料来源：USDA，*Cost of Production Surveys and Forecasts*，July 2008。

4. 出口限制措施

出口限制措施其实是主要粮食出口国应对粮价上涨而采取的对策，包括征收或提高出口关税、实施出口配额或者禁止出口等。为了限制国内粮价上涨，很多

① 作者根据表1相关数据计算。

主要出口国均对粮食出口施加了各种限制。但是出口限制措施显著降低了国际市场上的粮食供应，加剧了国际粮价上涨。例如，随着印度、中国、越南、柬埔寨与埃及等全球主要大米生产国纷纷采取出口限制措施，国际大米价格很快从2007 年第4 季度的每吨300 多美元一度蹿升至2008 年4、5 月的每吨1000 美元以上。①

（二）需求因素

本轮全球粮价上涨，在很大程度上是全球粮食供应增长赶不上需求增长所致。供求缺口造成当前全球粮食存货处于20 世纪70 年代以来的历史最低水平。②在需求增长层面，最重要的因素是美国与欧盟等发达国家实施的生物燃料（Bio-fuel）战略，其次是中国、印度等新兴市场国家进入饮食结构升级阶段，此外还包括发展中国家人均收入上升导致粮食需求价格弹性降低等。我们之所以不将全球人口增长作为需求增长的一个主要因素，是因为全球人口在过去几年内并未呈现出加速增长的趋势。此外，联合国粮农组织的数据显示，全球粮食产量足以养活全球所有人口，全球粮食产量至少是全球人口粮食需求的1.5 倍。在过去20 年内，全球人口年均增长速度约为1.4%，而全球粮食产量年均增长速度超过2%，人口增长速度并没有超过粮食产量增长速度（Holt-Gimenez 和 Peabody，2008）。

1. 生物燃料战略

为应对全球原油价格上涨、降低温室气体排放、保障本国能源安全，以美国和欧盟为代表的发达国家开始实施雄心勃勃的生物能源计划，试图在一定程度上以生物能源替代化石能源。目前生产生物燃料的方式有两种，一种是以谷物和糖类作物来制作乙醇，另一种是用油菜子或者芥花籽油来制造生物柴油。如表2 所示，美国和巴西是2007 年全球乙醇的最大生产国，分别占全球乙醇产量的51%与37%；欧盟是2007 年全球生物柴油的最大生产国，产量占全球生物柴油产量的60%。③

---

① 以上五国合计供应了2007 年全球大米出口的40%（IMF，2008a）。引自IMF 全球初级产品价格指数。

② 全球谷物储备不到54 天（Holt-Gimenez and Peabody，2008）。

③ 作者根据表2 数据计算。

表 2　2007 年各国生物燃料产量

类　别	乙　醇		生物柴油		合　计	
	百万升	百万吨	百万升	百万吨	百万升	百万吨
美　国	26500	14.55	1688	1.25	28188	15.80
加拿大	1000	0.55	97	0.07	1097	0.62
欧　盟	2253	1.24	6109	4.52	8361	5.76
巴　西	19000	10.44	227	0.17	19227	10.6
中　国	1840	1.01	114	0.08	1954	1.09
印　度	400	0.22	45	0.03	445	0.25
印　尼	0	0.00	409	0.30	409	0.30
马来西亚	0	0.00	330	0.24	330	0.24
其　他	1017	0.56	1186	0.88	2203	1.44
全　球	52009	28.57	10204	7.56	62213	36.12

资料来源：OECD（2008）。

2007 年全球玉米产量的 11%（8600 万吨）被用于生产乙醇，2004～2007 年间 70% 左右的玉米产量增量被用于乙醇生产。其中美国的乙醇生产具有重要的全球含义，因为美国的玉米产量占全球产量的 1/3，玉米出口量占全球出口量的 1/2，2007～2008 年间美国将 25% 的玉米产量用于制造乙醇。2007 年全球植物油产量的 7% 被用于制造生物柴油，2004～2007 年间 1/3 的消费增量被用于生物柴油生产（Mitchell，2008）。

不仅如此，美国和欧盟还制订了在中长期内生产更大规模生物燃料的宏伟计划。在 2007 年下半年通过的能源法案中，美国宣称将在 2022 年运用玉米制造 150 亿加仑乙醇，在 2012 年制造 10 亿加仑生物柴油（Mitchell，2008）。欧盟设立了到 2010 年生物燃料在基础能源中的比率达到 12%，而 5.75% 的燃料来自生物燃料的目标（OECD，2008）。

生物燃料战略的实施不仅直接推高了玉米和油菜子的价格，也通过消费和耕地的替代效应提高了其他粮食产品与植物油的价格，并通过饲料成本推高了禽类和肉制品的价格。世界银行 2008 年 7 月的一份未公开研究报告指出，全球粮价上涨约有 75% 是由发达国家的生物燃料战略推动的。①

① 引自 Wikipedia（维基百科），2007－2008 world food price crisis。

2. 饮食结构升级

进入21世纪，中国和印度等新兴市场国家的人均收入水平迅速提高，导致这些国家的居民开始改善饮食结构，特别是增加肉制品、奶制品和加工食品在食品支出中的比重。如表3所示，2005年与1999年相比，中国的人均肉制品消费增长了1.4倍，人均奶制品消费增长了2倍。[①] 由于生产1公斤肉制品或奶制品需要更多的谷物饲料（例如生产1公斤牛肉需要7公斤谷物），这些国家居民的饮食结构升级意味着对全球谷物的需求加速上升。这是一个推动全球粮价上涨的结构性因素，将在中长期内持续发挥作用。

表3　2005年与1999年人均消费的比率

类　别	印度	中国	巴西	尼日利亚
谷　物	1.0	0.8	1.2	1.0
肉制品	1.2	2.4	1.7	1.0
奶制品	1.2	3.0	1.2	1.3
鱼	1.2	2.3	0.9	0.8
水　果	1.3	3.5	0.8	1.1
蔬　菜	1.3	2.9	1.3	1.3

资料来源：Wikipedia（维基百科），2007－2008 world food price crisis。

有观点认为，虽然中国对粮食的需求不断上升，但中国基本上是一个粮食自给自足的国家，只有大豆的进口依存度较高，因此中国因素对于推高全球粮食价格而言作用非常有限。这种观点是似是而非的，因为恰好是大豆的大规模进口才保证了中国其他农产品的自给自足。中国每年要消费4500万吨大豆，其中3000万吨依靠进口，约占全球贸易量的一半。中国每年进口的3000万吨大豆节约了2亿亩土地，约占全国总耕地面积的13%，而这些节约的土地被用于其他农产品的生产（李平等，2008）。另一方面，中国对大豆的进口需求推高了全球大豆价格，导致更多的土地被用于生产大豆，从而推高了其他农产品的价格。因此，中国因素也是推动全球粮价上涨的动因之一。

---

① 作者根据表3数据计算。

3. 全球粮食需求价格弹性下降

新兴市场国家和发展中国家人均收入水平的提高，意味着恩格尔系数（食品相关支出占总支出的比率）的下降，同时也意味着全球范围内人们对粮食的需求价格弹性下降。在过去，一旦小麦价格上升，贫困群体可能不得不勒紧自己的腰带，即通过降低对小麦的购买或者转向更加廉价的其他粮食来应对价格冲击，从而导致对小麦的消费需求显著下降。这有助于尽快改善全球范围内的供不应求，使得小麦价格迅速回落。但是随着发展中国家人均收入水平的提高，越来越多的人对粮食价格的敏感程度下降。因此如果小麦价格上升，对小麦价格的需求可能并不显著下降，这意味着供不应求的局面可能长期持续。要恢复市场供求平衡，粮食价格就必须进一步上升。换句话说，发展中国家人均收入的上升降低了贫困群体传统上的冲击吸收器（Shock Absorber）角色，[①] 导致全球范围内粮食需求的价格弹性下降，其后果是需求对外部价格冲击的反应变慢，从而价格冲击可能持续更长时间。

（三）计价货币因素

作为全球粮食交易最重要的计价货币之一，在供求力量相对不变的情况下，美元相对于其他主要国际货币贬值，也可能推高全球粮食价格。图 3 清晰地描绘出 2006 年 1 月至 2008 年 6 月全球粮价指数与美元名义有效汇率的反向运动过程。在这一时期内，美元名义有效汇率贬值了 13%，而全球粮价指数上涨了 77%。[②] 美元贬值的原因包括：首先，美国长期以来存在巨额经常账户赤字，需要美元贬值以缓解国际收支失衡；其次，2007 年夏季次贷危机爆发后，美联储为缓解金融市场上的流动性短缺和信贷紧缩，在很短时间内将联邦基金利率下调 325 个基点，而欧盟、中国和日本在通胀阴影下保持利率不变、甚至提高了利率，这加剧了美元相对于其他主要货币的贬值。2002 年 1 月至 2008 年 6 月，美国农业部计算的以美国大宗农产品出口为权重的美元实际有效汇率贬值了 26%，如果全球粮食的美元价格相对于美元对欧元汇率的弹性为 0.75，则这一时期内美元贬值导致全球粮食的美元价格上升了 20%（26% ×0.75）（Mitchell，2008）。

---

① 引自 Wikipedia（维基百科），2007 –2008 world food price crisis。

② 作者根据 IMF 的全球粮价指数以及 BIS 的美元名义有效汇率数据计算。

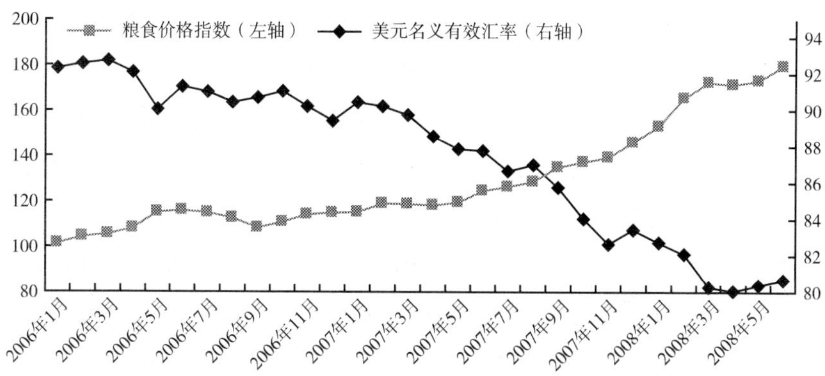

图 3　全球粮价指数与美元名义有效汇率

注：全球粮价指数为 2005 年 = 100，美元名义有效汇率为 2000 年 = 100。
资料来源：全球粮价指数来自 IMF，美元名义有效汇率来自 BIS。

（四）市场结构因素

市场结构因素包括两个方面，其一是全球粮食市场的竞争结构，其二是期货市场行情对现货市场的影响。

1. 卖方垄断的全球粮食市场

40 年前，大多数发展中国家是粮食的净出口国，南方国家总体上每年的粮食贸易盈余约为 70 亿美元。然而 40 年后的今天，南方国家总体上每年的粮食贸易赤字约为 110 亿美元。联合国粮农组织预计这一赤字到 2030 年将会达到 500 亿美元（Holt-Gimenez 和 Peabody，2008）。

发展中国家在 40 年内由粮食净出口国蜕变为净进口国的最重要原因，就在于 IMF、世界银行和 WTO 等国际多边机构所推行的“全球自由贸易”。发展中国家被要求降低农产品的进口关税、取消对本国农产品的补贴，以及取消其他贸易壁垒。但发达国家却可以在某些例外条款的庇护下继续对农产品提供大量补贴。① 发展中国家开放本国农产品市场的唯一结果，就是本国市场被超低价格的发达国家农产品所占据（真正意义上的倾销），本国农民因为竞争不过外国农产品而破产倒闭、被迫转行。

① OECD 国家每年对农业的总补贴高达 2800 亿美元，相比之下 2004 年全球的官方发展援助仅为 800 亿美元（Wikipedia，2007 – 2008 world food price crisis）。

当前很多发展中国家自身的粮食生产体系被严重破坏，全球粮食市场被控制在少数经营谷物、种子、化学和石油的跨国公司手中。目前，米德兰（Archer Daniels Midland，ADM）、嘉吉（Cargill）、邦吉（Bunge）和路易达孚（Louis Dreyfus）等国际四大粮商垄断了全球粮食交易的80%。它们操纵着全球粮食的进出口、食品加工与制造，以及价格的制定。① 化学巨头孟山都（Monsanto）控制了五分之三的种子生产。毫不意外，在2007年第四季度，由于全球粮价上涨，米德兰、嘉吉和孟山都的利润分别上升了20%、60%和45%（Holt-Gimenez和Peabody，2008）。

在一个卖方垄断的全球粮食市场上，定价权在很大程度上掌握在卖方（发达国家跨国公司）手中。全球粮价攀升自然符合这些跨国公司的利益。一旦市场基本面的变化（供求缺口）有利于粮价上升，这些跨国公司会千方百计地推动价格上升，并试图长期将价格维持在高位。

2. 期货市场上的投机因素

全球粮食交易分为现货与期货两个市场。这两个市场的价格具有内在联动的趋势：现货价格既可以通过改变交易者未来预期而影响期货价格，具有“价格发现”功能的期货市场的价格变动也可能通过改变交易者当前预期而影响现货价格。

自2007年夏季美国次贷危机爆发后，机构投资者抛售风险资产的“羊群行为”导致全球股票市场持续下跌，大量资金从股票市场撤出，进入包括原油、金属和粮食在内的期货市场进行炒作。投机性资金的炒作是全球大宗商品期货市场价格飙升的重要原因之一。例如，美国商品期货交易委员会于2008年5月底宣布，该委员会已经从2007年底开始对纽约原油期货交易市场进行调查，调查重点是是否存在价格操纵行为。据从事资讯服务的芝加哥农业资源公司统计，自2007年11月份以来，对农产品期货市场的投资已经从250亿美元猛增至650亿美元（彭明辉，2008）。

大量投机性资金进入期货市场导致全球粮食期货价格上涨，已经是不争的事实。不过，就期货市场的炒作能否溢出到现货市场，目前还存在争议。例如，一种观点认为，毕竟只有当投机者在现货市场上大量买入粮食产品，他们才能推高

① 引自www.rologo.com。

现货价格，这必然反映为存货数量的上升。但是自本轮全球粮价上涨以来，存货数量一直在下降（Tangermann，2008）。

二　全球粮价飙升之影响

任何商品的价格变化都意味着福利在买卖双方之间的重新分配。全球粮食价格上升，从理论上而言将给粮食净进口国带来负面冲击，给粮食净出口国带来正面影响。

（一）对粮食净进口国的影响

粮价飙升的冲击是全球性的，然而受影响最大的则是那些依赖于粮食进口的中低收入国家。这些国家将面临贫困程度加剧、国际收支恶化、通货膨胀高企等问题。

1. 贫困程度加剧

高度依赖于粮食进口的贫穷国家对于粮价上升的承受能力十分脆弱。在大多数新兴市场经济体和发展中国家中，家庭花在食品支出方面的收入比例通常超过50%（IMF，2008b）。世界银行的一篇报告分析了2005～2007年粮食价格上升对九个国家贫困率（收入低于每天1美元的人口所占总人口的比率）造成的冲击。结果显示，虽然粮价上升对于贫困率的冲击随着产品和国家的不同而迥异，但总体而言，粮价上涨将造成贫困率上升。2005～2007年的粮价上涨造成九个样本国家的贫困率增加了4.5%。如果把这一比率应用于所有低收入国家，这意味着贫困人口增加了1.05亿。考虑到自1984年以来全球贫困率的降低速度为每年0.68%，因此4.5%的贫困率上升相当于过去7年的减贫工作付之东流。此外，世界银行的研究也指出，城市贫民是受到粮价上涨冲击最严重的一个群体，因为城市贫民基本上是粮食的净买方。在全球粮价上涨造成的贫困率上升和收入差距扩大方面，城市比农村更严重（Ivanic and Martin，2008）。IMF估计，发展中国家中营养不良的国民比例在粮价冲击下可能很快超过当前总人口的40%（IMF，2008b）。

2. 国际收支恶化

对于粮食净进口国而言，全球粮价上升意味着进口成本增长，贸易条件恶化，国际收支顺差下降或者逆差上升。在120个非OECD国家的进口构成中，粮

食进口约占16%，这表明粮价大幅上升可能显著恶化某些国家的国际收支状况（IMF，2008a）。IMF的调查发现，2007年1月至2008年4月，更高的粮食价格使得33个贫穷的净进口国（有资格获得IMF减贫与增长贷款的国家）多花费了23亿美元，相当于这些国家2007年GDP的0.5%。2008年春季IMF的世界经济展望预计2007～2008年间全球粮食价格将会上涨18.2%，对上述33个净进口国而言，这意味着进口成本将上升39亿美元，相当于2008年GDP的0.8%（IMF，2008a）。

3. 通货膨胀高企

全球粮价上涨将给粮食净进口国注入外生性通货膨胀压力，食品价格上涨很容易外溢到其他商品和服务，引发物价普遍上涨。同时，食品价格上涨也很容易改变居民的通货膨胀预期，从而触发通胀—工资的恶性循环。在120个非OECD国家的CPI篮子中，食品约占37%，这表明食品价格上涨对于通货膨胀率的冲击是非常显著的（IMF，2008a）。如图4所示，在全球原油价格和全球粮价飙升的双重作用下，东南亚五国的CPI指数均加速上升。其中上涨速度最快的是菲律宾，这是因为菲律宾是全球最大的大米进口国，同时2007～2008年间的大米价格涨幅又是所有粮食产品中最高的。

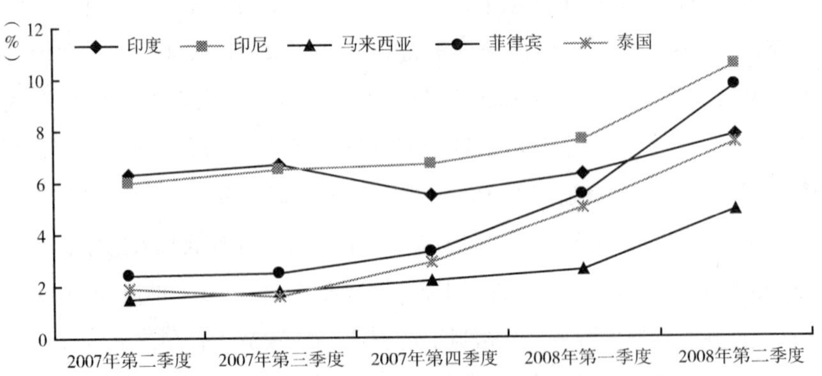

图4　东南亚国家的通货膨胀率（CPI）加速上升

资料来源：CICC。

（二）对粮食净出口国的影响

从理论上讲，全球粮价上涨对粮食净出口国的影响是正面的，这改善了贸易条件、增加了出口收入，有利于改善该国农民的收入状况。但现实中全球粮价上涨依然给粮食净出口国带来了不利影响：第一，全球粮价上涨也导致了粮食净出口国国内粮食价格上涨，加剧了这些国家的通货膨胀压力。如图 4 所示，作为全球大米最重要出口国之一的泰国，在 2007～2008 年间的 CPI 增速也同样惊人。为缓解国内粮价上涨，很多粮食出口国均采取了限制出口措施；第二，对粮食净出口国的农民而言，粮食价格上涨的速度通常赶不上生产成本上升的速度，例如全球原油价格上升导致化肥、农药、收割、运输和加工成本上升。综合而言，本轮全球大宗商品价格上涨，对粮食净出口国农民的冲击甚至也可能是负面的。

三　全球粮价飙升之对策

要讨论如何应对全球粮价飙升，首先需要对本轮粮食价格冲击是暂时的还是持续的作一个大致判断。如果本轮粮食价格冲击是暂时的，那么可能只需要采取一些短期的或临时性措施来应对；如果本轮粮食价格冲击是长期的，那么就需要短期应急措施与长期基本政策的搭配组合。我们将从粮食净进口国、粮食净出口国、发达国家和国际组织等几个层面来进行分析。

（一）全球粮价的未来走势

从造成全球粮价上涨的主要因素来看，有些因素是短期性的，例如主要粮食生产国的旱灾、美元贬值、期货市场上的投机等，这些因素对全球粮价的影响可能很快消逝；有些因素是持久性的，例如生物燃料战略、新兴市场国家的饮食结构升级、粮食需求价格弹性下降等，这些因素对全球粮价的冲击可能持续很长时间；还有一些因素很难估计是短期的还是长期的，例如农业部门劳动生产率下降，原油价格冲击等，它们对全球粮价的冲击持续程度还有待观察。但是总体来看，由于导致本轮粮价上涨的某些冲击将会逐渐消逝、某些冲击将会持续存在，因此对未来粮价走势的一个合理预测可能是，在未来 5～10 年的粮食价格，可能会在 2008 年上半年的高价位上有所回落，但是不会回到本轮粮价上涨前的低水平上去。

世界银行前景发展局（DECPG）对未来全球主要粮食产品价格的预测与我们的上述判断相一致（见表 4）。每种产品在 2009、2010 年和 2015 年的价格都将低于 2008 年的高点，但是普遍高于 2007 年的水平。OECD 和联合国粮农组织对于2008～2017年农业展望的估计与我们的判断也比较一致：考虑到供给与需求的动态变化，主要农产品在未来10年内的价格要显著高于过去10年内的价格，如果将2008～2017年的平均价格与1998～2007年的平均价格相比较，则牛肉和猪肉价格可能上涨20%，原糖和白糖价格可能上涨30%，小麦、玉米和脱脂奶粉价格可能上涨40%～60%，黄油和油菜子价格可能上涨60%，蔬菜油价格可能上涨超过80%。在未来10年内，价格可能以缓慢速度逐渐下滑，但未来农产品价格的波动性可能会加强。主要理由包括：粮食存货水平在未来10年内难以迅速恢复、粮食需求对价格变动的敏感度下降（食品消费在总支出中的比重下降）、气候变化导致农产品产量的波动性增强、投机性资金频繁进出农产品期货市场（OECD和FAO，2008）。

表4　主要农作物实际价格指数的预测

年　份	2007	2008	2009	2010	2015
玉　米	141	179	186	176	155
小　麦	157	219	211	204	157
大　米	132	201	207	213	192
大　豆	121	156	150	144	127

注：2004年=100。
资料来源：DECPG。

（二）粮食净进口国的对策

对粮食净进口国而言，它们面临的最大挑战是如何在保持宏观经济稳定的前提下，满足国民对粮食的消费需求。

在财政政策方面，粮食净进口国面临如下政策选择：第一，向最脆弱群体提供现金转移支付；第二，针对农产品价格实施普遍的补贴；第三，降低农产品进口关税以及增值税；[①] 第四，构建粮食安全储备。在以上四种选择中，向最脆弱群体提供现金转移支付被认为是最佳方案，这种方案既能够保障最贫困群体获得及时援助，又能够避免扭曲价格，并保持对粮食生产者的激励，同时对政府财政

① 目前已经有24个国家降低了粮食的进口关税与增值税（World Bank，2008）。

的冲击相对较小（IMF，2008a）。次优方案是降低粮食的进口关税与增值税，这同样有利于降低最终价格。普遍的农产品价格补贴与构建粮食安全储备的财政成本太高，且效果值得怀疑，前者还扭曲了价格信号（World Bank，2008）。实施上述政策都意味着政府的财政收入降低或财政支出上升，政府的财政赤字将会恶化。对于那些原本就存在显著财政赤字的国家而言，实施财政扩张政策的空间非常有限。它们或者需要降低在其他领域的财政开支，或者需要接受外部援助。

在货币政策方面，虽然货币政策对于抑制输入型的成本推动型通货膨胀的效力有限，但是在防止食品价格上涨溢出到其他产品方面，从紧货币政策还是能发挥相当作用的。尤其是对那些国内原本存在需求过热的经济体而言，更有必要实施紧缩性货币政策。

在汇率政策方面，对于粮食的净进口国而言，如果外生性粮食价格冲击被认为是永久性的，那么这些国家可以通过实际汇率贬值来改善国际收支。但是如果粮食进口占总进口额的比重很高，汇率贬值初期国际收支水平有可能进一步恶化（IMF，2008a）。

在中长期内，粮食净进口国还面临着如下挑战，即如何降低本国经济对进口农产品的依赖程度，保障本国的粮食安全。这一方面需要政府扩大对本国农业的投资，尤其是对研究开发领域的投资，提高农业部门劳动生产率；另一方面也要警惕农产品自由贸易对本国粮食生产体系的冲击，运用恰当手段来降低跨国公司对本国粮食市场的操纵，为本国农民制造更强烈的从事农业生产的激励。

（三）粮食净出口国的对策

对粮食净出口国而言，它们应该取消对粮食出口的限制。粮食出口限制一方面导致全球粮食市场上供应减少，加剧了全球粮价上涨，另一方面也导致粮食净出口国的出口收入下降，粮食生产者福利受到损害（IMF，2008a）。当然，如果取消出口限制，粮食净出口国国内粮价可能出现更大幅度上涨，政府可以利用出口收入的增加去补贴低收入阶层，缓解粮价上涨造成的不利冲击。

（四）发达国家的对策

一方面，发达国家必须重新审视生物燃料战略。生物燃料的生产既是本轮全球粮价上涨的罪魁祸首，同时第一代生物燃料的生产技术能够在多大程度上提高能源使用效率以及降低温室气体排放还值得怀疑。如果发达国家没有给生物燃料工程提供巨额补贴，以及在燃油使用上实施了某些强制性消费生物燃料的规定，那么生物燃料的成本要远高于化学燃料的成本。因此，发达国家应该降低对生物燃料工程的财政补贴，同时取消对乙醇等产品的贸易壁垒，加大从能够以更高效率和更低成本生产生物燃料的国家（例如巴西）的进口数量。

另一方面，发达国家应该加强对低收入国家的官方援助水平，尤其是集中于降低贫困和农业发展方面的援助。

（五）国际组织

要有效缓解粮价飙升对世界经济的冲击，需要发展中国家、发达国家和国际组织之间开展更加紧密的合作。对于 IMF、世界银行、WTO 等国际多边组织而言，第一，它们应该加大对低收入国家的贷款力度，帮助它们尽快渡过难关；第二，它们应该就粮食净进口国如何在保证宏观经济稳定的前提下保障粮食安全提供具体的政策建议；第三，国际组织应该反思在现行框架下推进国际贸易一体化的过程。当前的全球贸易体系给予了发达国家过多的豁免或特权，却一味强迫发展中国家开放市场。几十年来绿色革命和自由贸易的结果，是发达国家强化了自己在全球粮食市场上的顺差国地位，而发展中国家甚至连本国粮食安全都难以保障。发达国家对本国农业部门的补贴是全球粮食市场上的最大不平等，这个问题也是多哈回合谈判屡次失败的根源。如果发达国家不以身作则、国际组织继续偏袒发达国家，那么真正意义上的“平等、自由、发展的全球贸易体系”就不过是一句空谈。

结　论

自 2006 年年初以来，全球主要粮食产品价格均大幅飙升。导致全球粮价上涨的原因很多，我们从供给、需求、计价货币和市场结构等四个层面进行了分析。在供给方面，主要粮食生产国气候异常导致的减产、发展中国家农业劳动生产率增速下降、全球原油价格飙升以及出口国应对粮价上涨采取的出口限制措施，推动了粮价上涨；在需求方面，拉动粮价上涨的因素包括发达国家实施的生物燃料战略、新兴市场国家进入饮食结构升级阶段、人均收入上升导致粮食需求

的价格弹性下降；作为计价货币的美元贬值、全球粮食市场上的卖方垄断以及粮食期货市场上的投机，也是导致全球粮价上涨的重要因素。

对粮食净进口国而言，全球粮价上涨加剧了低收入阶层的贫困程度、恶化了国际收支状况、注入了通货膨胀压力；对粮食净出口国而言，虽然出口收入有所增加，但也面临着通胀压力加剧、粮价上涨带来的收入增长被生产成本上涨所抵消等问题。

鉴于导致本轮粮价上涨的某些冲击将会持续地发挥作用，未来的粮价虽然有所回落，但仍将在高位运行，这意味着各国政府与国际组织需要同时采取短期措施与长期对策。对粮食净进口国而言，需要加大对最脆弱群体的现金补贴，降低粮食进口关税与增值税，必要时采取从紧货币政策和实施实际汇率贬值；粮食净出口国应该取消对粮食出口的限制；发达国家应重新审视生物燃料战略，取消对生物燃料的补贴和贸易壁垒，同时加大对发展中国家的官方援助水平；国际组织应加大对低收入国家的贷款力度，提供更加具体的政策建议，以及反思自己致力于推行的偏向于发达国家的贸易自由化进程。

参考文献

李平等：《高粮价颤音》，2008 年 2 月 25 日《经济观察报》。

彭明辉：《世界粮食危机的成因与台湾的农业对策》，台湾清华大学，2008。

张明：《全球粮食价格上涨的根源及影响》，中国社会科学院国际金融研究中心财经评论系列，No. 08031，2008 年 5 月 16 日。

Holt-Gimenez, Eric and Peabody, Loren, From Food Rebellions to Food Sovereignty: Urgent Call to Fix a Broken Food System, Institute for Food and Development Policy, May 16, 2008.

IMF (2008a), Food and Fuel Prices-Recent Developments, Macroeconomic Impact, and Policy Responses, Prepared by the Fiscal Affairs, Policy Development and Review, and Research Departments, June 30, 2008.

IMF (2008b), Price Surge Driving Some Countries Close to Tipping Point, IMF Says, Press Release No. 08/156, July 1, 2008.

Ivanic, Maros and Martin, Will, Implications of Higher Global Food Prices for Poverty in Low-Income Countries, Policy Research Working Paper No. 4594, World Bank, April 2008.

Kurata, Phillip, Multiple Factors Drive up Global Food Prices, www. america. gov, 30 May

2008.

Mitchell, Donald, A Note on Rising Food Prices, Policy Research Working Paper, No. 4682, World Bank, July 2008.

OECD, Economic Assessment of Biofuel Support Policies, 2008.

OECD and FAO, *OCED-FAO Agricultural Outlook 2008 – 2017*, 2008.

Tangermann, Stefan, What's Causing Global Food-price Inflation, Commentary, www. resourceinvestor. com, 23 July 2008.

World Bank, Rising Food Prices: Policy Options and World Bank Response, Background Notes, April 2008.

The Hike of Global Food Prices: Roots, Impacts and Solutions

Zhang Ming

Abstract: This paper gives an overview of the roots, impacts and solutions in regard to the rise of global food price beginning in 2006. There have been various causes for the current price hike. This paper analyzes the issue using a theoretical framework covering various variables including demand and supply, denominated currency and market structure. We predict that because some forces behind the rise of global food price will persist for a long time, the future food price will remain at a high level. In order to mitigate the impacts of global food crisis on the world economy, there is a need of a closer cooperation among the major players including the net importers, the net exporters, developed countries and international organizations.

Key Words: Food Price Hike; Demand-Supply Analysis; Denominated Currency; Market Structure

高油价与中国宏观经济*

张　斌**

摘　要：本文描述了此轮油价上涨的特征和原因，从理论层面分析了高油价对宏观经济的作用机制并给出了过去研究在实证层面得到的主要结论，结合中国情况讨论了高油价对中国通货膨胀和产出水平的影响，最后给出了货币政策和能源价格政策方面的建议。

关键词：油价　通货膨胀　产出　货币政策　能源价格

2008年，全球都笼罩在高油价对通货膨胀和经济增长的威胁当中，中国也不例外。仅是2008年上半年，同样的进口数量，如果按照2007年同期价格计算，中国要为油价上涨多付出大约260亿美元。这不仅对企业成本带来直接影响，还会间接影响信心和金融市场的稳定性。企业、消费者和政府对此做出的后续反应也最终会反映到物价水平、总产出等宏观经济指标当中。本文将分四个部分回答以下几个问题：（1）此次全球油价上升的严重程度如何？哪些原因造成了油价飙升？（2）过去研究当中如何看待高油价对宏观经济影响的作用机制？（3）结合中国自身情况看，高油价对中国宏观经济影响如何？（4）中国应该以何种对策应对高油价对宏观经济的冲击。

* 本文的写作受到中国社会科学院国际研究学部应急研究课题“全球通货膨胀与中国应对措施”资助，在此深表谢意。

** 张斌，中国社会科学院世界经济与政治研究所国际金融室，副研究员，主要研究方向为国际宏观经济学。

一　油价上涨的特征事实和原因

（一）此轮全球油价上涨的特点

图 1 表示每桶原油美元价格的对数值，再乘以 100，两个相邻点之间的差距近似表示了石油价格上涨的幅度。从图 1 中我们看到，1972 年以来世界经历了三次比较显著的石油价格上涨，除了 1973 年和 1979 年前两次石油危机，最新一轮石油价格上涨自 2002 年开始启动，一直延续至今。

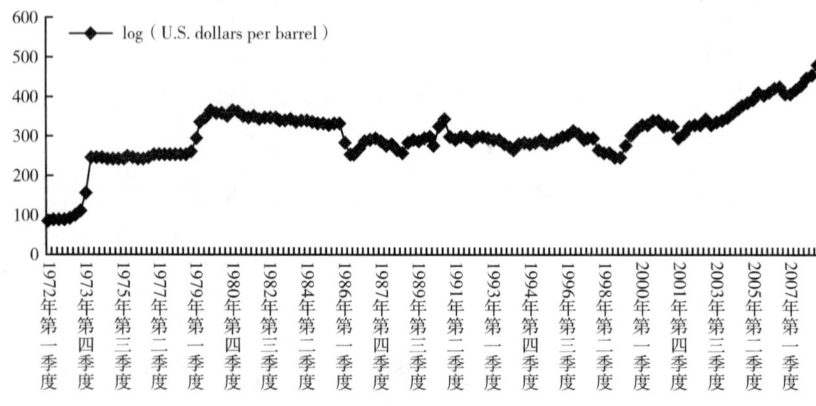

图 1　1972～2008 年全球油价上涨

数据来源：IMF，2008。

与前两轮油价上涨相比，此次油价上涨有下面几个特点：（1）持续时间长。从 2002 年开始显露持续上涨趋势，一直持续到 2008 年，油价上涨持续 6 年；（2）总体幅度大。从 2002 年油价每桶 21 美元开始，一路上升到 2008 年超过 100 美元，其间在 2008 年第二季度曾经达到过最高点 147 美元。（3）年均价格增速相对温和。比较前两次战争引起的油价飞涨，2002 年以来历年油价上涨幅度不超过 100%，年均涨幅远低于两次石油危机期间骤然的价格翻番。

（二）中国进口原油数量与价格变化

图 2 中，菱形标志线代表进口原油价格对数乘以 100，方形标志线表示进口

数量自然对数乘以 100，两条线上两个相邻点之间的差距近似表示增长速度。2002 年至今，进口石油价格呈现了趋势性的上涨，与此同时，原油进口数量也保持了趋势性上涨。通过与图 1 对比，不难看出国际原油价格伴随着中国进口石油价格的上涨而上涨，但这并没有影响中国进口石油保持趋势性增长。

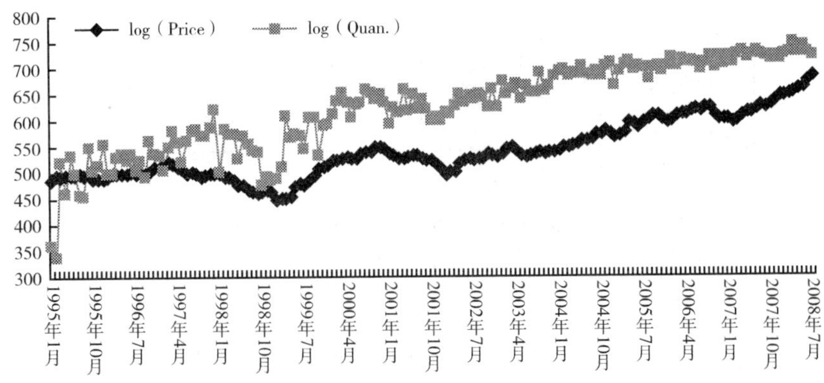

图 2　1995 ~ 2007 年油价上涨与进口原油数量

数据来源：中国经济信息数据库，海关统计。

进口原油价格上涨给中国带来了巨大的成本。2008 年 6 月，石油进口成本大约 850 美元/吨，10 年前的进口价格只有 118 美元/吨，价格上升了近 7 倍。仅 2006 年上半年，原油进口数量比上年同期增长 11%，但是所付出的进口总价值比上年同期增长 85.2%，中国要为油价上涨多付出大约 260 亿美元，折合人民币大约 1800 亿元。

（三）原油消费在国民经济中的比重变化

在石油价格的上涨和石油消费增加的双重作用下，石油支出占 GDP 的比重不断上升。如图 3 所示：该比重从 1997 年的 3% 上升到 2007 年的 8%，这个比重远远超过发达国家平均水平（美国目前大约为 4%）。10 年当中，石油消费的平均年增长率为 6.6%，价格平均年增长率为 17.6%，价格上升是石油消费在国民经济中比重上升的主要原因。

（四）油价上升的原因

与 20 世纪 70 年代两次由于战争和禁运引发的石油价格暴涨不同，此次石油

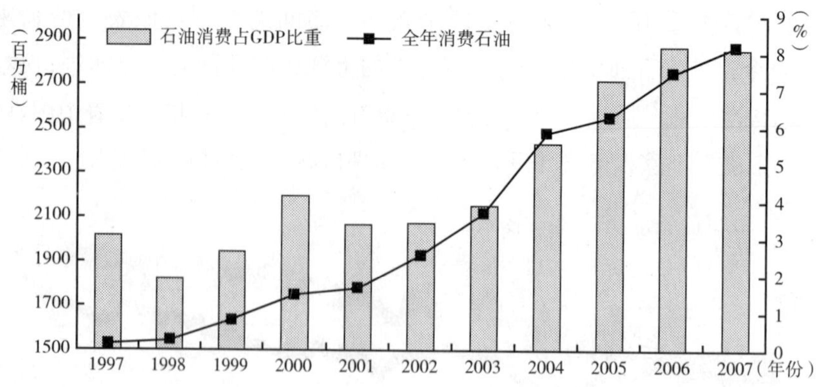

图 3　1997～2007 年石油消费及其在国民经济中的比重

数据来源：BP，*Statistical Review Full Report Workbook*，2008，经作者加工得到。

价格上涨过程中供给方并没有因为突出的意外事件引起剧烈变化。但是学者一致认为，在经历了过去几十年石油生产能力过剩的格局之后，需求的增长已经基本上赶上了石油供给能力。而且，在不断提高的投资成本、技术难度、地缘政治以及政治约束等多方面因素的影响下，石油生产和运输能力扩张缓慢（IMF，2008），这让更多人相信供给方将赶不上未来需求的持续扩张。石油产量的峰值论（Peak Oil Hypothesis）和中东、俄罗斯、尼日利亚、委内瑞拉等地区不稳定的地缘政治被普遍用来解释当前的油价上涨。

需求方的快速增长也是推动石油价格上涨的重要原因。不仅以中国、印度、俄罗斯、巴西等为代表的新兴市场经济体有非常突出的经济增长，美国、欧盟与日本等发达经济体也在过去几年中经历了不俗的增长。如图 4 所示：整个全球经济自 2002 年以来经历了一场强劲增长，这也被认为是解释油价上涨的重要因素。

除了供求方的基本面因素，低利率以及来自金融市场的投机活动也会成为油价剧烈波动的原因。较低的利率会促使汇率贬值，特别是美联储的低利率政策带来的美元贬值令以美元表示的石油价格上升更加明显。美元贬值被普遍认为是石油价格上涨的重要原因。除了汇率方面的作用渠道，低利率还通过资产组合渠道影响石油价格。考虑一个国债和大宗商品两种资产的投资组合，国债收益率的下降意味着将原先投资于国债的资金转换为投资于大宗商品更加有利可图，这意味着作为资产的石油价格将会上升直至经过风险补偿后的两种资产收益率重新相

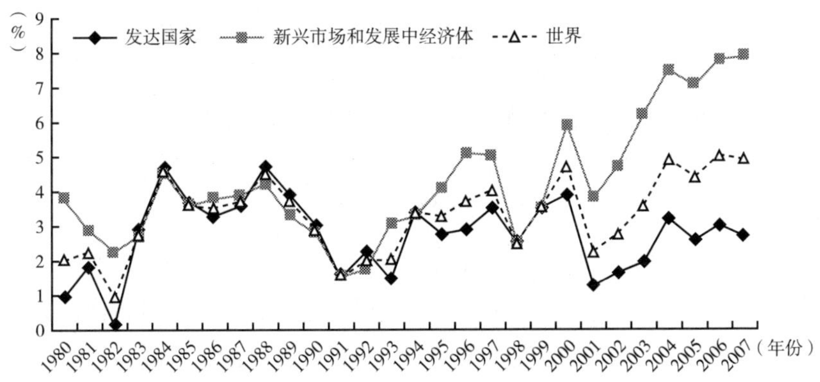

图4　1980～2007年全球经济增长

数据来源：IMF，2008。

等。最后，低利率将激励石油供应商将石油留在地下，而不是开采出来。考虑低利率和高利率两种情况，石油供应商更倾向于在高利率条件下将石油更多地开采出来，这意味着地下的石油资产转换为货币资产以后还可以继续获得较高的收益率。但如果是低利率，石油供应商积极性会降低。投机因素也被认为是石油价格的重要决定因素，但是，投机对价格的影响更倾向于短期内的剧烈波动，而不是中长期的趋势。限于篇幅这里不再进一步讨论，有兴趣的读者可以参阅孙泽生、管清友（2008）。

二　油价上升如何影响宏观经济

虽然普遍认为高油价会给宏观经济带来负面冲击，但是越来越多的研究认为与20世纪70年代相比，当前经济体系中高油价对宏观经济的冲击小很多。我们在这个部分回顾理论界如何认识高油价对宏观经济冲击的作用机制以及实证方面的结论。

（一）早期研究

Bruno和Saches（1979a，b）是讨论石油价格上升对宏观经济影响的早期代表性文章。二位作者将进口中间品引入到总供给与总需求的传统宏观经济学分析框架当中，分析了以石油为代表的中间投入品价格上升对总供给和总需求的比较静态影响，以及货币政策在其中发挥的作用。

总供给方，总产出是产品自身价格的增函数，是真实工资（名义工资相对于产品价格）和其他中间投入品真实价格（中间投入品名义价格相对于产品价格）的减函数。其他条件不变，中间投入品名义价格外生变化引起的真实价格上升会减少总供给，表现为总供给曲线的向左移动。

总需求方，中间投入品价格上升具有双重效应。一方面是替代效应，即当进口中间投入品价格上升以后，利用国内中间品对进口替代品进口替代，这增加了对国内产品的需求；一方面是收入效应，即进口品价格的上升提高了总体商品价格，降低了真实收入，降低了总需求水平。两种效应放在一起使得进口中间品价格上升对总需求的影响不确定。Bruno 和 Saches 认为从实证角度看，如果该国严重依赖中间品进口且国内中间品对进口中间品替代能力有限，进口中间品价格上升对该国构成负面的需求冲击，表现为总需求曲线的向左移动。

综合考虑总供给和总需求两方面的影响，对于较严重依赖石油进口的国家来说，进口石油价格的上升会带来总供给和总需求曲线双双向左移动，总产出将因此下降。

（二）微观层面的解释

20 世纪 80 年代中后期至今的研究更加侧重对石油价格与宏观经济之间微观作用机制的讨论和新兴实证方法的运用。

石油真实价格的上升，石油投入减少，而且其他要素对石油减少部分的替代有限，这会减少总产出。[①] 这个逻辑比较直观，也容易令人接受。但是从实证角度看，这个逻辑得到的结论与现实有很大差距。石油投入减少对总产出的影响近似地等于石油在总产出中的比重乘以石油投入减少的程度，石油投入的比重越大或者是石油投入减少越大，对总产出的影响越大。以第二次石油期间的美国为例，从 1978 ~ 1983 年期间，美国石油消费共减少了 19%，其间石油占 GDP 的比重最高达 8%，这意味着这 5 年期间石油价格上升最多会让 GDP 减少 1.5%，这显然与这个时期严重的经济衰退不相符。单纯考虑石油价格变动通过对石油投入的影响改变总产出还远远不够，需要考虑石油价格变动对另外两个投入要素

① 对这个问题的严格证明参见附录 1。

（劳动和资本）的影响。这是高油价与宏观经济之间作用机制的问题核心。如果是考虑高油价对增加值，而非总产值的影响，对资本和劳动的研究就更加重要，因为高油价带来的石油投入减少并不必然带来增加值的减少。研究对增加值的影响必须考虑高油价对劳动和资本投入的影响。

Hamilton（1988）从市场摩擦的角度解释了高油价对劳动和资本投入的负面冲击。石油价格的突然上升会引起需求的变化，比如从高油耗汽车转向低油耗汽车；或者是生产成本的显著变化，比如密集使用石油相关产品的部门。这些变化都会减少这些部门的劳动和资本需求，要求生产部门进行重新的资源配置，这不可避免会带来摩擦性失业和资本利用率下降。如果劳动和资本转移要付出较高成本，会引起增加值较大幅度的下降。

Rotemberg 和 Woodford（1996）从不完全竞争的市场结构的角度解释了高油价对劳动投入的负面冲击。其中的机制是：具有垄断能力的厂商根据成本加成定价。特别是当石油相关要素价格处于高位时，具有垄断力量的厂商通过串谋行为增加加价比例，这放大了劳动投入和产出的下降。两位作者利用数值模拟的方法比较了完全竞争和垄断竞争市场结构下石油价格上升对增加值的影响，发现前一种市场结构下的石油价格上升对增加值的影响非常有限，只能解释增加值下降的1/4，考虑到垄断竞争市场结构后的模拟结果更加贴近现实情况。

Bernanke（1983）从不确定性角度解释了高油价对新增资本的影响。面对油价的上升，投资者需要判断这是持续的上升还是短暂上升，在这个观望阶段中新增资本减少，增加值也因此下降。Finn（2000）提供了另一种对资本投入的解释。假定资本利用率对应于不同的能源投入的数量，而资本折旧率取决于资本利用率，则较高的资本利用率不仅意味着较高的能源成本，还有较高的资本折旧率。因此在高能源价格阶段，厂商会降低资本利率用，增加值也因此下降。

（三）通过货币渠道的影响

石油价格上涨同时可能通过改变货币政策，进而对产出和价格产生影响。石油价格上涨通过货币渠道对经济的影响表现为两个层面。第一个层面的影响是石油价格上涨带来了总体价格水平上升（石油价格上涨且短期内其他价格保持粘性，即核心通胀并不改变），真实货币余额的减少，这会提高真实利率，并对经济造成负面冲击。打个比方，如果经济正常运行所需要的货币增速是10%，产出的增速是5%，通胀也是5%，真实货币余额增速也是5%。由于外生的石油价格上升使得通胀在短期内上升为10%，真实货币余额增速将因此下降为0，这将会提高真实利率并降低产出。

第二个层面的影响是国内经济个体不满足于第一轮效应带来的真实收入下降。如果工人和厂商都要求为高油价付出的成本做出补偿，工资—价格螺旋上升机制因此启动。对于一个保持产出和通胀水平相对稳定的货币当局，这意味着货币当局必须不断地提高利率以应对通胀预期的上升。真实经济将因此遭受更大的负面冲击。

（四）实证方面的主要结论

石油价格对宏观经济影响的实证研究集中讨论几个问题：（1）石油价格上升是否造成了经济衰退？（2）石油价格对宏观经济的影响是否随着时间的变化而变化？（3）究竟是石油价格上升，还是石油价格上升期间的货币政策变化造成了对宏观经济的冲击？或者说石油价格上涨阶段的宏观经济衰退多大程度上归咎于石油价格本身，多大程度上归咎于货币政策？

Hamilton（1983）关于油价与宏观经济波动的早期著名文章发现除了一次例外，1949～1980年之间的十次经济衰退之前有9次都伴随了石油价格上涨。随后的大多数研究也都支持高油价会对宏观经济带来负面冲击的结论。有趣的是，石油价格变动对宏观经济的影响并非对称，油价上升会带来负面冲击，但是油价下降未必带来正面冲击。Loungnani（1986）、Davis（1987a，b）、Mork（1989）和Mork等（1994）从很多国家的经验研究中都发现了这一点。

两次石油危机期间，发达国家宏观经济出现了非常严重的衰退。但是，2002年以来在同样非常猛烈的石油价格上涨过程中，发达国家和全球经济不仅没有陷入衰退，反而经历了经济增长。这是否意味着油价上升不再对宏观经济造成负面冲击了呢？对此有两种角度的解释。一种解释是20世纪70年代的经济衰退本来就不应该全部归咎于石油价格上涨，还有其他负面因素在发挥作用，比如Barsky和Kilian（2002，2004）以及Blanchard和Gali（2007）的分析。另一种解释是石油价格上涨对宏观经济的冲击正在发生变化。Hooker（2002）和De Gregorio et al（2007）都发现石油价格向通胀的传递发生了非常显著的变化。最值得一提的是 Blanchard 和 Gali（2007）对这个问题的研究，二位作者以 1983 年为分界点，利用脉冲效应函数观察了前后两个时期石油价格上涨对产出和通货膨胀的负面冲击，发现后一个阶段中石油价格上涨带来的负面冲击都显著下降，下降的幅度超过一倍。更重要的是，二位作者以新凯恩斯模型为基础，讨论了为什么会产生这样的变化。他们的结论是，石油消费在国民经济中的比重下降、更具有弹性的劳动力市场，以及更富有保持低通货膨胀信誉的货币政策，共同促成了这些变化。

究竟是石油价格上涨还是货币政策应该为经济衰退负更多责任还没有定论。Darrat 等（1996）发现在控制了利率的影响以后，石油价格对美国产出的影响也随之消失。Bernanke 等（1997）利用标准 VAR 模型和结构性 VAR 模型比较了不同货币政策规则下石油价格上涨对宏观经济的冲击，他们发现与对石油价格变动做出反应的货币政策环境相比，不对石油价格变动做出反应的货币政策环境下的油价冲击对产出的负面影响会小很多，而且影响迅速消失。他们把油价变动与货币政策变动分为两种情况：（1）油价以及相伴随的内生的货币政策同时变动；（2）油价不变，只有货币政策单独变动。然后比较两种不同情况下的产出与物价变动，结果发现两种情况下对产出的负面冲击类似，但是价格变动不同。前一种情况下价格先升后降，后一种情况下价格一直下降。他们认为主要是油价上升之后的内生货币政策收缩，而不是纯粹的油价上升是促成对真实经济影响的主要原因。Leduc 和 Sill（2004）利用动态随机一般均衡模型模拟了固定货币增长率（意味着货币政策不对油价做出反应）和简单的泰勒货币政策规则（意味着货币政策需要为油价带来的初始价格上升内生地做出反应）两种不同政策环境下油价对真实经济的冲击，结果发现前者带来的产出损失要比后者小 37%。Hamilton（2005）指出多数实证类研究还是认为石油价格上涨应该为产出损失负更大责任。

受益于宏观经济理论的发展和各种新兴计量方法的应用，学术界在石油价格对真实经济冲击问题的研究上取得了越来越深入的认识和更多的共识。这些认识和共识主要包括：（1）石油价格上涨不仅会影响石油投入，还会影响到资本和劳动的投入，真实经济所受到的负面影响要比单纯考虑石油投入减少的负面影响要大；（2）劳动、资本等生产要素在不同部门之间的转移成本，价格粘性，不完全竞争的市场结构，以及货币政策油价上涨做出反应，都是促成更多真实经济损失的原因；(3) 20 世纪 80 年代以来，石油价格冲击对宏观经济的影响正在逐渐削弱，这来自于经济结构和货币政策实施的改善。

三　油价上涨对中国经济的影响

(一) 油价对总体物价的冲击

由于价格短期内保持粘性，进口原油价格的上涨会带动短期内整体价格水平的提高。来自中国过去几年的经验也证实了这一点。图 5 中，菱形标志线是进口石油价格（OPI），对应左边的坐标轴；方形标志线和三角形标志线分别代表消费者价格（CPI）和生产者价格（PPI），对应的是右边坐标轴。

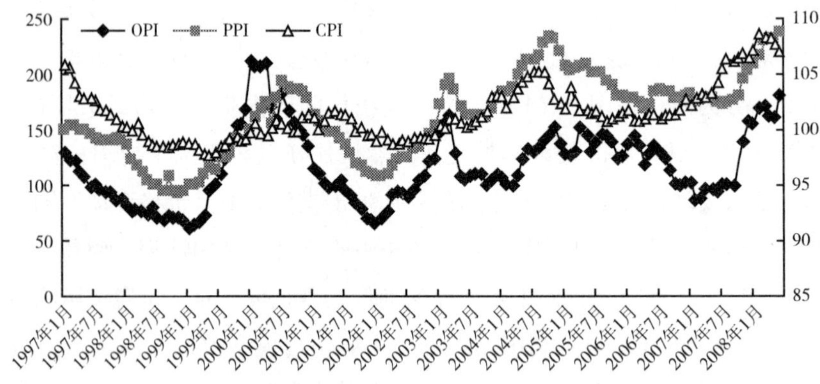

图 5　1997 ~ 2008 年原油进口价格、消费者价格与生产者价格

数据来源：中国经济信息网数据库。

从图 5 不难看出，进口原油价格与工业品价格保持了非常一致的运动趋势，尽管二者在波动幅度上有很大差异。比较而言，消费者价格与进口原油价格的关系比较模糊，样本区间内没有发现持续一致的运动趋势。

利用格兰杰因果关系检验和 VAR 模型，我们发现了同样的结论（见附录 2）：进口石油价格、消费者价格和生产者价格之间的格兰杰因果关系检验表明，原油进口价格变动既是工业品价格变动的格兰杰原因，也是消费者价格变动的格兰杰原因。由这三个变量组成的 VAR 模型表明，10 个百分点的进口石油价格上升会立即伴随接近 0.4 个百分点的 PPI 上升，影响随后迅速下降，12 个月之后影

响基本消除；CPI 在同样幅度的进口石油价格上升之后的第 1 个月只有 0.05 个百分点的上升，5 个月后上升到 0.1 个百分点，15 个月后影响基本消除。

（二）油价对产出的冲击

通过以上对理论和实证研究的回顾，有理由相信油价上升会对经济增长带来负面冲击。考虑中国的情况，一方面是快速的石油价格上升以及石油支出在国民经济中的比重不断提高，另一方面是 2002 年以来伴随着石油价格快速上涨经济增速在不断提高。这说明技术进步、货币扩张、外部需求上升或者是其他因素对（能源、资本和劳动）要素投入带来的正面影响远大于石油价格上涨对（能源、资本和劳动）要素投入带来的负面影响。

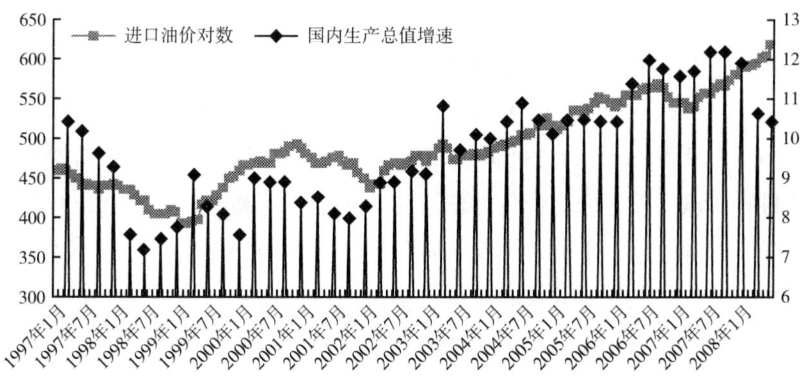

图 6　1997 ~ 2007 年原油进口价格与经济增速

数据来源：中国经济信息网数据库。

实证研究的难点在于很难将石油价格对产出的影响与其他因素的影响分离出来。比如中国经济增长率从 2007 年全年的 11.9% 下滑到 2008 年上半年的 10.4%，这些下降究竟多少归咎于石油价格上升，多少应该由信贷紧缩为代表的宏观调控、次级债危机引发的外部需求下降以及其他的原因来解释，这需要借助设定良好的结构性 VAR 模型或者动态一般均衡模型中数值模拟方法进行分析。这里采取了相对简单的替代办法初步评判石油价格上涨对中国宏观经济的冲击。借用 Hamilton（1983）采用的办法，将产出变量对它的滞后值和进口原油价格滞后值进行回归（参见附录 3）。我们用工业增加值代表产出，石油价格采用了进口原油价格，采用了 9 个月的滞后变量。结果发现 9 个滞后石油价格系数当中只有1个显著，这个唯一显著的系数还是正的，与预期的影响相反。虽然我们不能根据这里得到的系数判断油价对产出带来的影响，但是从统计意义上我们知道，石油价格波动并没有显著地伴随着相应的经济增长变动，这与我们从图5中得到的初步判断一致。

四　如何应对高油价冲击

（一）货币政策

货币政策如何应对高油价冲击？与其根据逆周期的货币政策规则（比如既要保产出，又要保物价的泰勒规则）对高油价冲击做出积极反应，还不如根本不对高油价做出反应，保持既定的货币政策（比如维持固定不变的利率或者固定的名义货币增长速度）。这个结论不仅得到了不同类型实证方法研究的支持（Bernanke 等，1997；Leduc 和 Sill，2004），也符合理论界关于高油价对宏观经济作用机制的认识。外生的高油价冲击意味着短期内更高的价格和产出损失，这些损失来自于价格粘性，来自于不完全竞争的市场结构和市场摩擦，是无法避免的损失。货币政策不能够改变这些损失，但可能改变通胀与产出损失的组合，比如比初始情况更糟糕的通胀和稍好一些的产出组合，或者是稍好的通胀和更差的产出组合。通常，货币当局会选择前者，但是结果并不一定是货币当局最初期望达到的目标。

两次石油危机期间的惨痛教训是货币政策在最初的经济增长下滑和物价温和上涨面前选择了保证经济增长，并因此放松了货币政策。结果是形成了工资和价格的螺旋上升，通货膨胀预期和实际通货膨胀水平都在不断恶化，货币当局不得不采取非常严格的紧缩货币政策遏制通胀，最终的结果是经济增长不仅没有得到保证，反而是更加严重的下滑，同时还伴随了非常高的通货膨胀。

现实中的情况要更加复杂。货币当局面临的不仅仅是石油价格冲击，还可能有其他多重冲击，比如外部需求的变化、货币需求的变化等等，让货币当局无动于衷，坐视通胀上升和经济增长下降非常困难。在更加复杂的情况下，无动于衷的货币政策也可能并非正确。比较稳妥且不会带来太大损失的办法是坚定维护低通胀的货币政策目标，在通胀目标和增长目标之间应该把通胀目标放在首位。稳定的低通胀同时也是避免过度产出损失的最好的办法。

就中国当前情况来看，保持稳定增长的信贷增长和广义货币增长是维护物价基本稳定的关键，这也正是我国货币当局一再强调和贯彻的目标。人民币的积极升值一定程度上抵消了石油以及其他诸多原材料进口品的价格上涨，减缓了由此给中国经济带来的负面冲击。不仅如此，人民币升值对于构建稳定的宏观经济政策环境和矫正扭曲的经济结构都有非常积极的作用，是当前货币政策需要进一步积极推进的地方。

（二）能源价格改革

对成品油的价格管制和进口原油价格的急剧上升让国内炼油企业面临巨额亏损，财政也为此付出很大补贴。因此，能源价格改革成为当前讨论的一个重要问题。我们需要把这个问题分开来看：究竟是成品油价格本身的问题，还是价格形成机制问题。成品油的人民币价格一定被低估了吗？在美国，一个汉堡的价格大约能购买到 2 升汽油；在中国，一个汉堡的价格却只能换到 1 升汽油。这样来看中国汽油的相对价格并不便宜，至少我们不能轻易断言：从相对价格角度看中国的成品油价格一定给低估了。如果人民币汇率恢复到合理水平上，比如说升值 20% 至 30%，中国的成品油税前价格既不比国外便宜，国内炼油企业也不会有大面积亏损。这意味着如果是单纯讨论价格，则问题在于汇率，而不是成品油价格本身。如果是谈油价的形成机制，管理当局自然应该放松价格管制，但前提是放松行业准入和建立公平竞争环境。如果没有这个前提，政府放弃定价权的后果是让几大石油公司垄断定价，我们真是很难有把握说企业自主制定的油价会更加合理。

当然，这绝不是说成品油、电力、水甚至是土地等一系列要素的价格没有调整的必要。这些价格的市场化，正是中国经济进步必须要做的工作。问题的关键在于：汇率价格、利率价格、能源、土地等众多要素价格的市场化进程，是否有一个优先次序？从稳步推进的角度看，汇率和利率应该摆在前面，一是因为这两个价格干系最大，可以纲举目张；二是这个价格搞好了才能营造一个相对稳定的宏观经济环境，在此基础上推进其他价格改革会更加稳妥。

参考文献

孙泽生、管清友：《投机影响油价吗？——基于贸易中介的视角》，工作论文，2008。

Barsky, Robert B., and Lutz Kilian (2002), Do We Really Know that Oil Caused the Great Stagflation? A Monetary Alternative, in Ben S. Bernanke and Ken Rogoff, eds., *NBER Macroeconomics Annual 2001*, MIT Press: Cambridge, MA.

Barsky, Robert B., and Lutz Kilian (2004), Oil and the Macroeconomy Since the 1970s, *Journal of Economic Perspectives* 18, No. 4.

Bernanke, Ben S. (1983), Irreversibility, Uncertainty, and Cyclical Investment, *Quarterly Journal of Economics*, February, 98: 1.

Bernanke, Ben S., Mark Gertler, and MarkWatson (1997), Systematic Monetary Policy and the Effects of Oil Price Shocks, Brookings Papers on Economic Activity, 1-1997, pp. 91-124.

Blanchard, Olivier, and Jordi Gali (2007), The Macroeconomic Impact Effects of Oil Shocks: Why are the 2000s So Different from the 1970s? NBER Working paper No. 13368.

Bruno and Saches (1979a), Macro-economic Adjustment with the Import Price Shocks: Real and Montary Aspects, NBER Working paper No. 340.

Bruno and Saches (1979b), Supply Versus Demand Approaches to the problem of Stagflation, NBER Working paper No. 382.

Darrat, Ali F., Otis W. Gilley and Don J. Meyer (1996), U.S. Oil Consumption, Oil Prices, and the Macro economy, with A. F. *Empirical Economics*, Vol. 21, No. 3, 1996.

Davis, Steven J. (1987a), Fluctuations in the Pace of Labor Reallocation, in K. Brunner and A. H. Meltzer, eds., Empirical Studies of Velocity, Real Exchange Rates, Unemployment and Productivity, Carnegie-Rochester Conference Series on Public Policy, 24, Amsterdam: North Holland.

Davis, Steven J. (1987b), Allocative Disturbances and Specific Capital in Real Business Cycle Theories, *American Economic Review Papers and Proceedings*, 77, no. 2.

Hamilton, James D. (1988), A Neoclassical Model of Unemployment and the Business Cycle, *Journal of Political Economy*, 96.

Hamilton, James D. (1983), Oil and the Macroeconomy Since World War II, *Journal of Political Economy*, 91.

Hamilton, James D. (2005), Oil and the Macro economy, Prepared for Palgrave Dictionary of Economics.

Hooker, Mark A. (2002), Are Oil Shocks Imaginary? Asymmetric and Nonlinear Speciation versus Changes in Regime, *Journal of Money*, *Credit and Banking*, vol. 34, no. 2.

IMF, Food and Fuel Prices—Recent development, Macroeconomic Impact, and Policy Reponses June 30, 2008.

Leduc, Sylvain and Keith Sill (2004), A Quantitative Analysis of Oil-Price Shocks, Systematic Monetary Policy, and Economic Downturns, *Journal of Monetary Economics*, 518.

Loungani, Prakash (1986), Oil Price Shocks and the Dispersion Hypothesis, *Review of Economics and Statistics*, 58.

Mork, Knut A. (1989), Oil and the Macroeconomy When Prices Go Up and Down: An Extension of Hamilton's Results, *Journal of Political Economy*, 91.

Mork, Knut A., Qystein Olsen, and Hans Terje Mysen (1994), Macroeconomic Responses to Oil Price Increases and Decreases in Seven OECD Countries, *Energy Journal*, 15, no. 4.

Rotemberg, Julio J., and Michael Woodford (1996), Imperfect Competition and the Effects of Energy Price Increases, *Journal of Money*, *Credit and Banking*, 28 (part 1).

High Price of Oil and the Macroeconomiy of China

Zhang Bin

Abstract: This paper concentrates on the character and causes of incising oil prices. Furthermore, the impacts of high oil price on the macroeconomics are also discussed in theory. And then the main conclusions in this research field are provided as a reference. Then we turn to study what means of the high oil price to the macroeconomics of China, especially in the aspects of inflation and output. Finally, the advice on the monetary policy and energy price is given.

Key Words: Oil Price; Inflation; Output; Monetary Policy; Energy Price

附　录　1

考虑这样一个生产函数:

$$Y = F[V(K,L)O] \tag{1}$$

其中, Y 代表总产出, V 代表增加值, K、L、O 分别代表资本、劳动和石油。

企业的利润可以表示为：

$$\pi = pY - wL - rK - p_o O \tag{2}$$

其中，p、w、r、p_o分别代表总产出的价格、工资、资本收益率和石油价格。将上面利润函数对石油数量求导，得到：

$$P = \frac{\partial Y}{\partial O} = P_o$$

上面等式可以进一步转化为：

$$\frac{dY/Y}{dO/O} = s_o \tag{3}$$

其中，s_o代表石油在总产出所占的比重 Ep_o/pY，上面等式意味着石油投入对产出的影响取决于石油在总产出中的比重。

石油价格上涨如何影响石油投入呢？Rotemberg 和 Woodford（1996）给出了在完全竞争条件下二者之间的关系：

$$\frac{dO/O}{dP_o/P_o} = -\frac{\varepsilon_{OV}}{1 - s_o} \tag{4}$$

等式（4）表明石油价格对石油投入的影响取决于两个方面：石油在总产出中占据的比例越大，或者是石油投入和增加值（资本和劳动）之间的替代弹性越大，石油投入对石油价格变动反应越敏感。反之，如果石油在整体经济中占据很小比重，或者是资本和劳动很难对石油投入进行很好的替代，石油投入减少有限。

结合（3）和（4），可以得到油价变动对产出增长率的影响：

$$\frac{dY/Y}{dP_o/P_o} = -\frac{s_o}{1 - s_o}\varepsilon_{OV} \tag{5}$$

等式（5）表明石油价格对总产出的影响取决于两个方面：石油在总产出中占据的比例越大，或者是石油投入和增加值（资本和劳动）之间的替代弹性越大，总产出对石油价格变动反应越敏感。反之，如果石油在整体经济中占据很小比重，或者是资本和劳动很难对石油投入进行很好的替代，总产出受到的负面影响有限。

附　录　2

Pairwise Granger Causality Tests

Date:09/12/08, Time:12:41, Sample:1997M01 2008M06, Lags:10

Null Hypothesis:	Obs	F-Statistic	Probability
D(PPI) does not Granger Cause D(OPI)	127	1. 13287	0. 34501
D(OPI) does not Granger Cause D(PPI)		2. 56400	0. 00813
D(CPI) does not Granger Cause D(OPI)	127	0. 83745	0. 59376
D(OPI) does not Granger Cause D(CPI)		2. 20130	0. 02300
D(CPI) does not Granger Cause D(PPI)	127	1. 21419	0. 29035
D(PPI) does not Granger Cause D(CPI)		1. 35265	0. 21261

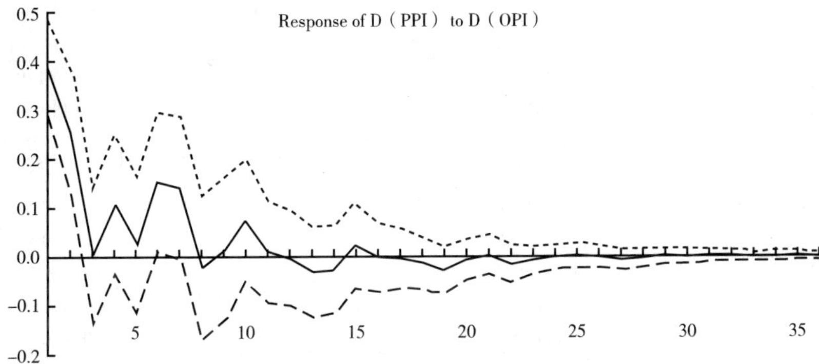

Response to Cholesky One S. D. Innovations ±2 S. E.
Response of D（PPI）to D（OPI）

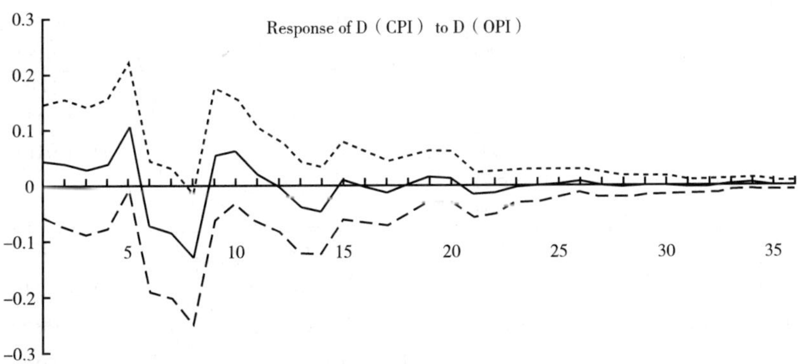

Response of D（CPI）to D（OPI）

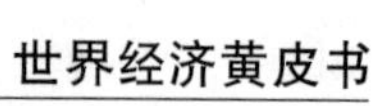

附　录　3

Sample(adjusted):1997M11 2008M06

Included observations: 128 after adjustments

Standard errors in ( ) & t-statistics in[ ]

	D(VA)		D(VA)
D[OPI(-1)]	0.022371 (0.02721) [0.82211]	D[OPI(-2)]	-0.011652 (0.02867) [-0.40647]
D[OPI(-3)]	0.011326 (0.02900) [0.39049]	D[VA(-3)]	-0.457385 (0.14263) [-3.20676]
D[OPI(-4)]	-0.010832 (0.02942) [-0.36821]	D[VA(-4)]	-0.299194 (0.14738) [-2.03007]
D[OPI(-5)]	0.023174 (0.02928) [0.79140]	D[VA(-5)]	-0.256119 (0.14806) [-1.72978]
D[OPI(-6)]	-0.051384 (0.02956) [-1.73826]	D[VA(-6)]	-0.165518 (0.14791) [-1.11902]
D[OPI(-7)]	0.067505 (0.02978) [2.26650]	D[VA(-7)]	-0.103178 (0.14206) [-0.72630]
D[OPI(-8)]	0.021641 (0.03000) [0.72125]	D[VA(-8)]	-0.074799 (0.12703) [-0.58885]
D[OPI(-9)]	-0.004339 (0.02913)	D[VA(-9)]	-0.032780 (0.09325) [-0.35152]
D[VA(-1)]	-0.919598 (0.09608) [-9.57091]	C	0.152995 (0.27797) [0.55041]
D[VA(-2)]	-0.677111 (0.13054) [-5.18708]		
R-squared	0.516822	Log likelihood	-316.4382
Adj. R-squared	0.437031	Akaike AIC	5.241221
Sum sq. resids	1052.054	Schwarz SC	5.664569
S. E. equation	3.106746	Mean dependent	0.032813
F-statistic	6.477205	S. D. dependent	4.140602

中国的通货膨胀成因分析*

张 斌　徐奇渊**

摘　要：本文对2007年以来中国的通货膨胀的成因进行了系统分析。汇率低估、土地税收优惠、能源和环境价格扭曲等一系列有利于制造业的政策扭曲和对服务业准入的管制，造成资源过度流入制造业部门，带来了中国贸易顺差的持续大幅增长。贸易顺差激发了货币升值预期和热钱流入。基础货币增长、货币乘数变化，以及货币中介目标和通胀之间的不稳定关系等给货币当局管理货币和总需求带来严峻挑战。

关键词：通货膨胀　货币政策　产业结构

一　对本轮通胀原因解释的争论

中国持续5年的"高增长、低通胀"黄金组合在2007年被打破。如图1所示，自2007年中后期开始，通货膨胀持续爬升。对通胀原因的讨论和货币政策方面的应对措施成为各界广泛关注的话题。

对本轮通货膨胀主要有以下三个不同角度的解释。

第一种解释认为本轮通货膨胀是结构性的。2007年中期通胀伊始，国家发改委和一些学者就指出本轮通胀主要是结构性物价上涨。针对价格上涨的结构性特征，2007年末举行的中央经济工作会议也明确提出，要将"防止经济增长由偏快转为过热、防止价格由结构性上涨演变为明显的通货膨胀"作为宏观调控

---

* 本文的写作受到中国社会科学院国际研究学部应急研究课题"全球通货膨胀与中国应对措施"资助，在此深表谢意。

** 张斌，中国社科院世界经济与政治研究所国际金融室，副研究员，主要研究方向为国际宏观经济学；徐奇渊，中国社科院世界经济与政治研究所博士后，主要研究方向为人民币国际化。

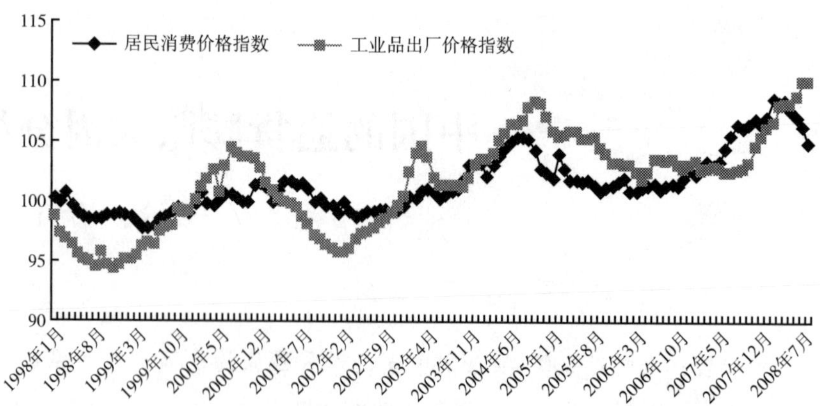

图 1　中国的价格指数：1998 年 1 月至 2008 年 8 月

资料来源：中国经济信息网，宏观月度数据库。

的首要任务。按照时间顺序，我们注意到本轮通货膨胀发端于猪肉价格上涨，此后引发了食品价格的上涨和更大范围的价格上升。如图 2 所示，食品价格相对于整体消费者价格上升非常突出。直观地看，食品价格上涨主导了通胀上升，通胀具有明显的结构性特征。

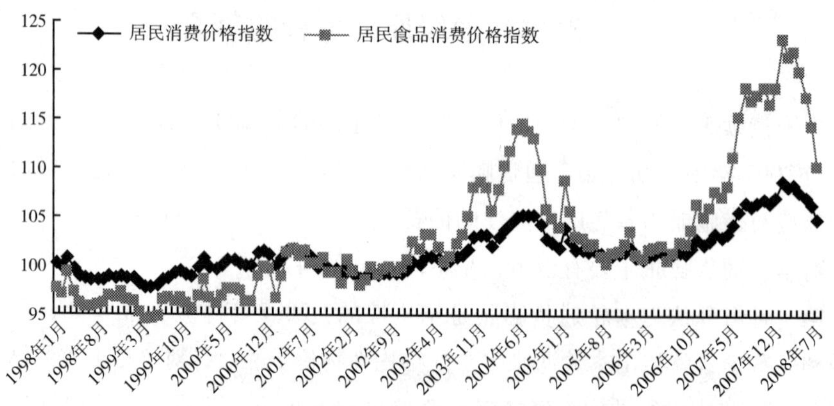

图 2　中国的消费者价格与食品价格：1998 年 1 月至 2008 年 8 月

资料来源：中国经济信息网，宏观月度数据库。

第二种解释认为本轮通货膨胀是进口成本推动的。这主要体现在原油、成品油、铁矿砂等主要初级商品的进口价格迅速上升。国家海关的统计数据显示，从 2007 年 1 月至 2008 年 8 月，原油、成品油和铁矿砂及其精矿三种商品的进口价格累计上涨幅度分别达到了77.4%、108.5%和95.5%。图3给出了近三十年来全球金属和原油价格指数。这两种商品价格在2007~2008年期间经历了大幅度上涨。以2007年价格作为比较，仅是2008年上半年中国就要为进口铁矿砂和原油多付出360亿美元。

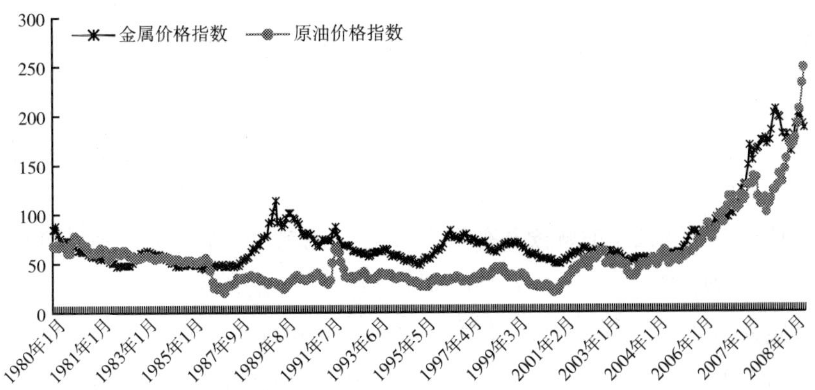

图3　全球金属与原油价格指数：1980年1月至2008年6月

资料来源：IMF，IFS Online，2008。

第三种解释认为本轮通货膨胀是由过度需求造成的。宋国青（2007）认为成本推动不是当前通胀的根本原因，与需求因素相联的货币因素才是关键因素。如图4所示，从2003年2月至2008年8月，M_2增速主要在15%至20%之间波

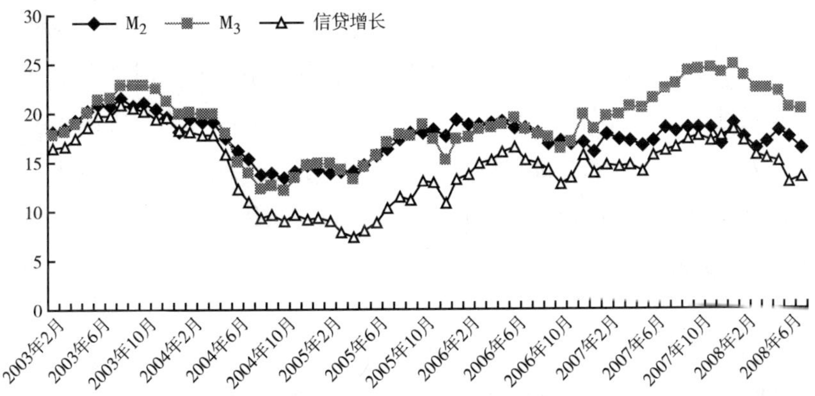

图4　2003年2月至2008年8月广义货币和信贷增长

资料来源：中国经济信息网，宏观月度数据库。

动，相对较为稳定；而贷款增长率波动幅度则较大，尤其是2005年开始持续高速增长，2006～2007年期间都保持在一个高位上；代表更广义流动性的M_3增长大大高于M_2增长并与信贷增长保持了比较一致的运动趋势。[①] 卢锋（2008）发现，中国在国际大宗矿物商品市场上的增量需求中具有“巨型经济体”的地位，这一情况导致了中国当前的通胀更多的来源于自身的需求膨胀。因此，中国的通胀与其说是“输入”，不如称其为“通胀出口转内销”。

二 对各种解释的评价

尽管三种不同视角的解读都有相应的证据支持，但到底哪一个角度更具有解释力？三种解释之间是否有内在的因果关系？

首先我们考察结构说。食品价格上升有两种可能：一是食品供给出现短缺，二是食品需求的突然上涨。下面我们以最典型的猪肉价格为例。对猪肉需求突然上升的可能性我们基本上可以排除，而猪肉产量在2007年确实出现了20世纪80年代以来非常罕见的下降。根据国家统计局公布的数据，2007年全年肉类总产量6800万吨，比上年减少3.5%，其中猪肉减少9.2%。猪肉价格问题出在供给方。为什么猪肉供给突然下降呢？如果是缘自瘟疫或者其他意外灾害事件造成了猪肉严重减产，这会是一个典型的来自供给方的冲击，增加猪肉供给的恢复将从根本上解决通胀问题。但是我们发现事实并非如此。至少从公开披露的信息中看不到猪肉饲养中出现了大面积的严重瘟疫，“蓝耳病”疫情对整个猪肉供应的负面影响也是微乎其微。[②] 各方面调查发现，猪肉减产的主要原因是由于农资价格上涨和农民进城务工，农民养猪积极性降低。在图5中，菱形标志线代表猪肉价格指数，方形标志线代表全部单位从业人员工资指数，三角形标志线代表农业生产资料价格指数。与猪肉价格上升相伴的，不仅有持续上升的工资，这增加了养猪的机会成本，还有与猪肉价格波动非常一致的农业生产资料价格，这直接增加

① 梁红、易峘：《为什么M_3是衡量货币扩张更好的指标?》，《新财富》2007年9月8日。

② 根据农业部在2007年9月新闻发布会上公布的数据，截至2007年8月，有26个省发现了猪蓝耳病疫情，疫情涉及了286个县，发病数达到了28万头，死亡了7万多头。2007年8月下旬以后，疫情数量急剧下降，实际上到9月份，仅有7个省14个县还有疫情。对于接近7亿头的生猪存栏量来说，这个比例非常小。

了养猪的成本。导致猪肉供给下降的并非是典型意义上的外部冲击，而是经济系统中其他方面的力量，比如不断上升的工资和农业生产资料价格。结构说把问题归结为食品，但这只是指出了通货膨胀的特征，并没有找到价格上升的根本原因，单方面增加食品供给的政策建议也不能从根本上解决通胀问题。

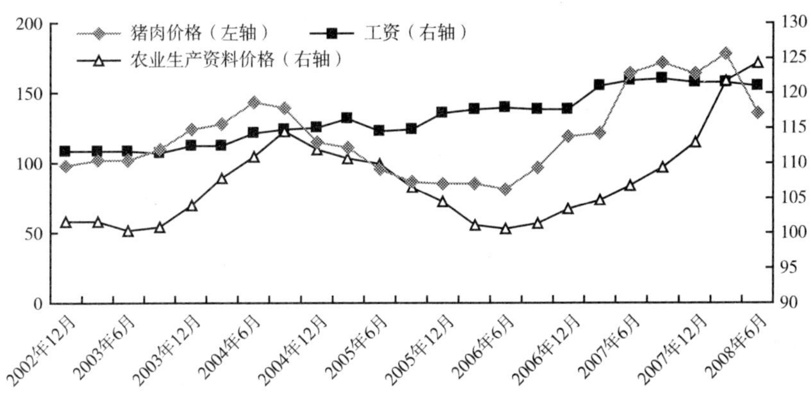

图5　猪肉价格、工资和生产资料价格指数

资料来源：中国经济信息网，宏观月度数据库，经作者加工得到。

其次，考察进口成本推动说。卢锋（2008）的考察发现，在铁矿石、铜、铝、石油四种矿物原料和能源的国际市场上，中国在过去五六年的需求增量全球贡献比平均值分别达到50%、57%、75%和30%，四项增量贡献比简单平均值为53%。这意味着近些年这些商品的全球增量需求约有一半来自中国相关需求的增长。中国在大宗商品和原油市场具有“巨型经济体”的地位和影响是一个客观事实。原油与大宗商品价格上涨不能完全从外部找原因，需要关注来自中国国内的影响因素。进口成本推动说将中国视为一个被动受到价格冲击的小型开放经济，进口成本的上升是一个完全外生的事件，这显然不符合事实。还有，正如结构说所发现的，中国的通胀发端于食品价格，进一步的追问发现食品价格上涨来自于农产品生产资料和劳动力成本上升，这显然很难全部用能源和铁矿石价格上涨来解释；且能源和铁矿石价格的疯狂上涨2008年才进入高峰期，而此时食品价格环比增速已经开始回落。

最后，考察需求说。需求方的解释认为中国的通胀并没有任何特别之处，出口加上投资的过度需求带来了中国经济的高增长和随之而来的通货膨胀。面临总需求上升，需求力量全面作用于各个供给环节，由于各个供给环节的供给价格弹性有显著区别，其中供给弹性较小的部门则会以价格的大幅上升对需求上升的作用做出响应，比如食品价格的上升，这是从需求说角度理解结构说。另一方面，作为大国经济的中国，其需求的迅速上升带动了国际市场上矿物原料和能源价格的上升，由此引发了现阶段看似“进口推动成本上升”的状态，这是从需求说角度理解进口成本推动说。比较而言，这个对通货膨胀最普通的解释包容性最强，逻辑上也最完整一致。

既然需求上升是本轮通胀的主要原因，那是什么原因导致了总需求上升？在凯恩斯主义的框架中，总需求可分解为一国的内部需求和外部需求。和外需相关的因素有二：一是，汇率的低估意味着本国商品对其他国家的商品具有更强的替代性，外部需求会因此提高；二是，外部收入增长带动外部需求提高。持续积累的贸易顺差说明人民币汇率被严重低估。收入效应也有着强有力的证据支持。2005～2007 年，全球人均 GDP 的年增长率连续 3 年稳居于 2% 以上，全球经济在该时期表现出新一轮的繁荣。人民币汇率的低估再加上全球经济增长的强劲势头分别通过替代效应和收入效应增加了中国商品面临的外部需求。图 6 表示 1980～2006 年全球人均收入增长的状况。

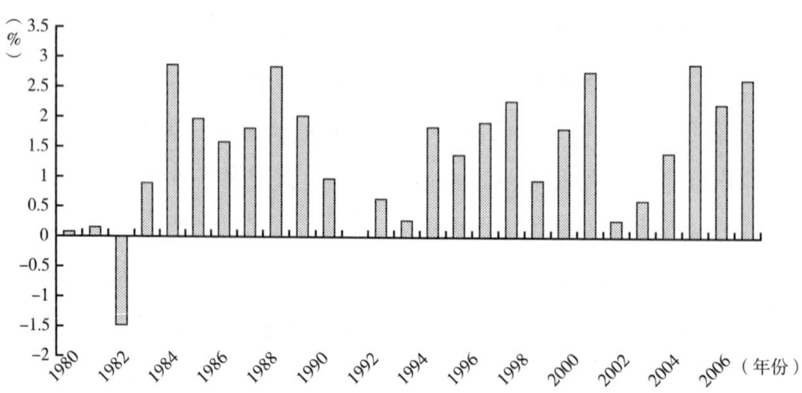

图 6　1980～2006 年全球人均收入增长

资料来源：WDI Online，2008。

内部需求方面。图 4 中我们已经看到了信贷和广义货币数量在 2005～2007 年期间高速增长，由于货币数量对应着需求力量，货币的增长同时也带动了需求的增长。有两种观点可以帮助我们理解货币供应和总需求之间的关系。一个是传统的观点。传统观点强调货币供给增加降低利率，从而降低了投资成本，投资需求会因此上升。另一个是现代观点。现代观点认为，货币供给增加会提高资产价格，从而提高抵押品价值，银行会因此降低贷款风险溢价的要求，这同样意味着投资成本下降和投资需求上升。上述两种观点仅仅是对现实中复杂机制的简化。在现实中，更高的抵押品价格不仅带来了更低的风险溢价，银行也因此降低了超额准备金，广义货币供给进一步提高，这会进一步降低利率。这表明，在传统和现代观点强调的两个机制之间有交互作用和正反馈机制。

三　对货币当局的挑战

在过去两三年中，来自对外部门和国内部门的冲击对中国的总需求或者总供给带来重大的影响，这对中国的货币当局带来了严峻的挑战。

在各种冲击中，最根本的冲击是持续扩大的贸易顺差。贸易顺差通过以下渠道影响货币供给和货币需求，并进一步对总需求产生影响。①

第一，贸易顺差带来货币当局外汇资产的增加，并因此增加货币当局的基础货币投放。中国的贸易顺差和货币当局外汇占款从 2005 年同时开始上升，二者在随后的两年中都保持了非常快的增长。

第二，贸易顺差对基础货币的冲击。贸易顺差构成了外汇市场基本面，持续扩大的贸易顺差强化了人民币升值预期，促成热钱流入，增加基础货币供给。在贸易顺差和货币当局的外汇占款从 2005 年开始增加的同时，两者之间的增长幅度却表现出差异。其主要原因是由于贸易顺差之外的资本与金融项目顺差的增加。而在资本与金融项下，代表中长期投资的 FDI 数量一直都相对稳定。因此，可以推断有大量的投机性资本流入。以张明、徐以升（2008）为代表的众多关于热钱的研究也支持 2005 年以后热钱流入加速的判断。

第三，贸易顺差对货币乘数的冲击。人民币升值预期提高资产价格，并因此提高货币乘数，扩大广义货币供给。具体的机制是，人民币升值预期改变了投资者对国内资产的收益率预期。以房地产和金融业为代表的非贸易品部门预期收益

① 这里仅给出了一个描述性解释，张斌（2008a）对此有一个基于理论模型的严格解释。

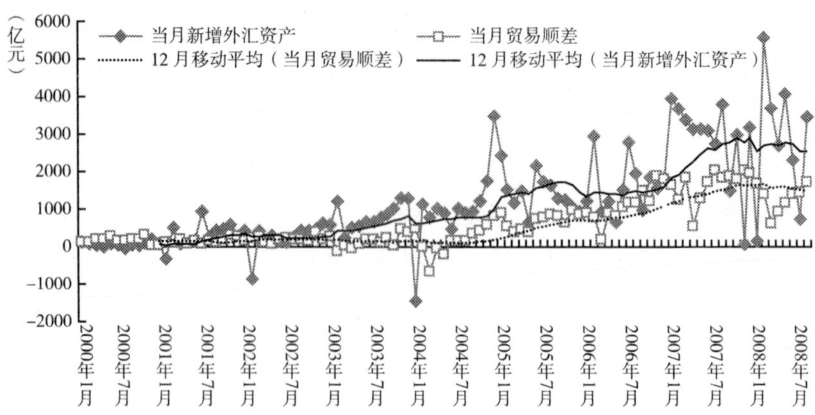

图7　2001～2008年外汇占款与贸易顺差

资料来源：中国经济信息网，宏观月度数据库，经作者加工得到。

率提高，相应资产的价格也提高。受资产价格上升，尤其是房地产资产价格上升的影响，企业和居民的抵押品价值增加，企业和居民向银行贷款的风险溢价下降，企业会因此可以得到更廉价和更多的贷款，银行则表现为超额准备金率的下降，货币乘数放大，广义货币供给增加。毫无疑问，这也会放大总需求。这有点类似 Bernanke 和 Gertler（1999）提出的金融加速器机制，不同的地方在于引起资产价格上升的并不是经济周期或者是技术冲击，而是货币升值预期。

除了贸易顺差带来的连锁反应，过去两三年中货币当局还面临其他众多冲击。中国在2005年开始推进了银行业股份制改革，中行、建行、工行和其他一些地方股份制中小银行纷纷上市。为了准备上市和上市第一年的财务报表，银行加速放贷，货币乘数下降，广义货币供给上升，这同样提高国内需求。受益于房地产价格上升，地方政府土地收入大幅增加，地方政府投资和担保能力因此上升，这也会提高国内需求。

在错综复杂的冲击面前，货币当局在中介目标、操作工具、操作时机以及政策环境等方面面临一系列挑战。

首先，为了确保经济增长和通胀目标，货币当局需要在中介目标与通胀和产出两个最终目标之间保持相对稳定的关系。名义 M_2 与信贷增长是中国货币当局比较看重的流动性指标，从过去十多年经验上看，M_2、信贷与物价的关系在大的波动趋势上比较一致。但是在一些特定时期，比如资产价格快速上涨和交易异常频繁时期，M_2 可能低估市场上的货币供应。另外，在通缩时期，既定的名义 M_2 增速意味着更高的真实货币余额增速，这也会干扰名义 M_2 增速与总需求之间的关系。从图 4 中我们也看到，信贷增长与 M_3 增长的关系更加紧密。这意味着名义 M_2 作为中介目标可能不太适宜。

其次，如何达到中介目标比选择合适中介目标更困难，操作层面的问题更复杂。

第一，巨额贸易顺差和热钱流入严重冲击基础货币供应，货币当局在过去两年主要采取公开市场操作和法定准备金率政策应对，但这些政策工具有明显局限性。过度依赖公开市场业务带来短期内市场利率的剧烈波动和急剧攀升，这可能会招致新的投机资本流入；调整准备金率不仅直接冻结资金，而且影响货币乘数，力度很难把握，法定准备金率也不能无限制提高（张晓慧，2008）。还有，不断使用的紧缩货币政策意味着商业银行资产方当中的央行票据和准备金存款比例攀升，这些都是低回报资产，不利于商业银行经营（余永定，2007）。

第二，与贸易顺差和热钱流入相伴的还有人民币升值预期，如上文所述这会通过改变资产价格激励商业银行增发贷款，降低超额准备金，提高货币乘数，进一步加大货币当局实现货币中介目标的困难。如果货币当局习惯于过去广义货币与基础货币之间的稳定关系，并以此为准通过调整基础货币实现广义货币目标，广义货币会因为货币乘数的变化大大超出货币当局的广义货币目标增长率。中国在 2006～2007 年的情况正是如此，即便在流动性非常充裕的情况下商业银行超额准备金还是急剧下降，货币乘数迅速上升。由于难以通过公开市场业务和法定准备金率政策非常准确地管理好广义货币增长，货币当局最终恢复了对信贷的额度管理。

第三，为了实现中介目标，货币当局只有采取紧缩政策应对巨额资本流入和货币乘数变化。但是，由于货币乘数变化的影响和货币政策工具效应难以事先预测，而且在通货膨胀尚未成为问题的情况下，要采取严厉的紧缩货币政策①，也难以获得社会的广泛认同。这对于政策制定者应对冲击构成了严峻的挑战。

四　贸易顺差从何而来

贸易顺差及其推动的人民币升值预期是货币政策陷入困境的根本原因。贸易

① 比如在 2007 年资本流入的一些高峰月份，可能需要 2% 甚至更多的准备金率调整才足以维持广义货币稳定增长。

顺差从何而来?[①] 对此理论界有很多角度的解释。我们在这个部分简单回顾几种主要理论视角的解释，并找出我们认为最适合中国的理论。

第一种解释是传统凯恩斯理论框架的局部均衡分析。这一理论以贸易余额的需求分析为基础，对贸易余额的解释来自以下几个等式关系：

$$X = X(W,P)$$

$$M = M(D,P)$$

$$NX = X - M = NX(W,D,P)$$

其中，X，M，W，D，P 分别代表出口、进口、外部需求、内部需求和国内外产品相对价格，相对价格一般指真实有效汇率。NX 代表贸易余额。贸易余额持续大幅增长有两种可能：一是外部需求大幅增长带动出口增长，二是本国产品相对价格下降导致进口下降、出口上升。这种解释被广泛用于当前对贸易余额走势的判断。

第二种解释是传统凯恩斯理论框架的一般均衡分析。这一理论以投资—储蓄缺口为基础，理论框架基于下面等式关系：

$$NX = Y - C - I = S - I$$

其中 Y，C，S，I 分别代表收入、消费、储蓄和投资。储蓄大于投资会带来贸易顺差。支持消费不足和过度储蓄的原因被普遍认为是中国落后的社会保障体系和人口年龄结构红利。

第三种解释是加工贸易带来了贸易顺差。在加工贸易模式当中，进口原材料成本小于出口价值，加工贸易越多，贸易顺差越大。

第四种解释是汇率低估、外汇管制、税收优惠、土地优惠、能源和环境价格扭曲等一系列政策扭曲激励压低了制造业成本，提高了部门利润，导致资源过度流入制造业部门，激励了出口和进口替代产业的生产。与此同时，制造业产品消费相对平稳（不仅因为消费平滑理论提到的解释，还有汇率价格不调整，不能带来制造业产品对服务业产品的替代效应）。一方面是以出口和进口替代为代表的贸易品过度生产，一方面是贸易品消费相对平稳增长，贸易余额（等于贸易品生产减去贸易品消费）增加。除了上述政策扭曲，还有同样重要，甚至可能

① 对这个问题有兴趣的读者可进一步参阅张斌、何帆（2006）基于理论模型的讨论。

是更重要的原因，即中国对医疗、卫生、教育、铁路、城市公共交通、电信、金融等现代服务业部门保持了严格的市场准入和价格管制。尽管这些部门蕴含着可能比制造业部门更大的盈利和投资机遇，但由于政府管制，资源还是被迫流入制造业部门。

比较上面四种角度的解释，第二种基于储蓄投资缺口角度对中国贸易余额的解释受到了质疑。张斌（2008b）认为，NX = S - I 仅仅是个等式关系，并不是行为关系式。因此，储蓄大于投资可能是贸易顺差的原因，贸易顺差也可能是储蓄大于投资的原因。张斌、何帆（2006）指出，第四种视角当中涵盖了投资储蓄缺口，框架相对完整。第三种视角用结构来解释，加工贸易的顺差并不必然带来整体贸易顺差，更大比例的加工贸易模式可能意味着汇率对贸易余额的弹性不敏感，但并不意味着汇率不能调节贸易余额。从实证角度看，第二、三种视角所强调的人口年龄结构、社会保障体系、加工贸易在整体贸易中的比重在此期间变化并不显著，难以解释图 8 中 2003 年以来贸易余额对 GDP 比重的突然迅速上升。

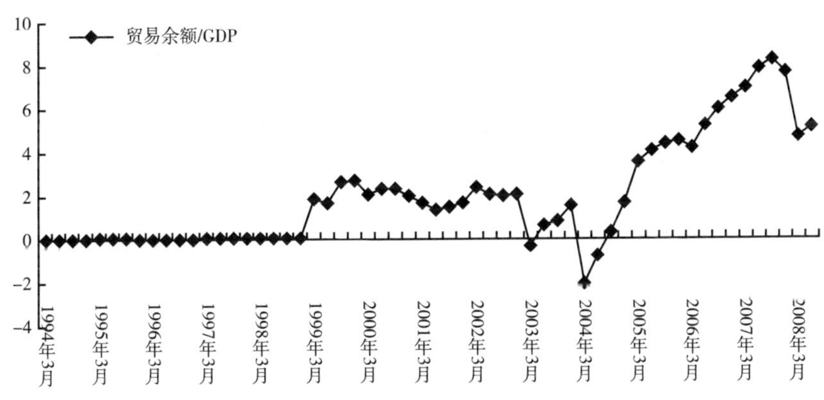

图 8　1994～2008 年贸易余额在 GDP 中的比重

资料来源：中国经济信息网，宏观月度数据库，经作者加工得到。

第一个视角中强调外部需求是推动同期出口和贸易顺差突发性增长的原因之一。但是我们看到，与外部需求（以全球人均收入代表）1%～2% 的上升相对应的是超过 30% 的出口增长，这样的收入需求弹性关系不符合过去二十多年来的经验。比较图 9 中 2001 年和 2006 年几项主要出口商品增长变化可以看出，所有商品都保持了增长，但增长速度有所不同。中国过去出口中占据主导地位的第11、12类产品分别增长了2.32和1.49倍；第15、16、17类商品出口增长了6.17、5.23和4.86倍。第16类产出远远超出第11类产品，成为中国出口中新的主导力量。出口结构如此巨大的变化不能用需求方来解释，其根本的原因在于中国的生产结构发生了显著变化。尤其是在2002年以后新一轮的重工业化阶段，钢铁、机械、化工等新一轮的投资和迅速积累的产能促成了后续的出口爆发性增长。这些产业和产能的爆发性增加与第四种视角的解释一致，即资源过度向工业部门转移，进而造成了中国贸易顺差的迅猛增长。

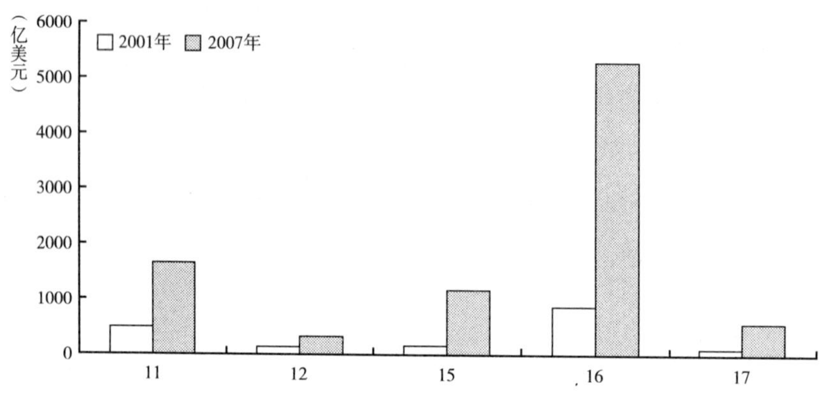

图9　2001年与2007年主要出口商品比较

注：11表示纺织原料及纺织制品（HS）出口总值。12表示鞋、帽、伞、杖、鞭及其零件；已加工的羽毛及其制品；人造花；人发制品（HS）出口总值。15表示贱金属及其制品（HS）出口总值。16表示机器、机械器具、电气设备及其零件；录音机及放声机、电视图像、声音的录制和重放设备及其零件、附件（HS）出口总值。17表示车辆、航空器、船舶及有关运输设备（HS）出口总值。

资料来源：中国经济信息网，海关月度数据库。

五　小结与对策

通过分析我们找到了对中国此轮通胀一个比较完整的解释线索：首先，汇率低估、土地税收优惠、能源和环境价格扭曲等一系列有利于制造业的政策和对服务业准入的管制造成了资源过多流入制造业部门，带来了中国贸易顺差的持续大幅增长。其次，贸易顺差激发了货币升值预期和热钱流入，货币当局面临严峻挑战，不仅是基础货币增长，还有货币乘数变化以及货币中介目标和通胀之间的稳定关系等，这些挑战让货币当局几乎不可能很好地管理总需求。最后，过多的货币带来了过度需求和通货膨胀。

解决通货膨胀，关键还在于管好货币，问题是在持续贸易顺差和人民币升值预期下，货币当局处于非常艰难的货币政策操作环境。货币当局在对于问题的准确认识和判断，政策工具的选择，还有全社会对货币政策的理解和支持等方面都受到严峻挑战，这让货币当局几乎不可能很好地完成有效管理货币和总需求的职能。在巨额的外汇占款冲击和迅速变化的市场环境下，货币当局稍一放松就会带来通胀。

纠正政策扭曲，理顺产业结构，才能从根本上解决贸易顺差和持续的人民币升值预期问题。也只有这样才能给货币当局松绑，才能使更加有效的货币和需求管理成为可能。为了纠正政策扭曲，理顺产业结构，我们需要尽快实现市场化决定机制的人民币汇率，放开对服务业的准入管制和建立行业内公平竞争的市场秩序。这些改变不仅为中国宏观经济稳定奠定了基础，也是中国经济实现经济结构转变和可持续增长的必然要求。

参考文献

Bernanke, Ben and Gertler, Mark (1999), Monetary Policy and Asset Volatility, *Federal Reserve Bank of Kansas City Economic Review*, Fourth Quarter 1999, 84 (4).

卢锋:《大国经济与输入型通胀论》,《国际经济评论》2008 年第 7 ~ 8 期。

宋国青:《成本推不动通货膨胀》, 2007 年 11 月 7 日《证券市场周刊》。

余永定:《亚洲金融危机的经验教训与中国宏观经济管理》,《国际经济评论》2007 年第 3 期。

张斌、何帆:《货币升值的后果——基于中国经济特征事实的理论框架》,《经济研究》2006 年第 5 期。

张斌 (2008a):《货币供求、资产价格与总需求——基于中国事实的理论框架》, 中国社会科学院国际金融研究中心, 工作论文, No. 0808, 2008。

张斌 (2008b):《中国贸易顺差迎来转折点了吗?》,《国际经济评论》2008 年第 7 ~ 8 期。

张明、徐以升:《全口径测算中国当前的热钱规模》, 中国社会科学院国际金融研究中心，工作论文 No. 0814，2008。

张晓慧、纪志宏、崔永：《中国的准备金、准备金税与货币控制：1984～2007》，《经济研究》2007 年第 7 期。

The Cause of Inflation in China

Zhang Bin, Xu Qiyuan

Abstract: We explain the causes of inflation in China starting at the second half of 2007. Due to series of policy distortions which lead disproportional allocation of resources between manufacture and service sector, China has been accumulating huge trade surplus since 2004. Trade surplus bring about expectation of RMB revaluation and hot money inflow and left monetary authority with series of challenges, such as base money growth, changing money multiplier and unstable relationship between money intermediate targets and inflation.

Key Words: Inflation; Monetary Policy; Industrial Structure

世界经济统计资料

2008～2009年世界经济统计资料

吴海英　曹永福*

目　录

（一）世界经济形势回顾与展望

* 吴海英，经济学硕士，中国社会科学院世界经济与政治研究所副研究员，主要研究领域为宏观经济模型、国际贸易和世界经济统计；曹永福，经济学硕士，中国社会科学院世界经济与政治研究所助理研究员，主要研究宏观经济模型、世界经济统计等问题。

（二）世界通货膨胀、失业形势回顾与展望

（三）世界财政形势回顾与展望

（四）世界金融形势回顾与展望

（五）国际收支形势回顾与展望

（六）国际贸易形势回顾

（七）国际投资与资本流动回顾

（八）全球大公司排名

说　明

一　统计体例

（1）本部分所称“国家”为纯地理实体概念，而不是国际法所称的政治实体概念。

（2）大部分统计表先列国家集团（Country Group）和地区的数据，再列单个国家的数据。对统计指标是绝对值的表，国家通常按该指标绝对值由大到小排序；否则国家按其英文字母名排序。部分表格受篇幅所限无法列出所有国家和地区，编制时根据研究兴趣有所选择，如表1－4。

（3）统计表数据为年度和季度数据。除非特别说明，2007年（含2007年）以前的年度数据、2008年第2季度（含2008年第2季度）以前的季度数据均为实际统计数据，2008年以后的年度数据（含2008年）为估计值或预测值。1990～1999（或1990～99）意为1990～1999年的平均值，两年度间的平均值表示法以此类推。“—”表示数据在统计时点无法取得或无实际意义，“0”表示数据远小于其所在表的计量单位。

二 经济预测

本部分预测数据除非特别说明均来自国际货币基金组织（IMF）2008 年 10 月的预测。IMF 预测范围覆盖全世界，见《世界经济展望》（*World Economic Outlook*，以下简称 WEO）和《世界经济展望数据库》（*World Economic Outlook Database*）。通常 WEO 每年 4 月和 10 月出版，2008 年由于美国金融危机对全球经济冲击的不断升级，IMF 在 2008 年 1 月、7 月和 11 月分别推出了 WEO 更新版①，具体资料见 http://www.imf.org。下面将 2008 年 10 月的 WEO 有关问题予以说明。

1. 假设

IMF《世界经济展望》2008 年 10 月的预测是在 2008 年 9 月底之前数据的基础上进行的。并做如下假设。

（1）先进经济体的实际有效汇率保持 2008 年 8 月 18 日至 9 月 15 日的平均水平不变。这一假设意味着 2008、2009 年的美元/特别提款权（US $/SDR）转换率分别为 1.596 和 1.567，美元/欧元（US $/Euro）转换率分别为 1.52 和 1.50，日元/美元（Yen/US $）转换率分别为 106.5 和 108.3。

（2）2008、2009 年石油平均价格分别假定为每桶 107.25 和 100.50 美元。

（3）关于利率，假设 2008、2009 年的伦敦银行间 6 个月期美元存款拆借利率平均值分别为 3.2% 和 3.1%，欧元 3 个月存款利率平均值分别为 4.8% 和 4.2%，日元 6 个月存款利率平均值分别为 1.0% 和 1.2%。

2. 数据与方法

全球 183 个国家和地区的数据（和预测）形成了 IMF《世界经济展望》及其数据库的统计基础。IMF 研究部和各区域研究部共同维护该数据库，各区域研究部在保持各种变量全球一致假设的基础上定期更新各国和地区的预测数据。

IMF《世界经济展望数据库》综合反映了来自各国或地区统计机构和国际组织的信息。虽然各国和地区统计机构是历史数据的最基本提供者，但国际机构也参与数据的处理。目的是协调各国和地区统计方法，内容包括统计资料的分析框架、概念、定义、分类以及生成统计数据的估计方法和程序。

《世界经济展望》的国家集团指标值为有关国家和地区相应指标的加总或加

① 2008 年 11 月 WEO 的最新预测参见书中的表 1-1。

权平均值。除非特别说明，年度平均增长率为复合年变化率。除新兴市场和发展中国家的通货膨胀与货币增长采用几何平均法外，国家集团指标值均采用算术加权平均法。具体说明如下。

（1）国家集团的汇率、利率、货币总量增长率均按各国和各地区在该国家集团的国内生产总值（Gross Domestic Product，以下简称 GDP）总额中所占比重进行加权。其中各国和各地区 GDP 按此前 3 年本币对美元的平均市场汇率折算成美元。

（2）与各国和各地区国内经济有关的国家集团其他指标，无论增长率还是比率，均按各国和各地区在世界 GDP 或该国家集团 GDP 总额中所占比重进行加权。其中各国和各地区 GDP 按购买力平价折算成美元。

（3）欧元区 15 国（除非特别说明）指标值是各成员国数据按 GDP 进行加权后的加总值。1999 年前的欧元区数据是各成员国数据基于 1995 年欧洲货币单位（ECU）汇率的加权汇总值。

（4）国家集团失业率和就业增长以各国和各地区劳动力占该集团劳动力总额的比重为权数进行加权。

（5）与各国和各地区对外经济有关的国家集团指标，为各国和各地区相应指标（外债、对外贸易数额与价格变动除外）美元数值的加总，其中各国和各地区美元数值按与国际收支统计时段相对应的本币对美元平均市场汇率进行折算。国家集团对外贸易数额与价格变动值的计算则以各国和各地区折算为美元后的出口（或进口）在上年世界或集团出口（或进口）总值中所占比重为权数进行算术加权。

IMF《世界经济展望》统计指标年度及季度计算方法参见本系列书 2002 年度及 2003 年度世界经济统计资料的相关说明。

3. 国家和地区分类

2004 年《世界经济展望》将全世界国家和地区分为先进经济体、其他新兴市场和发展中国家两大类，改变了以往三大类的分组方法（先进经济体、发展中国家、转轨国家）。2008 年《世界经济展望》又将国家和地区分类变为：先进经济体、新兴市场和发展中国家两大类。为了便于分析和提供更合理的集团数据，这种分类随时间变化亦有所变化，分类标准并非一成不变。表 A 提供了这种分组的概览，列出了 2007 年各国家和地区分组的国家和地区数目，以及每组中各国家和地区集团 GDP（购买力平价计）、货物和服务出口、人口占本组和世界的比重。

先进经济体共有 31 个国家和地区，表 B 列出了其细分类别。其中美国、日本、德国、法国、意大利、英国和加拿大这7个GDP数额最大的国家组成了主要先进经济体（又称七国集团，G7）；15个欧盟成员国和4个亚洲新兴工业经济体也分别作为一种分组；欧盟的国家数量一直在增加（见表C），表C中列出的数据均为现有成员国的汇总数据。

新兴市场和发展中国家是先进经济体之外的其他141个国家和地区。按地区分组分为非洲、中东欧、独联体、亚洲发展中国家、中东和拉美。其中埃及和利比亚归为中东而不是非洲。《世界经济展望》有时还采用中东和北非这一分组，系指阿拉伯国家联盟和伊朗。

对新兴市场和发展中国家还采用了分析型分组的分类方法。按出口收入来源将这些国家分为燃料出口国和非燃料出口国；按外债情况分为净债权国、净债务国和重债穷国。对净债务国还进一步列出官方融资性债务国以及2002～2006年有债务拖欠和重组经历国家的分类法。

目前尚有少数国家未包括在先进经济体、新兴市场和发展中国家这两大类分组中。原因一是这些国家不是IMF成员国（如古巴和朝鲜），其经济运行亦未在IMF的指导之下；其二，这些国家的数据库尚未充分建成，如先进经济体中的圣马力诺以及发展中经济体中的阿鲁巴岛、马绍尔群岛、密克罗尼西亚联邦和帕劳群岛。此外，由于缺乏数据，国家集团数据不包括以下国家：阿富汗、波斯尼亚和黑塞哥维那、文莱、达鲁萨兰、厄立特里亚、伊拉克、黑山、利比里亚、塞尔维亚、索马里、东帝汶以及津巴布韦。

表A　2007年WEO国家分组数目、GDP*、货物和服务出口及人口比例

单位：%

组　别	数目	GDP		货物和服务出口		人口	
		先进经济体	世界	先进经济体	世界	先进经济体	世界
先进经济体	31	100.0	56.3	100.0	66.2	100.0	15.2
美国		37.9	21.3	14.5	9.6	30.7	4.7
欧元区	15	28.6	16.1	44.3	29.4	32.3	4.9
德国		7.7	4.3	13.9	9.2	8.4	1.3
法国		5.6	3.2	6.1	4.0	6.3	1.0
意大利		4.9	2.8	5.4	3.6	6.0	0.9
西班牙		3.7	2.1	3.4	2.3	4.6	0.7
日本		11.7	6.6	7.1	4.7	13.0	2.0

续表 A

组　　别	数目	GDP		货物和服务出口		人口	
		先进经济体	世界	先进经济体	世界	先进经济体	世界
英国		5.9	3.3	6.5	4.3	6.2	0.9
加拿大		3.5	2.0	4.4	2.9	3.3	0.5
其他先进经济体	12	12.5	7.0	23.2	15.3	14.4	2.2
主要先进经济体	7	77.2	43.5	57.9	38.3	73.8	11.2
亚洲新兴工业经济体	4	6.6	3.7	13.4	8.9	8.4	1.3
组　　别	数目	新兴市场和发展中国家	世界	新兴市场和发展中国家	世界	新兴市场和发展中国家	世界
新兴市场和发展中国家	141	100.0	43.7	100.0	33.8	100.0	84.8
地区分组	47	6.8	3.0	7.4	2.5	15.0	12.7
非洲	44	5.3	2.3	5.5	1.9	13.6	11.5
撒哈拉以南	42	2.8	1.2	2.8	0.9	10.1	8.6
中东欧	13	9.3	4.0	13.6	4.6	3.2	2.8
独联体①	13	10.2	4.5	10.2	3.4	5.1	4.3
俄罗斯		7.3	3.2	6.8	2.3	2.6	2.2
亚洲发展中国家	23	46.1	20.1	39.3	13.3	62.3	52.9
中国		24.8	10.8	23.2	7.8	24.0	20.4
印度		10.5	4.6	4.1	1.4	21.2	18.0
不含中国和印度	21	10.8	4.7	12.1	4.1	17.1	14.5
中东	13	8.7	3.8	14.3	4.8	4.3	3.7
拉美	32	18.9	8.3	15.1	5.1	10.0	8.5
巴西		6.4	2.8	3.2	1.1	3.4	2.9
墨西哥		4.7	2.1	5.0	1.7	1.9	1.6
分析型分组							
按出口收入来源							
燃料出口国	24	19.3	8.4	26.8	9.1	11.0	9.4
非燃料出口国	117	80.7	35.2	73.2	24.7	89.0	75.5
初级产品出口国	20	1.7	0.7	2.1	0.7	4.0	3.4
按对外融资方式							
净债务国	116	55.1	24.1	47.1	15.9	64.8	55.0
官方融资型	30	3.4	1.5	2.4	0.8	10.6	9.0
按债务经历							
债务拖欠或重组国②	49	9.7	4.3	6.9	2.3	17.1	14.5
其他净债务国	67	45.3	19.8	40.3	13.6	47.7	40.5
其他分组							
重债穷国	31	1.8	0.8	1.2	0.4	8.4	7.1
中东与北非	19	10.5	4.6	16.4	5.6	6.5	5.5

注：* GDP以购买力平价计。①蒙古虽然不是独联体成员，但由于同独联体国家在地理和经济结构上类似，因此通常在地区分组上将蒙古归入独联体。②指2002～2006年间有债务拖欠或重组经历的国家。

表 B　先进经济体细分类别

主要货币区	欧元区	亚洲新兴工业经济体	主要先进经济体(G7)	其他先进经济体
美国 欧元区 日本	奥地利、比利时、塞浦路斯、芬兰、法国、德国、希腊、爱尔兰、意大利、卢森堡、马耳他、荷兰、葡萄牙、斯洛文尼亚、西班牙	中国香港特区、韩国、新加坡、中国台湾	加拿大、法国、德国、意大利、日本、英国、美国	澳大利亚、丹麦、中国香港特区、冰岛、以色列、韩国、新西兰、挪威、新加坡、瑞典、瑞士、中国台湾

表 C　欧盟成员国组成

奥地利、比利时、保加利亚、塞浦路斯、捷克、丹麦、爱沙尼亚、芬兰、法国、德国、希腊、匈牙利、爱尔兰、意大利、拉脱维亚、立陶宛、卢森堡、马耳他、荷兰、波兰、葡萄牙、罗马尼亚、斯洛伐克、斯洛文尼亚、西班牙、瑞典、英国

（一）世界经济形势回顾与展望

表 1－1　世界经济形势回顾与展望（1990～2009 年）

单位：%

类　别	1990～1999	2006	2007	2008	2009	2008*	2009*
世界实际 GDP 增长率	2.9	5.1	5.0	3.9	3.0	3.7	2.2
先进经济体	2.7	3.0	2.6	1.5	0.5	1.4	-0.3
美国	3.1	2.8	2.0	1.6	0.1	1.4	-0.7
欧元区	—	2.8	2.6	1.3	0.2	1.2	-0.5
日本	1.5	2.4	2.1	0.7	0.5	0.5	-0.2
其他先进经济体①	3.4	3.8	3.9	2.2	1.6	—	—
新兴市场和发展中国家	3.2	7.9	8.0	6.9	6.1	6.6	5.1
非洲	2.3	6.1	6.3	5.9	6.0	5.2	4.7
中东欧	1.2	6.7	5.7	4.5	3.4	4.2	2.5
独联体和蒙古	—	8.2	8.6	7.2	5.7	6.9	3.2
俄罗斯	—	7.4	8.1	7.0	5.5	6.8	3.5
亚洲发展中国家	7.2	9.9	10.0	8.4	7.7	8.3	7.1
中国	—	11.6	11.9	9.7	9.3	9.7	8.5
印度	—	9.8	9.3	7.9	6.9	7.8	6.3
中东	4.3	5.7	5.9	6.4	5.9	6.1	5.3
拉美	2.9	5.5	5.6	4.6	3.2	4.5	2.5

续表1－1

类　别	1990～1999	2006	2007	2008	2009	2008*	2009*
巴西	—	3.8	5.4	5.2	3.5	5.2	3.0
欧盟	2.0	3.3	3.1	1.7	0.6	1.5	-0.2
燃料出口国	-0.2	7.1	7.4	6.7	5.9	—	—
非燃料出口国	4.2	8.1	8.2	6.9	6.1	—	—
初级产品出口国	3.1	5.1	5.8	5.4	5.3	—	—
净债务国	3.1	6.8	6.6	5.6	4.7	—	—
官方融资型	4.3	7.2	7.1	6.4	5.7	—	—
债务拖欠或重组国②	3.3	6.7	6.5	5.8	4.9	—	—
人均实际GDP增长率							
先进经济体	2.0	2.4	1.9	0.9	-0.1	—	—
新兴市场和发展中国家	1.6	6.6	6.7	5.6	4.8	—	—
世界GDP(亿美元)							
基于市场汇率	273830	486650	545850	620540	641680	—	—
基于购买力平价	317290	606100	652810	692290	723950	—	—

注：＊表中最后两列数据来自IMF 2008年11月6日发布的《世界经济展望》最新预测数据。在2008年10月期WEO发布后的一个月，由于金融部门杠杆率继续下降，生产者和消费者信心跌落，全球经济增长的前景恶化。IMF认为金融危机将比10月期WEO的预测更严重，持续时间也会更长。相比10月期的WEO，11月期的WEO对石油价格2009年的基线预测已从每桶100.5美元下调到68美元，并假设2009年美国和欧元区利率将降低约1个百分点，日本将下降0.25个百分点。①这里的“其他先进经济体”指除去美国、欧元区国家和日本以外的先进经济体。②指2002～2006年间有债务拖欠或重组经历的国家。

资料来源：IMF，*World Economic Outlook*，2008年10月；*World Economic Outlook Update*，2008年11月。

表1－2　GDP不变价增长率回顾与展望：部分国家和地区（2000～2009年）

单位：%

国家和地区	2000	2001	2002	2003	2004	2005	2006	2007	2008	2009
阿尔及利亚	2.2	2.7	4.7	6.9	5.2	5.1	2.0	4.6	4.9	4.5
阿根廷	-0.8	-4.4	-10.9	8.8	9.0	9.2	8.5	8.7	6.5	3.6
澳大利亚	3.5	2.1	4.2	3.0	3.9	2.8	2.7	4.2	2.5	2.2
奥地利	3.7	0.5	1.6	0.8	2.5	2.9	3.4	3.1	2.0	0.8
比利时	3.9	0.9	1.4	1.0	2.7	2.0	2.9	2.8	1.4	0.2
巴西	4.3	1.3	2.7	1.1	5.7	3.2	3.8	5.4	5.2	3.5
加拿大	5.2	1.8	2.9	1.9	3.1	2.9	3.1	2.7	0.7	1.2
智利	4.5	3.5	2.2	4.0	6.0	5.6	4.3	5.1	4.5	3.8
中国	8.4	8.3	9.1	10.0	10.1	10.4	11.6	11.9	9.7	9.3
哥伦比亚	2.9	2.2	2.5	4.6	4.7	5.7	6.8	7.7	4.0	3.5
捷克	3.6	2.5	1.9	3.6	4.5	6.3	6.8	6.6	4.0	3.4

续表 1-2

国家和地区	2000	2001	2002	2003	2004	2005	2006	2007	2008	2009
丹麦	3.5	0.7	0.5	0.4	2.3	2.5	3.9	1.7	1.0	0.5
埃及	5.4	3.5	3.2	3.2	4.1	4.5	6.8	7.1	7.2	6.0
法国	3.9	1.9	1.0	1.1	2.5	1.9	2.2	2.2	0.8	0.2
德国	3.2	1.2	0.0	-0.2	1.2	0.8	3.0	2.5	1.9	0.0
希腊	4.5	4.5	3.9	5.0	4.6	3.8	4.2	4.0	3.2	2.0
中国香港	8.0	0.5	1.8	3.0	8.5	7.1	7.0	6.4	4.1	3.5
匈牙利	5.2	4.1	4.4	4.2	4.8	4.1	3.9	1.3	1.9	2.3
印度	5.7	3.9	4.6	6.9	7.9	9.1	9.8	9.3	7.9	6.9
印度尼西亚	5.4	3.6	4.5	4.8	5.0	5.7	5.5	6.3	6.1	5.5
伊朗	5.1	3.7	7.5	7.2	5.1	4.7	5.8	6.4	5.5	5.0
爱尔兰	9.2	5.8	6.4	4.5	4.7	6.4	5.7	6.0	-1.8	-0.6
以色列	8.9	-0.3	-0.6	1.8	5.0	5.1	5.2	5.4	4.3	2.8
意大利	3.7	1.8	0.5	0.0	1.5	0.6	1.8	1.5	-0.1	-0.2
日本	2.9	0.2	0.3	1.4	2.7	1.9	2.4	2.1	0.7	0.5
韩国	8.5	3.8	7.0	3.1	4.7	4.2	5.1	5.0	4.1	3.5
卢森堡	8.4	2.5	4.1	2.1	4.9	5.0	6.1	4.5	2.3	1.8
马来西亚	8.7	0.5	5.4	5.8	6.8	5.3	5.8	6.3	5.8	4.8
墨西哥	6.6	-0.2	0.8	1.7	4.0	3.1	4.9	3.2	2.1	1.8
荷兰	3.9	1.9	0.1	0.3	2.2	2.0	3.4	3.5	2.3	1.0
新西兰	3.8	2.6	4.9	4.1	4.5	2.7	1.9	3.2	0.7	1.5
尼日利亚	5.3	8.2	21.2	10.3	10.6	5.4	6.2	5.9	6.2	8.1
挪威	3.3	2.0	1.5	1.0	3.9	2.7	2.5	3.7	2.5	1.2
巴基斯坦	4.3	2.0	3.2	4.8	7.4	7.7	6.9	6.4	5.8	3.5
秘鲁	3.0	0.2	5.0	4.0	5.1	6.7	7.7	8.9	9.2	7.0
菲律宾	6.0	1.8	4.4	4.9	6.4	5.0	5.4	7.2	4.4	3.8
波兰	4.3	1.2	1.4	3.9	5.3	3.6	6.2	6.6	5.2	3.8
葡萄牙	3.9	2.0	0.8	-0.8	1.5	0.9	1.4	1.9	0.6	0.1
俄罗斯	10.0	5.1	4.7	7.3	7.2	6.4	7.4	8.1	7.0	5.5
沙特阿拉伯	4.9	0.5	0.1	7.7	5.3	5.6	3.0	3.5	5.9	4.3
新加坡	10.1	-2.4	4.2	3.5	9.0	7.3	8.2	7.7	3.6	3.5
南非	4.2	2.7	3.7	3.1	4.9	5.0	5.4	5.1	3.8	3.3
西班牙	5.1	3.6	2.7	3.1	3.3	3.6	3.9	3.7	1.4	-0.2
瑞典	4.4	1.1	2.4	1.9	4.1	3.3	4.1	2.7	1.2	1.4
瑞士	3.6	1.2	0.4	-0.2	2.5	2.5	3.4	3.3	1.7	0.7
中国台湾	5.8	-2.2	4.6	3.5	6.2	4.2	4.9	5.7	3.8	2.5
泰国	4.8	2.2	5.3	7.1	6.3	4.5	5.1	4.8	4.7	4.5
土耳其	6.8	-5.7	6.2	5.3	9.4	8.4	6.9	4.6	3.5	3.0
阿联酋	12.4	1.7	2.6	11.9	9.7	8.2	9.4	7.4	7.0	6.0
英国	3.9	2.5	2.1	2.8	2.8	2.1	2.8	3.0	1.0	-0.1
美国	3.7	0.8	1.6	2.5	3.6	2.9	2.8	2.0	1.6	0.1
委内瑞拉	3.7	3.4	-8.9	-7.8	18.3	10.3	10.3	8.4	6.0	2.0
越南	6.8	6.9	7.1	7.3	7.8	8.4	8.2	8.5	6.3	5.5

资料来源：IMF，*World Economic Outlook Database*，2008 年 10 月。

表1-3-1　市场汇率计GDP：部分国家和地区（2001～2009年）

单位：亿美元

2007年位次	国家和地区	2001	2002	2003	2004	2005	2006	2007	2008	2009
1	美国	101280	104696	109608	116859	124219	131784	138076	143340	145714
2	日本	40980	39251	42349	46081	45607	43771	43816	48444	48033
3	德国	18926	20241	24469	27488	27945	29150	33209	38185	37733
4	中国	13248	14538	16410	19316	22358	26578	32802	42224	47724
5	英国	14714	16147	18628	21993	22801	24357	28044	27874	27342
6	法国	13411	14637	18052	20611	21475	22713	25938	29781	30111
7	意大利	11183	12232	15101	17301	17794	18583	21047	23993	24073
8	西班牙	6096	6887	8854	10457	11321	12334	14400	16832	17034
9	加拿大	7156	7348	8683	9940	11334	12790	14361	15641	15704
10	巴西	5544	5057	5522	6636	8818	10724	13136	16647	15877
11	俄罗斯	3066	3455	4314	5919	7643	9886	12895	17787	20669
12	印度	4731	4950	5732	6694	7831	8778	11007	12374	13503
13	墨西哥	6728	7020	7003	7594	8470	9489	10228	11426	11922
14	韩国	4820	5479	6083	6812	7916	8884	9699	9535	10195
15	澳大利亚	3681	4130	5278	6406	7132	7554	9090	10693	10806
16	荷兰	4010	4394	5393	6107	6396	6780	7772	9095	9309
17	土耳其	1927	2310	3041	3929	4828	5287	6593	7989	7891
18	瑞典	2255	2494	3118	3577	3672	3936	4548	5129	5086
19	比利时	2321	2527	3105	3593	3764	3982	4543	5306	5393
20	印度尼西亚	1607	1956	2348	2570	2859	3644	4329	4968	5523
21	瑞士	2552	2795	3253	3634	3726	3887	4271	4926	4800
22	波兰	1904	1982	2168	2530	3040	3417	4221	5674	6020
23	挪威	1710	1932	2253	2590	3022	3374	3895	4811	4665
24	中国台湾	2919	2977	3054	3311	3562	3655	3833	4241	4433
25	沙特阿拉伯	1833	1888	2149	2507	3158	3566	3819	5283	5689
26	奥地利	1903	2067	2525	2894	3045	3231	3712	4324	4382
27	希腊	1310	1488	1937	2303	2474	2687	3138	3735	3870
28	丹麦	1606	1744	2130	2450	2586	2763	3120	3696	3761
29	伊朗	1154	1164	1340	1613	1880	2221	2853	3823	4426
30	南非	1186	1111	1667	2163	2422	2573	2831	3004	3269
31	爱尔兰	1048	1230	1577	1852	2020	2226	2612	2850	2838
32	阿根廷	2687	977	1276	1520	1815	2127	2601	3387	3951
33	芬兰	1253	1360	1650	1894	1960	2097	2464	2876	2923
34	泰国	1155	1269	1426	1613	1764	2067	2454	2721	2951
35	委内瑞拉	1229	929	834	1128	1441	1843	2278	3318	3797
36	葡萄牙	1158	1279	1567	1792	1858	1952	2234	2555	2578
37	中国香港	1666	1638	1586	1659	1778	1900	2072	2238	2389
38	哥伦比亚	929	929	918	1138	1445	1602	2026	2498	2630
39	阿联酋	687	759	890	1073	1352	1641	1907	2700	2935
40	马来西亚	928	1008	1102	1248	1380	1569	1867	2147	2311

资料来源：IMF，*World Economic Outlook Database*，2008年10月。

表 1-3-2　购买力平价计 GDP：部分国家和地区（2001~2009 年）*

单位：亿国际美元

2007 年位次	国家和地区	2001	2002	2003	2004	2005	2006	2007	2008	2009
1	美国	101280	104696	109608	116859	124219	131784	138076	143340	145714
2	中国	33342	37011	41578	46979	53144	61219	70348	78903	87580
3	日本	32885	33546	34745	36663	38728	40945	42922	44052	44900
4	印度	16165	17196	18766	20962	23544	26688	29966	33054	35913
5	德国	22392	22784	23215	24157	25132	26714	28123	29195	29619
6	英国	15862	16477	17302	18318	19303	20490	21678	22315	22610
7	俄罗斯	12059	12847	14078	15487	16980	18824	20896	22852	24495
8	法国	15974	16420	16952	17769	18686	19707	20677	21252	21594
9	巴西	12770	13338	13778	14947	15846	16971	18371	19759	20778
10	意大利	14530	14851	15165	15758	16324	17160	17879	18213	18433
11	墨西哥	10664	10940	11361	12316	12952	14025	14863	15503	16034
12	西班牙	9528	9956	10483	11106	11839	12696	13515	14003	14192
13	加拿大	9235	9671	10062	10658	11310	12037	12697	13071	13436
14	韩国	7771	8458	8905	9571	10274	11149	12019	12789	13447
15	土耳其	4939	5335	5736	6586	7473	8246	8859	9371	9807
16	印度尼西亚	5302	5637	6032	6502	7052	7680	8385	9091	9745
17	澳大利亚	5382	5706	6001	6364	6725	7132	7629	7991	8301
18	伊朗	4584	5012	5486	5916	6346	6933	7575	8168	8717
19	中国台湾	4498	4789	5062	5510	5922	6412	6961	7388	7693
20	荷兰	4930	5020	5144	5391	5715	6099	6480	6754	6924
21	波兰	4097	4229	4486	4849	5180	5679	6220	6690	7053
22	南非	3628	3696	4064	4390	4910	5221	5551	6005	6363
23	阿根廷	3308	2999	3334	3730	4196	4698	5241	5705	6005
24	泰国	3232	3463	3789	4133	4454	4832	5198	5564	5909
25	沙特阿拉伯	3069	3237	3409	3665	3980	4330	4674	4960	5206
26	巴基斯坦	2543	2671	2860	3117	3403	3756	4103	4437	4665
27	埃及	2618	2748	2896	3097	3333	3676	4043	4431	4772
28	哥伦比亚	2358	2458	2626	2840	3105	3422	3786	4025	4232
29	比利时	2841	2930	3021	3191	3362	3572	3772	3899	3963
30	马来西亚	2191	2350	2539	2776	3013	3290	3593	3883	4133
31	瑞典	2421	2523	2625	2788	2959	3179	3354	3460	3560

续表 1－3－2

2007年位次	国家和地区	2001	2002	2003	2004	2005	2006	2007	2008	2009
32	委内瑞拉	2181	2022	1905	2312	2641	3008	3349	3628	3759
33	希腊	2183	2308	2475	2656	2828	3042	3249	3425	3550
34	乌克兰	1804	1931	2161	2488	2630	2913	3219	3500	3645
35	奥地利	2361	2442	2514	2638	2798	2986	3160	3287	3360
36	瑞士	2308	2359	2405	2531	2660	2838	3012	3132	3204
37	菲律宾	1856	1972	2114	2309	2502	2723	2997	3198	3372
38	中国香港	1808	1873	1971	2196	2431	2685	2933	3120	3280
39	尼日利亚	1484	1830	2062	2351	2446	2682	2917	3167	3478
40	捷克	1609	1669	1766	1911	2073	2285	2501	2659	2792

注：＊各国购买力平价（PPP）数据参见 IMF，*World Economic Outlook Database* 数据库。

资料来源：IMF，*World Economic Outlook Database*，2008 年 10 月。

表 1－4　人均 GDP：部分国家和地区（2007～2009 年）

市场汇率计人均 GDP(美元)					购买力平价计人均 GDP(国际美元)				
2007年位次	国家和地区	2007	2008	2009	2007年位次	国家和地区	2007	2008	2009
1	卢森堡	103125	118045	119031	1	卡塔尔	85638	86670	96275
2	挪威	83485	102525	98822	2	卢森堡	79660	81730	83058
3	卡塔尔	78754	106460	118263	3	挪威	53152	55199	56343
4	冰岛	64548	60122	53708	4	文莱	50790	50596	51972
5	爱尔兰	60209	64660	63788	5	新加坡	49754	51649	53281
6	瑞士	58513	67379	65564	6	美国	45725	47025	47335
7	丹麦	57137	67387	68363	7	爱尔兰	43414	42780	42754
8	瑞典	49603	55624	54908	8	中国香港	42124	44413	46273
9	芬兰	46856	54578	55345	9	瑞士	41265	42841	43760
10	荷兰	46774	54445	55454	10	科威特	39344	40943	42506
11	英国	46099	45681	44720	11	冰岛	39168	39665	38620
12	美国	45725	47025	47335	12	荷兰	38995	40434	41247
13	奥地利	44852	52159	52777	13	加拿大	38614	39339	40041
14	加拿大	43674	47073	46799	14	奥地利	38181	39647	40462
15	澳大利亚	43163	50150	50053	15	阿联酋	37941	39077	40039

续表 1-4

市场汇率计人均 GDP(美元)					购买力平价计人均 GDP(国际美元)				
2007 年位次	国家和地区	2007	2008	2009	2007 年位次	国家和地区	2007	2008	2009
18	法国	42034	48012	48293	16	丹麦	37265	38208	38818
19	德国	40400	46499	45999	17	瑞典	36578	37526	38432
20	意大利	35745	40450	40298	18	澳大利亚	36226	37478	38451
21	新加坡	35163	41291	44113	19	英国	35634	36571	36981
22	日本	34296	37940	37644	20	比利时	35388	36322	36656
23	科威特	33687	46397	45814	22	德国	34212	35552	36107
26	新西兰	30390	31714	30556	23	日本	33596	34501	35189
27	中国香港	29753	31849	33705	24	法国	33509	34262	34633
34	韩国	20015	19638	20955	26	意大利	30365	30705	30857
38	中国台湾	16697	18306	18966	27	中国台湾	30322	31892	32915
51	波兰	11072	14893	15808	33	新西兰	26611	27017	27515
54	智利	9884	10814	10081	35	韩国	24803	26341	27641
55	墨西哥	9717	10747	11103	39	沙特	22852	24120	24936
57	俄罗斯	9075	12579	14688	54	俄罗斯	14705	16161	17407
64	马来西亚	6956	7866	8325	55	墨西哥	14120	14582	14932
65	巴西	6938	8676	8169	60	马来西亚	13385	14225	14886
67	阿根廷	6609	8522	9843	61	阿根廷	13318	14354	14963
69	南非	5916	6170	6648	77	南非	9767	10187	10587
93	泰国	3732	4099	4401	79	巴西	9703	10298	10690
108	中国	2483	3180	3577	84	泰国	7907	8380	8811
116	印度尼西亚	1925	2181	2393	101	中国	5325	5943	6564
118	埃及	1739	2109	2652	121	印度尼西亚	3728	3990	4223
120	菲律宾	1626	1908	1987	129	越南	2589	2774	2932
135	印度	942	1043	1122	130	印度尼西亚	2563	2787	2985
139	巴基斯坦	909	1000	1048	154	孟加拉国	1311	1408	1484

资料来源：IMF，*World Economic Outlook Database*，2008 年 10 月。

（二）世界通货膨胀、失业形势回顾与展望

表2－1－1　通货膨胀率*回顾与展望（1990～2013年）

单位：%

国家和地区	1990～1999	2003	2004	2005	2006	2007	2008	2009	2013
先进经济体	3.0	1.8	2.0	2.3	2.4	2.2	3.6	2.0	2.0
美国	3.0	2.3	2.7	3.4	3.2	2.9	4.2	1.8	2.1
欧元区①	—	2.1	2.1	2.2	2.2	2.1	3.5	1.9	1.9
日本	1.2	-0.3	—	-0.3	0.3	—	1.6	0.9	1.5
其他先进经济体②	3.5	1.8	1.7	2.1	2.1	2.1	3.9	3.0	2.2
新兴市场和发展中国家	51.3	6.6	5.9	5.7	5.4	6.4	9.4	7.8	4.8
非洲	24.9	8.6	6.4	7.1	6.3	6.2	10.2	8.3	4.8
中东欧	60.1	10.1	6.3	5.1	5.4	5.6	7.8	5.7	3.2
独联体	—	12.3	10.4	12.1	9.4	9.7	15.6	12.6	7.5
俄罗斯	—	13.7	10.9	12.7	9.7	9.0	14.0	12.0	7.7
亚洲发展中国家	8.7	2.6	4.1	3.8	4.2	5.4	7.8	6.2	3.7
中国	7.5	1.2	3.9	1.8	1.5	4.8	6.4	4.3	3.3
印度	9.5	3.8	3.8	4.2	6.2	6.4	7.9	6.7	3.9
中东	10.9	6.1	7.1	6.2	7.0	10.6	15.8	14.4	8.2
拉美	98.4	10.5	6.6	6.3	5.3	5.4	7.9	7.3	5.6
巴西	325.4	14.8	6.6	6.9	4.2	3.6	5.7	5.1	4.5
燃料出口国	76.0	11.5	9.8	9.6	8.5	9.8	15.2	13.4	8.7
非燃料出口国	45.1	5.5	5.0	4.8	4.7	5.6	8.1	6.5	3.9
初级产品出口国	55.0	6.6	4.0	7.2	7.4	6.5	10.7	8.3	4.8
净债务国	52.2	7.3	5.4	5.9	6.1	5.9	8.7	7.5	4.3
官方融资型	17.5	6.6	7.3	7.9	7.5	8.9	15.6	12.9	6.0
债务拖欠或重组国③	28.5	7.6	5.8	8.6	9.9	7.2	10.7	10.6	5.8
欧盟	10.0	2.2	2.3	2.3	2.3	2.4	3.9	2.4	2.1

注：*以消费者物价衡量的通货膨胀率。①基于 Eurostat 消费协调价格指数。②这里的“其他先进经济体”指除去美国、欧元区国家和日本以外的先进经济体。③指 2002～2006 年间有债务拖欠或重组经历的国家。

资料来源：IMF，*World Economic Outlook*，2008 年 10 月。

表 2-1-2 原油价格

(1960~2007 年、1998 年第 4 季度~2008 年第 2 季度)

单位：美元/桶

年份	世界平均原油价格	阿联酋迪拜油	英国布伦特油	美国西得克萨斯中质油	季度	世界平均原油价格	阿联酋迪拜油	英国布伦特油	美国西得克萨斯中质油
1960	1.85	1.79	1.93	2.97	1998Q4	11.85	11.56	11.09	12.90
1970	1.79	1.80	2.23	3.35	1999Q1	11.64	10.93	11.09	12.90
1971	2.19	2.21	3.21	3.56	1999Q2	16.03	15.20	15.33	17.57
1972	2.44	2.48	3.61	3.56	1999Q3	20.44	19.48	20.33	21.53
1973	3.27	2.86	4.25	3.87	1999Q4	23.81	22.70	24.05	24.67
1974	11.50	10.98	12.93	10.37	2000Q1	26.62	24.29	26.77	28.79
1975	11.45	10.43	11.50	11.16	2000Q2	26.77	24.95	26.54	28.81
1976	11.55	11.63	13.14	12.65	2000Q3	29.88	27.60	30.34	31.72
1977	12.51	12.57	14.31	14.22	2000Q4	29.67	27.49	29.58	31.94
1978	12.78	12.92	14.26	14.85	2001Q1	26.07	23.62	25.82	28.78
1979	29.83	29.82	32.11	25.09	2001Q2	26.73	25.08	27.24	27.85
1980	35.71	35.85	37.89	37.88	2001Q3	25.21	23.90	25.25	26.49
1981	34.04	34.29	36.68	36.17	2001Q4	19.31	18.24	19.34	20.36
1982	31.54	31.76	33.42	32.67	2002Q1	20.92	20.02	21.16	21.60
1983	29.47	28.47	29.78	30.60	2002Q2	25.20	24.28	25.07	26.26
1984	28.55	27.51	28.74	29.39	2002Q3	26.94	25.57	26.91	28.32
1985	27.37	26.51	27.61	27.99	2002Q4	26.74	25.07	26.86	28.28
1986	14.17	13.06	14.43	15.02	2003Q1	31.34	28.56	31.43	34.02
1987	18.20	16.96	18.44	19.19	2003Q2	26.49	24.37	26.13	28.98
1988	14.77	13.36	14.98	15.97	2003Q3	28.38	26.51	28.44	30.20
1989	17.91	15.78	18.25	19.69	2003Q4	29.36	27.50	29.41	31.18
1990	22.99	20.73	23.71	24.52	2004Q1	32.13	29.18	31.95	35.23
1991	19.37	16.61	19.98	21.51	2004Q2	35.63	32.98	35.49	38.35
1992	19.04	17.14	19.41	20.56	2004Q3	40.55	36.09	41.59	43.89
1993	16.79	14.91	17.00	18.46	2004Q4	42.73	35.57	44.16	48.31
1994	15.95	14.83	15.83	17.18	2005Q1	46.13	41.07	47.64	49.65
1995	17.20	16.13	17.06	18.43	2005Q2	50.78	47.69	51.61	53.05
1996	20.37	18.54	20.45	22.13	2005Q3	59.96	55.34	61.55	63.06
1997	19.27	18.10	19.12	20.59	2005Q4	56.55	52.70	56.94	60.02
1998	13.07	12.09	12.72	14.42	2006Q1	61.00	57.85	61.91	63.33
1999	17.98	17.08	17.70	19.17	2006Q2	68.30	64.68	69.83	70.47
2000	28.23	26.09	28.31	30.32	2006Q3	68.76	65.87	70.09	70.42
2001	24.33	22.71	24.41	25.87	2006Q4	59.03	57.33	59.72	59.99
2002	24.95	23.73	25.00	26.12	2007Q1	57.19	55.58	58.07	58.03
2003	28.89	26.73	28.85	31.10	2007Q2	66.13	64.71	68.73	64.96
2004	37.76	33.46	38.30	41.45	2007Q3	73.57	69.97	75.04	75.48
2005	53.35	49.20	54.44	56.44	2007Q4	87.62	83.21	89.01	90.67
2006	64.27	61.43	65.39	66.05	2008Q1	95.47	91.30	96.67	97.94
2007	71.13	68.37	72.71	72.29	2008Q2	121.11	116.67	122.48	123.97

资料来源：IMF，*International Financial Statistics*，2008 年 10 月。

表2-2　失业率：先进经济体（2001～2009年）

单位：%

国家和地区	2001	2002	2003	2004	2005	2006	2007	2008	2009
澳大利亚	6.3	6.8	6.4	5.9	5.4	5.0	4.8	4.4	4.3
奥地利	3.6	3.6	4.2	4.3	4.8	5.2	4.8	4.4	4.2
比利时	6.9	6.6	7.5	8.2	8.4	8.5	8.3	7.5	7.1
加拿大	6.8	7.2	7.6	7.6	7.2	6.8	6.3	6.0	6.2
塞浦路斯	3.4	3.0	3.3	4.1	4.7	5.3	4.6	3.9	3.9
丹麦	5.4	4.7	4.8	5.7	5.8	5.1	3.9	2.8	1.8
芬兰	9.8	9.1	9.1	9.0	8.8	8.4	7.7	6.8	6.2
法国	9.1	8.4	8.6	9.0	9.3	9.3	9.2	8.3	7.7
德国	6.9	6.9	7.7	8.8	9.2	10.6	9.8	8.4	7.4
希腊	11.4	10.8	10.3	9.7	10.5	9.9	8.9	8.3	7.7
中国香港	5.1	4.9	7.2	7.9	6.9	5.7	4.8	4.1	3.5
冰岛	1.3	1.4	2.5	3.4	3.1	2.1	1.3	1.0	2.2
爱尔兰	4.3	3.9	4.4	4.7	4.5	4.4	4.4	4.5	5.7
以色列	8.8	9.3	10.3	10.8	10.4	9.0	8.4	7.3	6.0
意大利	10.2	9.1	8.7	8.5	8.1	7.7	6.8	6.2	6.7
日本	4.7	5.0	5.4	5.3	4.7	4.4	4.1	3.8	4.1
韩国	4.4	4.0	3.3	3.6	3.7	3.7	3.5	3.3	3.1
卢森堡	2.5	2.3	2.6	3.5	3.9	4.2	4.4	4.4	4.4
马耳他	6.8	7.6	7.5	7.6	7.4	7.3	7.3	6.4	6.5
荷兰	2.9	2.2	2.8	3.7	4.6	4.7	3.9	3.2	2.8
新西兰	6.0	5.3	5.2	4.6	3.9	3.7	3.8	3.6	4.0
挪威	3.4	3.5	3.9	4.5	4.5	4.6	3.4	2.5	2.5
葡萄牙	4.0	4.0	5.0	6.3	6.7	7.6	7.7	8.0	7.6
新加坡	2.7	2.7	3.6	4.0	3.4	3.1	2.7	2.1	2.1
斯洛文尼亚	7.0	6.2	6.3	6.7	6.3	6.5	5.9	4.8	4.8
西班牙	13.9	10.6	11.5	11.5	11.0	9.2	8.5	8.3	11.2
瑞典	5.6	4.9	4.9	5.6	6.3	7.6	7.0	6.1	6.6
瑞士	1.7	1.6	2.3	3.4	3.5	3.4	3.0	2.5	2.6
中国台湾	3.0	4.6	5.2	5.0	4.4	4.1	3.9	3.9	3.9
英国	5.5	5.1	5.2	5.0	4.8	4.8	5.4	5.4	5.4
美国	4.0	4.7	5.8	6.0	5.5	5.1	4.6	4.6	5.6

资料来源：IMF，*World Economic Outlook Database*，2008年10月。

（三）世界财政形势回顾与展望

表 3-1　一般政府、中央政府财政余额占 GDP 比例：先进经济体（2001~2009 年）

单位：%

国家和地区	2001	2002	2003	2004	2005	2006	2007	2008	2009
一般政府财政余额占 GDP 比例									
先进经济体	-1.4	-3.2	-3.8	-3.2	-2.4	-1.4	-1.2	-2.2	-2.7
美国	-0.4	-3.8	-4.8	-4.4	-3.3	-2.2	-2.7	-4.1	-4.6
欧元区	-1.9	-2.6	-3.1	-3.0	-2.5	-1.3	-0.6	-1.5	-2.0
德国	-2.8	-3.7	-4.0	-3.8	-3.3	-1.5	-0.2	-0.3	-0.8
法国①	-1.5	-3.1	-4.1	-3.6	-3.0	-2.4	-2.7	-3.3	-3.9
意大利	-3.1	-2.9	-3.5	-3.5	-4.2	-3.4	-1.6	-2.6	-2.9
西班牙	-0.6	-0.5	-0.2	-0.3	1.0	2.0	2.2	-1.6	-2.5
荷兰	-0.2	-2.0	-3.0	-1.9	-0.2	0.6	0.6	1.1	1.7
比利时	0.6	—	—	—	-2.3	0.4	-0.1	-0.4	-1.3
奥地利②	-0.2	-0.8	-1.5	-3.9	-1.6	-1.6	-0.7	-0.7	-1.1
芬兰	5.0	4.2	2.4	2.2	2.7	4.0	5.2	4.9	3.7
希腊	-4.5	-4.7	-5.6	-7.4	-5.1	-2.6	-2.8	-2.8	-2.3
葡萄牙	-4.3	-2.9	-2.9	-3.4	-6.1	-3.9	-2.6	-2.2	-2.3
爱尔兰	0.9	-0.4	0.3	1.4	1.5	2.9	0.3	-4.0	-4.7
卢森堡	6.1	2.1	0.5	-1.2	-0.1	1.3	3.0	1.7	1.0
斯洛文尼亚	-1.3	-1.5	-1.3	-1.3	-1.1	-0.8	-0.1	0.1	-0.3
日本	-6.3	-8.0	-8.0	-6.2	-5.0	-3.8	-3.2	-3.4	-3.9
英国	0.6	-1.9	-3.3	-3.4	-3.3	-2.6	-2.7	-3.5	-4.4
加拿大	0.7	-0.1	-0.1	0.9	1.5	1.3	1.4	0.7	0.6
韩国	0.6	2.3	2.7	2.2	1.9	1.8	3.8	1.6	1.8
澳大利亚	0.8	1.0	1.6	2.1	2.6	2.1	1.6	1.8	1.8
中国台湾	-6.4	-4.2	-2.7	-2.8	-0.6	-0.6	-0.3	-0.1	-1.2
瑞典	1.7	-1.4	-1.2	0.6	2.0	2.2	3.4	2.5	1.0
瑞士	—	-1.2	-1.8	-1.3	0.5	2.3	2.5	1.5	1.4
中国香港	-4.9	-4.8	-3.2	1.7	1.0	4.0	7.6	0.1	2.6
丹麦	1.2	0.2	-0.1	1.9	5.0	4.9	4.8	3.2	3.0

续表 3－1

国家和地区	2001	2002	2003	2004	2005	2006	2007	2008	2009
挪威	13.3	9.2	7.3	11.1	15.1	18.5	17.4	20.4	19.7
以色列	-4.3	-4.6	-7.0	-4.3	-2.5	-1.4	-0.8	-1.9	-2.0
新加坡	4.8	4.0	5.7	6.0	7.6	7.6	9.0	6.3	5.9
新西兰③	1.6	1.7	3.4	4.6	5.7	5.3	2.6	1.4	0.8
冰岛	-0.7	-2.5	-2.8	-	4.9	6.3	5.5	2.0	-3.3
主要先进经济体	-1.7	-4.0	-4.8	-4.2	-3.4	-2.4	-2.2	-3.2	-3.7
亚洲新兴工业经济体	-1.8	-0.2	0.7	1.0	1.6	1.9	3.6	1.4	1.5
不包括社会保障的财政余额占 GDP 比例									
美国	-1.3	-4.3	-5.2	-4.9	-3.8	-2.5	-2.7	-4.1	-4.3
日本	-6.5	-7.9	-8.1	-6.6	-5.4	-3.8	-2.7	-2.7	-3.4
德国	-2.6	-3.3	-3.7	-3.7	-3.1	-1.8	-0.6	—	—
法国	-1.9	-2.9	-3.5	-2.8	-2.8	-2.2	-2.6	-2.7	-2.6
意大利	0.8	1.2	0.7	0.7	-0.1	0.9	2.4	1.5	1.4
加拿大	2.4	1.4	1.4	2.3	2.9	2.6	2.8	2.1	2.1
中央政府财政余额占 GDP 比例									
先进经济体	-0.9	-2.4	-3.0	-2.7	-2.1	-1.5	-1.1	-2.1	-2.2
美国④	0.4	-2.6	-3.8	-3.6	-2.8	-1.9	-2.1	-3.8	-4.3
欧元区	-1.6	-2.1	-2.3	-2.4	-2.2	-1.4	-0.9	-1.2	-1.3
德国⑤	-1.3	-1.7	-1.8	-2.4	-2.1	-1.5	-0.8	-0.8	-0.7
法国	-2.4	-3.6	-3.9	-3.2	-3.0	-2.6	-2.1	-2.1	-2.2
意大利	-3.1	-3.0	-3.0	-2.9	-3.8	-2.7	-2.2	-2.7	-2.9
西班牙	-0.8	-0.7	-0.5	-1.3	0.2	0.6	1.3	-0.2	-0.3
日本⑥	-6.1	-6.6	-6.7	-5.6	-4.3	-4.7	-3.3	-3.5	-3.7
英国	0.9	-1.8	-3.3	-3.1	-3.0	-2.6	-2.7	-3.8	-1.8
加拿大	1.1	0.8	0.3	0.8	0.1	0.7	1	0.4	0.2
其他先进经济体	1.1	0.5	0.6	1.3	2.2	2.8	3.7	2.3	2.3
主要先进经济体	-1.2	-3.0	-3.8	-3.5	-2.9	-2.3	-2.1	-3.1	-3.2
亚洲新兴工业经济体	-0.5	0.4	0.6	1.2	1.6	2.2	3.9	1.4	1.5

注：①对外汇稳定基金的估值变化进行了调整。②基于欧洲国民经济账户体系 1995（European System of Accounts 1995），即 ESA95。③政府收入减支出加上国有企业盈余，不包括私有化收入。④数据基于预算核算。⑤数据基于行政管理核算，不包括社会保障业务。⑥数据基于国民收入核算，不包括社会保障业务。

资料来源：IMF，*World Economic Outlook*，2008 年 10 月。

表 3-2 中央政府财政余额占 GDP 比例：新兴市场和发展中国家（2001～2009 年）

单位：%

国家和地区	2001	2002	2003	2004	2005	2006	2007	2008	2009
新兴市场和发展中国家	-2.8	-3.2	-2.4	-1.2	-0.3	0.3	0.4	0.8	-0.1
地区分组									
非洲	-2.0	-1.7	-1.1	0.4	2.0	4.8	2.0	2.8	1.8
撒哈拉以南	-2.4	-1.7	-2.1	-0.1	1.3	4.4	1.0	1.1	0.6
中东欧	-7.7	-7.9	-6.0	-4.7	-2.9	-2.6	-2.5	-2.5	-2.1
独联体和蒙古	1.9	1.0	1.3	2.9	5.7	5.9	4.7	5.6	3.6
俄罗斯	2.7	1.3	1.7	4.3	7.5	7.4	6.2	6.1	3.6
不含俄罗斯	-0.9	0.1	-0.2	-1.5	0.2	1.4	0.3	4.1	3.9
亚洲发展中国家	-3.9	-3.7	-3.1	-2.2	-2.1	-1.6	-0.7	-1.1	-1.7
中国	-2.8	-3.0	-2.4	-1.5	-1.4	-0.7	1.0	0.8	-0.6
印度	-6.6	-6.1	-5.3	-4.4	-4.2	-3.6	-2.9	-3.6	-3.4
不含中国和印度	-3.7	-3.0	-2.3	-1.9	-1.6	-1.7	-2.2	-3.0	-2.8
中东	-0.2	-1.8	-	3.0	6.3	6.6	5.7	9.7	6.9
拉美	-2.2	-3.3	-3.0	-1.7	-1.8	-1.6	-1.1	-0.5	-1.0
巴西	-1.9	-0.7	-3.7	-1.4	-3.4	-3.2	-2.3	-1.5	-1.8
墨西哥	-0.9	-2.0	-1.3	-1.2	-1.1	-1.7	-2.0	-1.6	-1.5
分析型分组									
出口收入来源									
燃料出口国	1.3	0.5	1.8	4.6	8.1	8.1	6.9	9.6	6.7
非燃料出口国	-3.8	-4.1	-3.5	-2.6	-2.3	-1.6	-1.2	-1.3	-1.7
初级产品出口国	-2.0	-2.7	-1.9	—	2.1	7	5.3	3.3	4.5
对外融资									
净债务国	-4.1	-4.4	-3.8	-2.9	-2.6	-2.0	-2.0	-2.0	-2.0
官方融资型	-4.3	-3.8	-3.2	-2.3	-2.1	0.2	-2.6	-2.6	-2.5
债务拖欠或重组国①	-3.3	-4.5	-2.7	-2.1	-1.6	-0.4	-1.6	-2.1	-1.9
重债穷国	-3.5	-4.0	-3.5	-2.8	-1.7	6.3	-1.2	-1.5	-0.2

注：①指 2002～2006 年间有债务拖欠或重组经历的国家。

资料来源：IMF，*World Economic Outlook*，2008 年 10 月。

（四）世界金融形势回顾与展望

表4－1　广义货币供应量*年增长率：部分国家和地区（2001～2009年）

单位：%

国家和地区	2001	2002	2003	2004	2005	2006	2007	2008	2009
先进经济体									
美国	10.4	6.3	5.0	5.8	4.2	5.2	5.6	—	—
欧元区	8.9	6.3	6.3	6.4	9.2	9.4	10.4	—	—
日本	3.3	1.8	1.6	1.8	2.0	0.9	2.2	—	—
新兴市场和发展中国家	15.4	15.0	16.9	16.6	16.7	21.3	19.6	18.4	15.6
非洲	20.1	18.7	15.5	14.2	17.4	24.6	23.6	23.1	17.6
撒哈拉以南	21.1	21.4	16.9	15.7	19.3	27.1	24.7	24.1	18.8
中东欧	38.2	10.7	10.6	14.8	18.0	18.2	14.5	15.7	12.6
独联体和蒙古	37.9	34.0	39.1	35.6	37.0	42.4	44.7	29.7	24.6
俄罗斯	35.7	33.9	39.4	33.7	36.3	40.5	45.2	26.9	24.3
不包括俄罗斯	43.2	34.3	38.1	41.3	39.0	48.3	43.3	39.3	25.4
亚洲发展中国家	14.9	13.9	16.3	13.9	11.3	17.4	17.6	16.0	14.2
中国	17.6	16.9	19.6	14.4	7.6	17.0	16.5	14.0	13.0
印度	14.7	14.5	16.3	13.3	19.2	21.4	21.0	23.4	19.9
不包括中国、印度	10.2	8.2	9.9	13.2	13.5	15.4	17.4	15.1	12.7
中东	14.0	15.5	12.7	18.8	20.4	22.9	25.4	26.3	22.8
拉美	6.0	13.4	17.1	16.6	17.6	20.3	12.6	14.3	11.7
巴西	7.6	9.9	20.5	16.6	19.2	18.6	9.7	9.2	8.8
墨西哥	16.0	10.8	13.5	12.6	15.0	12.8	11.5	11.5	9.1
燃料出口国	21.6	21.4	23.7	26.6	27.9	36.8	33.1	29.9	24.8
非燃料出口国	14.3	13.8	15.5	14.5	14.3	17.7	16.2	15.3	13.0
初级产品出口国	19.5	13.8	8.7	19.1	17.9	25.0	18.6	13.2	11.4
净债务国	13.5	12.9	13.9	14.8	16.7	18.4	15.7	15.8	13.1
官方融资型	16.9	12.6	16.3	17.0	17.7	22.0	23.1	19.9	15.1
债务拖欠或重组国①	1.3	19.9	14.5	15.7	16.5	19.8	19.0	18.1	16.3

注：*广义货币供应量 M_2 为 M_1 加准货币，其中日本为 M_2 + CDs。①指2002～2006年间有债务拖欠或重组经历的国家。

资料来源：*International Financial Statistics*，2008年7月；*World Economic Outlook*，2008年10月。

表 4-2 汇率*：部分国家和地区

（2000~2008 年、2006 年第 2 季度~2008 年第 2 季度）

币　种	2000	2001	2002	2003	2004	2005	2006	2007	2008①
欧元	1.082	1.116	1.059	0.884	0.805	0.803	0.796	0.729	0.656
英镑	1.516	1.440	1.501	1.634	1.832	1.820	1.843	2.002	1.920
日元	107.700	121.500	125.200	115.800	108.100	110.000	116.300	117.600	106.500
加拿大元	1.485	1.548	1.569	1.397	1.299	1.211	1.134	1.069	1.028
瑞士法郎	1.687	1.686	1.554	1.346	1.242	1.243	1.253	1.199	1.068
韩元	1130.300	1290.800	1249.000	1191.200	1144.100	1023.900	954.500	929.200	1000.000
澳大利亚元	1.717	1.932	1.839	1.534	1.358	1.309	1.327	1.193	1.099
新台币	31.216	33.787	34.571	34.441	33.418	32.156	32.529	32.840	31.114
港币	7.791	7.799	7.799	7.787	7.788	7.777	7.768	7.801	7.801
新加坡元	1.724	1.792	1.791	1.742	1.690	1.664	1.589	1.507	1.366
币　种	2006Q2	2006Q3	2006Q4	2007Q1	2007Q2	2007Q3	2007Q4	2008Q1	2008Q2
欧元	0.796	0.785	0.775	0.763	0.742	0.728	0.690	0.667	0.640
英镑	1.827	1.874	1.917	1.955	1.986	2.020	2.046	1.979	1.970
日元	114.400	116.200	117.700	119.400	120.700	117.800	113.100	105.200	104.500
人民币	8.012	7.967	7.864	7.761	7.677	7.560	7.432	7.163	6.958
加拿大元	1.122	1.121	1.139	1.171	1.098	1.044	0.983	1.005	1.009
瑞士法郎	1.245	1.237	1.236	1.235	1.223	1.198	1.146	1.067	1.032
韩元	949.800	954.800	938.300	939.100	928.600	928.100	921.200	956.600	1018.800
澳大利亚元	1.340	1.321	1.298	1.272	1.204	1.180	1.124	1.103	1.060
港币	7.758	7.776	7.780	7.808	7.816	7.806	7.776	7.795	7.800
新加坡元	1.590	1.579	1.559	1.532	1.525	1.517	1.454	1.409	1.366

注：*汇率单位：英镑为美元/本币，其他货币汇率单位为本币/美元。季度数据为季度平均汇率。①为假设值。

资料来源：IMF，*World Economic Outlook*，2008 年 10 月；IMF，*International Financial Statistics*，2008 年 7 月。

表 4-3 储蓄的来源和使用占 GDP 比例：世界部分国家和地区（1986~2013 年）*

单位：%

类　别	1986~1993	1994~2001	2002	2003	2004	2005	2006	2007	2008	2009	2010~2013
世界											
储蓄	22.7	22.1	20.6	20.9	22.0	22.9	23.9	24.1	24.0	24.1	24.8
投资	22.3	22.4	20.9	21.1	22.0	22.5	23.2	23.5	23.5	23.6	24.4
先进经济体											
储蓄	22.2	21.6	19.1	19.1	19.8	20.1	20.7	20.5	19.6	19.6	19.9

续表 4－3

类　　别	1986～1993	1994～2001	2002	2003	2004	2005	2006	2007	2008	2009	2010～2013
投资	22.7	21.8	19.9	19.9	20.5	21.0	21.4	21.2	20.7	20.2	20.5
净借出	-0.5	-0.2	-0.7	-0.8	-0.7	-0.9	-0.7	-0.7	-1.1	-0.7	-0.6
经常转移差额	-0.4	-0.5	-0.6	-0.6	-0.7	-0.7	-0.7	-0.8	-0.8	-0.8	-0.7
收益差额	-0.3	0.1	0.2	0.1	0.4	0.8	1.1	0.8	0.3	0.3	0.2
贸易差额	0.2	0.2	-0.4	-0.4	-0.5	-0.9	-1.1	-0.7	-0.6	-0.2	—
美国											
储蓄	16.3	17.0	14.2	13.3	13.8	14.8	15.5	14.2	12.6	13.4	14.2
投资	18.8	19.6	18.4	18.4	19.4	20.0	20.1	18.8	17.5	16.7	17.2
净借出	-2.6	-2.6	-4.2	-5.1	-5.5	-5.1	-4.6	-4.6	-4.9	-3.3	-3.0
经常转移差额	-0.4	-0.6	-0.6	-0.7	-0.7	-0.7	-0.7	-0.8	-0.8	-0.7	-0.7
收益差额	-0.4	0.1	0.5	0.1	0.4	1.3	1.8	1.3	0.6	1.1	0.7
贸易差额	-1.7	-2.2	-4.0	-4.5	-5.2	-5.7	-5.7	-5.1	-4.7	-3.6	-3.0
欧元区											
储蓄	—	21.4	20.8	20.8	21.7	21.3	22.1	22.5	21.8	21.4	21.5
投资	—	21.0	20.0	20.1	20.4	20.8	21.6	22.1	22.2	21.8	21.9
净借出	—	0.5	0.8	0.7	1.3	0.5	0.5	0.4	-0.4	-0.4	-0.4
经常转移差额	-0.5	-0.7	-0.7	-0.8	-0.8	-0.9	-1.0	-1.0	-1.0	-1.0	-1.0
收益差额	-0.3	-0.4	-0.9	-0.7	-0.1	-0.2	0.1	-0.3	-0.7	-0.9	-1.2
贸易差额	1.0	1.6	2.4	2.1	2.2	1.7	1.2	1.6	1.2	1.4	1.6
日本											
储蓄	33.7	29.3	25.9	26.1	26.8	27.2	27.8	28.6	27.4	27.0	26.6
投资	30.9	26.9	23.1	22.8	23.0	23.6	24.0	23.8	23.4	23.3	23.4
净借出	2.7	2.3	2.9	3.2	3.7	3.6	3.9	4.7	4.0	3.8	3.2
经常转移差额	-0.1	-0.2	-0.1	-0.2	-0.2	-0.2	-0.2	-0.3	-0.2	-0.2	-0.2
收益差额	0.7	1.2	1.7	1.7	1.9	2.3	2.7	3.1	2.9	2.8	3.0
贸易差额	2.1	1.3	1.3	1.7	2.0	1.5	1.4	1.9	1.3	1.1	0.4
英国											
储蓄	16.1	16.1	15.3	15.1	15.0	14.7	14.2	14.6	13.4	12.7	13.4
投资	18.8	17.4	17.1	16.7	17.1	17.3	17.6	18.4	17.1	16.1	16.4
净借出	-2.6	-1.3	-1.7	-1.6	-2.1	-2.6	-3.4	-3.8	-3.6	-3.4	-3.0
经常转移差额	-0.7	-0.8	-0.8	-0.9	-0.9	-0.9	-0.9	-1.0	-1.0	-1.1	-1.1
收益差额	-0.4	0.3	1.7	1.5	1.5	1.7	0.8	0.6	0.9	0.6	0.6

续表 4－3

类　　别	1986～1993	1994～2001	2002	2003	2004	2005	2006	2007	2008	2009	2010～2013
贸易差额	－1.6	－0.8	－2.6	－2.3	－2.7	－3.4	－3.3	－3.4	－3.5	－3.0	－2.5
亚洲新兴工业经济体											
储蓄	35.7	33.0	29.7	31.5	32.8	31.3	31.4	32.2	31.6	31.3	31.9
投资	29.8	29.9	24.7	24.7	26.5	25.9	26.0	25.9	26.9	27.1	27.9
净借出	5.9	3.1	5.0	6.8	6.3	5.3	5.3	6.3	4.7	4.3	4.0
经常转移差额	0.1	－0.3	－0.7	－0.8	－0.7	－0.7	－0.7	－0.7	－0.7	－0.7	－0.7
收益差额	1.3	0.6	0.5	0.8	0.5	－0.1	0.3	0.9	1.0	0.8	1.0
贸易差额	4.5	2.8	5.2	6.7	6.6	6.1	5.8	6.1	4.4	4.2	3.6
新兴市场经济和发展中国家											
储蓄	24.3	24.2	26.3	28.0	29.7	31.5	33.0	33.4	33.7	33.3	33.4
投资	25.3	25.0	25.0	26.0	27.3	27.3	28.2	29.3	29.7	30.4	31.3
净借出	－2.5	－0.8	1.2	2.0	2.4	4.2	4.8	4.1	4.1	2.9	2.1
经常转移差额	0.5	0.9	1.4	1.6	1.5	1.6	1.5	1.5	1.3	1.2	1.1
收益差额	－1.5	－1.6	－2.0	－2.0	－2.0	－1.6	－1.6	－1.4	－1.7	－1.3	－0.8
贸易差额	－0.8	–	1.8	2.4	2.9	4.2	4.9	4.1	4.4	3.0	1.7
非洲											
储蓄	18.0	18.5	20.3	21.4	22.9	24.2	26.1	25.0	27.3	25.5	24.6
投资	19.5	20.2	22.1	21.8	22.9	22.5	23.3	24.5	24.2	25.1	25.8
净借出	－1.5	－1.6	－1.8	－0.4	0.1	1.7	2.7	0.5	3.1	0.4	－1.2
经常转移差额	2.4	2.6	3.0	3.1	3.2	3.0	2.9	3.0	2.9	2.7	2.5
收益差额	－3.6	－3.9	－4.6	－4.4	－5.0	－5.3	－5.0	－5.6	－5.6	－5.5	－4.6
贸易差额	－0.3	－0.3	－0.1	0.9	1.9	4.0	4.8	3.1	5.8	3.2	0.9
中东欧											
储蓄	25.3	19.9	18.1	17.1	17.4	17.7	18.2	18.6	18.9	19.3	20.4
投资	26.3	22.7	21.3	21.2	22.5	22.2	24.0	25.0	25.6	25.9	26.7
净借出	－1.0	－2.8	－3.2	－4.1	－5.1	－4.5	－5.8	－6.3	－6.7	－6.6	－6.3
经常转移差额	1.4	1.7	1.7	1.5	1.4	1.4	1.4	1.3	1.2	1.3	1.4
收益差额	－1.4	－1.2	－2.1	－2.5	－2.9	－2.5	－2.7	－2.8	－2.5	－2.4	－2.5
贸易差额	－0.9	－3.4	－2.8	－3.2	－3.6	－3.4	－4.6	－4.8	－5.4	－5.5	－5.2
独联体和蒙古											
储蓄	—	24.7	26.6	27.5	29.7	29.9	29.8	29.4	30.4	28.3	25.9
投资	—	21.0	20.2	21.2	21.5	21.1	22.4	25.1	25.0	25.5	26.7

续表 4－3

类　　别	1986～1993	1994～2001	2002	2003	2004	2005	2006	2007	2008	2009	2010～2013
净借出	—	3.6	6.4	6.3	8.3	8.8	7.3	4.3	5.4	2.8	－0.8
经常转移差额	—	0.4	0.6	0.6	0.5	0.6	0.5	0.4	0.3	0.3	0.2
收益差额	—	－2.0	－2.0	－2.8	－2.1	－2.8	－3.5	－3.0	－3.4	－3.0	－2.4
贸易差额	—	5.2	7.9	8.4	9.9	11.0	10.4	6.9	8.4	5.5	1.5
亚洲发展中国家											
储蓄	28.8	32.7	33.7	36.6	38.4	41.4	43.8	45.1	44.6	44.9	46.3
投资	31.4	32.4	31.2	33.8	35.9	37.3	37.9	38.1	39.2	39.7	40.6
净借出	－2.6	0.4	2.5	2.8	2.6	4.1	5.9	7.0	5.4	5.2	5.8
经常转移差额	0.8	1.3	1.9	2.1	2.0	2.1	2.1	2.2	2.0	1.8	1.7
收益差额	－1.8	－1.4	－1.5	－1.1	－1.0	－0.7	－0.6	－0.3	－0.3	—	0.6
贸易差额	－1.6	0.4	2.1	1.8	1.6	2.6	4.4	5.2	3.6	3.4	3.5
中东											
储蓄	17.6	25.5	28.4	32.5	35.7	42.7	43.6	43.3	47.4	42.8	38.4
投资	23.8	22.4	23.7	24.2	24.0	22.7	22.6	24.9	24.5	25.7	26.5
净借出	－6.3	3.1	4.7	8.3	11.6	20.0	21.0	18.4	22.8	17.0	11.9
经常转移差额	－3.5	－2.9	－2.5	－2.2	－2.0	－1.7	－1.8	－1.6	－1.4	－1.4	－1.4
收益差额	2.3	2.6	0.5	0.2	0.3	1.5	2.4	2.7	1.3	2.3	3.8
贸易差额	－5.1	3.3	6.7	10.3	13.3	20.3	20.4	17.3	22.9	16.1	9.5
拉美											
储蓄	18.6	17.7	19.3	19.8	22.0	22.0	23.2	22.7	22.0	21.5	21.4
投资	19.1	20.7	19.9	19.2	20.8	20.5	21.6	22.4	23.1	23.4	23.8
净借出	－0.5	－3.0	－0.7	0.6	1.1	1.5	1.5	0.3	－1.1	－1.9	－2.3
经常转移差额	0.8	0.9	1.7	1.9	2.0	2.0	2.0	1.8	1.5	1.5	1.5
收益差额	－2.3	－2.7	－2.7	－3.0	－2.9	－2.2	－2.3	－2.1	－2.8	－2.5	－2.4
贸易差额	1.0	－1.2	0.3	1.6	2.0	1.7	1.9	0.6	0.2	－1.0	－1.4

注：＊本表数据是根据单个国家（地区）的国民经济核算和国际收支统计估算而来的。国家集团的数据是其中单个国家和地区相应数据美元值的加总。一国储蓄包括国民经济核算中的国内总投资和国际收支中的净对外投资（净借出）。后者等同于经常项目余额，包括三个组成部分：经常转移差额（current transfers）、收益差额（net factor income）和贸易差额（resource balance）。因为数据来源和数据可获得性的不同，对储蓄的估计包含了各类统计误差。此外，国际收支统计中的误差、遗漏和不对称也影响了对净借出的估计。这些误差使得理论上应为零的全球净借出等于世界经常项目差额。尽管存在这些统计缺点，但本表对于分析不同时期、不同地区储蓄和投资的发展变化提供一个有用的分析框架。

资料来源：IMF，*World Economic Outlook*，2008年10月。

表4-4 净金融投资：部分国家和地区资金流量表* （2000~2007年）

	2000	2001	2002	2003	2004	2005	2006	2007
中国(亿人民币元)								
住户部门	7898	10611	14647	3726	15450	26372.2	—	—
非金融企业部门	-5269	-5725	-10450	-14531	-9081	-14716.4	—	—
政府部门	-1000	-1069	-1752	-541	-2430	3310.7	—	—
国外部门	-1696	-1436	-2928	—	-5682	-13503.9	—	—
金融部门	67	-2382	484	2672	1742	-1462.5	—	—
美国(亿美元)①								
住户部门	—	—	-3434	-1018	-2306	-7410	-6569	-1880
非金融企业部门	—	—	87	303	1368	-261	-1705	-454
政府部门	—	—	-3826	-5463	-4686	-4140	-3333	-3747
国外部门	—	—	5017	5354	5544	7733	8293	6774
金融部门	—	—	2156	824	80	4078	3314	-693
德国(亿欧元)								
住户部门	754	973	1013	1251	1334	1437	1388	1335
非金融企业部门	-1371	-414	34	-102	199	139	6	135
政府部门	271	-596	-783	-873	-836	-756	-373	2
国外部门	267	9	-459	-448	-985	-1058	-1218	-1676
金融部门	80	28	196	171	288	237	197	203
中国台湾(亿新台币元)								
住户部门	—	16853	19241	16716	15798	21760	18518	—
非金融企业部门	—	589	-2995	-9641	5603	-10187	2009	—
政府部门	—	-5334	-2180	-1901	-1189	1861	-736	—
国外部门	—	-5982	-8151	-10712	-6892	-3773	-8291	—
金融部门	—	-6126	-5915	5537	-13320	-9661	-11499	—

注：*净金融投资反映机构部门或经济总体资金富余或短缺的状况。从实物交易角度看，它指总储蓄加资本转移收入减资本转移支出和非金融投资后的差额。从金融交易角度看，它是金融资产增加额减金融负债增加额之后的差额。①美国金融部门的净金融投资根据其他四个部门的数据推算得到，金融部门包括货币当局，政府部门包括联邦政府和州地方政府。

资料来源：中国统计年鉴2001~2008年；Board of Governors of the Federal Reserve System, Flow of Funds Accounts of the United States; Deutsche Bundesbank, Financial Accounts for Germany 1991 to 2007; www.cbc.gov.tw。

表 4－5　股票市场市值与指数：全球主要证券交易所（2007 年）

交易所	指数名称	指数					
		最高值	日期②	最低值	日期②	2007 年底值	年增长率①
美洲							
美国证券交易所	综合指数	2562	11－07	1972	3－30	2410	17.2
利马证交所	IGBVL 总指数	23789	7－24	12360	1－9	17525	36.0
墨西哥证交所	IPC 指数	32836	10－18	25783	1－09	29537	11.7
纳斯达克证交所	Nasdaq 综合指数	2859	10－31	2341	5－3	2652	9.8
纽约证券交易所	综合指数	10312	10－31	8838	5－5	9740	6.6
圣地亚哥证交所	IGPA 指数	15618	10－25	12347	1－2	14076	13.8
圣保罗证交所	Bovespa 指数	65790	12－6	41179	3－5	63886	43.7
加拿大 TSX 集团	S&P/TSX 综合指数	14626	7－19	12458	1－10	13833	7.2
欧洲－非洲－中东							
雅典证交所	总价格指数	5335	10－31	3003	9－3	5179	17.9
西班牙交易所	全球 100 指数③	1257	10－31	1080	3－14	1194	5.2
意大利交易所	MIB 指数	33363	5－18	27872	11－22	28525	－8.0
布达佩斯证交所	BUX 指数	30118	7－23	22522	3－7	26236	5.9
德意志证交所	CDAX 指数	490	7－16	402	3－14	4479	17.6
泛欧交易所	SBF250 指数④	4395	6－1	3746	8－18	3956	0.4
爱尔兰证交所	ISEQ 总指数	10041	2－21	6281	11－22	6934	－26.3
伊斯坦布尔证交所	全国 100 指数	58232	10－15	36630	1－10	55538	42.0
伦敦证交所	FTSE 总指数	3479	1－15	3032	8－16	3287	2.0
卢森堡证交所	总价格指数	2055	10－29	1585	1－10	1929	21.2
瑞士证交所	SPI 指数	7747	1－1	6618	11－21	6925	－0.1
维也纳证交所	WBI 指数	1876	6－15	1557	11－21	1654	－1.4
亚太地区							
中国香港证交所	标普大型股票指数	35586	10－30	21912	3－5	33709	38.3
雅加达证交所	JSX 综合指数	2811	12－11	1678	1－12	2746	52.1
韩国证交所	KOSPI 指数	2065	10－31	1356	1－10	1897	32.3
印度国家证交所	CNX500 指数	5355	12－31	2958	3－5	5355	62.5
新西兰证交所	NZSX 总指数	4419	5－24	3927	8－17	4107	－0.3
大阪证交所	300 普通股指数	2049	7－10	1627	11－22	1677	－11.0
菲律宾证交所	PSE 综合指数	3874	10－8	2884	8－17	3622	21.4
上海证交所	上证综合指数	6092	10－16	2613	2－5	5262	96.7
深圳证交所	深证综合指数	1551	10－9	554	1－4	1447	162.8
新加坡证交所	全部股票指数	1066	10－11	782	1－10	970	23.8
泰国证交所	SET 指数	915	10－29	617	1－9	858	26.2
东京证交所	TOPIX 指数	1817	2－26	1437	11－22	1476	－12.2

注：①与 2006 年年底相比的增长率，单位为%；②日期格式为月－日；③巴塞罗那全球 100 指数；④巴黎 SBF250 指数。

资料来源：World Federation of Exchanges，http：//www. fibv. com。

表 4-6 上市债券市值：全球主要证券交易所（2006~2007 年）

单位：亿美元

证券交易所	2007 年				2006 年			
	总计	国内私人部门	国内公共部门	国外部门	总计	国内私人部门	国内公共部门	国外部门
美洲								
布宜诺斯艾利斯交易所	1008.1	42.3	965.8	0.0	1012.9	44.7	968.3	0.0
哥伦比亚证券交易所	5451.1	879.5	4565.6	6.0	7559.8	700.3	6830.6	28.9
利马证券交易所	116.2	48.2	64.6	3.4	90.6	46.8	40.2	3.5
墨西哥证券交易所	552.3	312.4	155.3	84.6	455.3	241.8	147.1	66.5
圣保罗证券交易所	654.9	583.6	71.3	0.0	424.8	368.4	56.4	0.0
加拿大交易所集团(TSX)	130.5	0.0	130.5	0.0	70.3	0.0	70.3	0.0
欧洲-非洲-中东								
雅典证券交易所	2845.9	0.6	2845.3	0.0	2525.7	26.3	2499.4	0.0
西班牙马德里交易所	16212.1	11090.1	5122.1	0.0	12300.3	7765.6	4534.7	0.0
意大利交易所	34007.4	786.7	18062.3	15158.4	28440.3	755.3	15621.7	12063.3
布达佩斯证券交易所	583.6	54.1	529.5	0.0	463.1	50.0	413.1	0.0
开罗及亚历山大证券交易所	129.3	11.3	118.0	0.0	112.7	10.1	102.6	0.0
爱尔兰证券交易所	457.6	—	457.6	—	428.8	—	428.8	—
伊斯坦布尔证券交易所	2543.5	1.1	2157.5	384.9	1909.8	1.0	1546.5	362.4
伦敦证券交易所	38865.7	15854.2	8607.8	14403.6	34916.3	13855.9	7944.1	13116.3
卢森堡证券交易所	79428.6	0.0	0.0	79428.6	74852.1	2150.3	1.2	72700.5
奥斯陆证券交易所	925.5	423.9	482.5	19.1	879.4	430.7	433.5	15.2
瑞士证券交易所	4407.8	1027.2	1103.2	2277.4	4075.8	973.3	1069.6	2032.9
亚太地区								
中国香港证券交易所	548.7	153.0	231.6	164.0	559.9	135.1	225.0	199.9
韩国证券交易所	8876.5	1012.5	7863.5	0.5	8375.5	1086.0	7287.8	1.7
印度国家证券交易所	5040.2	241.5	4797.5	1.3	3771.2	—	—	—
新西兰证券交易所	289.5	74.7	209.3	5.4	235.0	52.8	177.5	4.8
大阪证券交易所	51187.2	56.3	51130.9	0.0	47204.6	73.0	47131.6	0.0
上海证券交易所	2748.0	225.7	2522.3	0.0	2226.4	212.6	2013.8	0.0
深圳证券交易所	33.8	29.7	4.2	0.0	34.1	29.7	4.4	0.0
新加坡证券交易所	3803.8	—	—	—	3110.0	—	—	—
中国台湾证券交易所	1088.4	0.0	1088.4	0.0	1038.1	0.0	1038.1	0.0
泰国证券交易所	1132.2	116.2	1016.0	0.0	869.1	94.8	774.4	0.0
东京证券交易所	147.2	147.2	—	0.0	179.7	179.7	—	0.0

资料来源：World Federation of Exchanges，http：//www.fibv.com。

（五）国际收支形势回顾与展望

表5－1　国际收支平衡表：部分国家（2000～2007年）

单位：亿美元

国　家	2000	2001	2002	2003	2004	2005	2006	2007
美　国								
经常项目差额	－4173	－3846	－4594	－5221	－6402	－7549	－8115	－7386
货物差额	－4520	－4263	－4813	－5476	－6661	－7834	－8346	－8113
服务差额	722	613	577	507	540	690	760	1028
收益差额	211	317	277	454	564	481	366	743
经常转移差额	－586	－513	－636	－706	－844	－885	－896	－1044
资本和金融项目差额	4854	3990	5017	5355	5544	7733	8293	6774
资本项目差额	－10	－13	－15	－35	－24	－41	－39	－23
金融项目差额	4864	4002	5032	5389	5567	7774	8332	6797
直接投资差额	1621	247	－701	－858	－1333	1167	－548	－1310
证券投资差额	3087	3377	3790	4270	7140	6286	5914	7429
金融衍生差额	—	—	—	—	—	—	288	224
其他投资差额	159	428	1979	1962	－268	180	2655	456
储备资产变动	－3	－49	－37	15	28	141	24	－1
净误差与遗漏	－680	－144	－423	－134	858	－185	－178	613
日　本								
经常项目差额	1197	878	1125	1362	1721	1658	1705	2105
货物差额	1167	702	938	1064	1321	940	813	1048
服务差额	－476	－437	－422	－339	－379	－241	－183	－213
收益差额	604	692	658	712	857	1034	1182	1385
经常转移差额	－98	－79	－49	－75	－79	－76	－107	－115
资本和金融项目差额	－1365	－915	－1128	－1192	－1431	－1499	－1391	－2277
资本项目差额	－93	－29	－33	－40	－48	－49	－48	－40
金融项目差额	－1273	－887	－1095	－1152	－1384	－1450	－1343	－2236
直接投资差额	－233	－323	－229	－225	－232	－422	－570	－513
证券投资差额	－360	－463	－1060	－951	230	－133	1275	731
金融衍生差额	－47	14	25	56	24	－65	25	28
其他投资差额	－144	290	630	1840	203	－607	－1754	－2117
储备资产变动	－490	－405	－461	－1872	－1609	－223	－320	－365
净误差与遗漏	169	37	4	－170	－289	－159	－314	172
德　国								
经常项目差额	－290	30	430	528	1305	1480	1812	2545
货物差额	555	874	1258	1447	1861	1943	2009	2787
服务差额	－512	－507	－398	－466	－468	－420	－335	－403
收益差额	－77	－98	－170	－170	256	318	473	579
经常转移差额	－257	－240	－260	－284	－344	－361	－335	－418

续表 5-1

国　家	2000	2001	2002	2003	2004	2005	2006	2007
资本和金融项目差额	404	-110	-390	-706	-1507	-1650	-1892	-3025
资本项目差额	62	-3	-2	4	5	-17	-2	2
金融项目差额	342	-107	-388	-709	-1512	-1633	-1889	-3027
直接投资差额	1503	-131	340	258	-298	-290	-385	-1184
证券投资差额	-1507	267	635	606	193	-371	-124	1920
金融衍生差额	-114	61	-11	-24	-94	-117	-81	-992
其他投资差额	408	-358	-1371	-1556	-1331	-881	-1336	-2759
储备资产变动	52	55	20	7	18	26	37	-12
净误差与遗漏	-114	80	-40	178	202	170	80	479
英　国								
经常项目差额	-374	-314	-246	-245	-352	-550	-936	-1152
货物差额	-499	-593	-718	-795	-1115	-1251	-1429	-1755
服务差额	207	208	253	314	475	449	572	770
收益差额	70	168	355	401	488	472	140	111
经常转移差额	-151	-97	-136	-165	-201	-219	-220	-278
资本和金融项目差额	217	270	141	368	138	749	850	1293
资本项目差额	26	19	14	24	38	28	16	51
金融项目差额	191	251	127	344	100	721	834	1242
直接投资差额	-1241	-80	-248	-380	-202	1039	566	-464
证券投资差额	1585	-552	775	972	-993	-512	-745	1151
金融衍生差额	23	122	14	-85	-143	165	145	-350
其他投资差额	-122	716	-420	-189	1442	46	855	930
储备资产变动	-53	45	6	26	-4	-17	13	-26
净误差与遗漏	157	44	105	-123	214	-199	86	-141
中　国								
经常项目差额	205	174	354	459	687	1608	2499	3718
货物差额	345	340	442	447	590	1342	2177	3154
服务差额	-56	-59	-68	-86	-97	-94	-88	-79
收益差额	-147	-192	-149	-78	-35	106	118	257
经常转移差额	63	85	130	176	229	254	292	387
资本和金融项目差额	-88	-127	-429	-639	-955	-1444	-2368	-3882
资本项目差额	0	-1	0	0	-1	41	40	31
金融项目差额	-87	-126	-429	-638	-954	-1485	-2408	-3913
直接投资差额	375	374	468	472	531	678	603	1214
证券投资差额	-40	-194	-103	114	197	-49	-676	187
其他投资差额	-315	169	-41	-59	379	-40	133	-697
储备资产变动	-107	-474	-752	-1166	-2062	-2073	-2469	-4617
净误差与遗漏	-117	-47	75	180	268	-164	-130	164

资料来源：IMF，Balance of Payments Statistics，2008 年 7 月；中国统计年鉴 2008 年。

表 5－2　经常项目差额及其占 GDP 比例：部分国家和地区（2002～2013 年）

国家和地区	2002	2003	2004	2005	2006	2007	2008	2009	2013
经常项目差额(亿美元)									
先进经济体	-2132	-2093	-2061	-3922	-4540	-3688	-4302	-2686	-1995
美国[①]	-4613	-5234	-6250	-7290	-7881	-7312	-6641	-4859	-4791
欧元区	498	484	1203	467	329	293	-655	-543	-146
日本	1126	1362	1721	1657	1704	2110	1943	1792	1533
其他先进经济体[②]	857	1296	1265	1245	1308	1221	1052	924	1410
亚洲新兴工业经济体	553	805	819	750	844	1061	841	818	1028
新兴市场和发展中国家	769	1445	2151	4459	6170	6342	7849	6129	4933
地区分组									
非洲	-88	-41	21	156	278	40	401	36	-467
中东欧	-231	-368	-576	-594	-877	-1207	-1644	-1742	-2185
独联体和蒙古	303	360	638	883	977	743	1279	809	-1069
亚洲发展中国家	646	825	893	1615	2776	4034	3800	4102	6973
中东	303	591	970	2047	2539	2570	4386	3650	2803
拉美	-163	78	206	352	477	162	-373	-726	-1121
分析型分组									
燃料出口国	616	1064	1858	3539	4396	4055	7113	5588	2395
非燃料出口国	153	381	294	920	1775	2286	736	541	2538
初级产品出口国	-46	-30	2	9	92	103	-17	-43	-52
净债务国	-345	-307	-686	-998	-1044	-1794	-3220	-3716	-5039
官方融资型	-42	-58	-55	-62	-65	-170	-267	-277	-325
债务拖欠或重组国[③]	121	150	1	-97	7	-147	-368	-483	-674
经常项目差额占 GDP 比例(%)									
先进经济体	-0.8	-0.7	-0.6	-1.1	-1.3	-0.9	-1.0	-0.6	-0.4
欧元区	0.7	0.6	1.2	0.5	0.3	0.2	-0.5	-0.4	-0.1
主要先进经济体	-1.5	-1.5	-1.4	-1.8	-2.0	-1.5	-1.3	-0.9	-0.7
亚洲新兴工业经济体	5.0	6.9	6.4	5.2	5.3	6.2	4.7	4.3	4.0
澳大利亚	-3.7	-5.3	-6.1	-5.8	-5.3	-6.2	-4.9	-4.3	-5.0
奥地利	2.7	1.7	2.1	2.0	2.4	3.2	2.8	2.4	2.1
比利时	4.6	4.1	3.5	2.6	2.7	2.1	—	-1.1	-0.9
巴西	-1.5	0.8	1.8	1.6	1.3	0.1	-1.8	-2.0	-1.7

续表 5－2

国家和地区	2002	2003	2004	2005	2006	2007	2008	2009	2013
加拿大	1.7	1.2	2.3	1.9	1.4	0.9	0.9	—	1.3
中国	2.4	2.8	3.6	7.2	9.4	11.3	9.5	9.2	9.9
丹麦	2.5	3.4	3.1	4.4	2.9	1.1	1.3	1.8	1.7
芬兰	8.8	5.1	6.5	3.6	4.6	4.6	3.4	2.9	2.3
法国	1.4	0.8	0.6	-0.6	-0.7	-1.2	-2.8	-2.7	-2.9
德国	2.0	2.0	4.7	5.2	6.1	7.6	7.3	6.8	6.5
希腊	-6.5	-6.6	-5.8	-7.4	-11.1	-14.1	-14.0	-14.1	-11.5
中国香港	7.6	10.4	9.5	11.4	12.1	13.5	11.7	10.3	6.7
冰岛	1.5	-4.8	-9.8	-16.1	-25.4	-14.6	-18.2	-13.7	-5.5
印度	1.4	1.5	0.1	-1.3	-1.1	-1.4	-2.8	-3.1	-2.1
爱尔兰	-1.0	—	-0.6	-3.5	-3.6	-5.4	-5.0	-4.4	-3.2
以色列	-0.8	1.2	2.4	3.2	5.9	3.2	0.4	0.5	1.5
意大利	-0.8	-1.3	-0.9	-1.6	-2.6	-2.5	-2.8	-2.4	-1.0
日本	2.9	3.2	3.7	3.6	3.9	4.8	4.0	3.7	2.8
韩国	1.0	2.0	4.1	1.9	0.6	0.6	-1.3	-0.7	—
荷兰	2.5	5.5	7.5	7.1	8.2	6.8	5.6	5.1	4.2
新西兰	-3.9	-4.3	-6.4	-8.5	-8.7	-8.2	-9.3	-8.1	-5.6
挪威	12.6	12.3	12.7	16.3	17.3	15.4	19.1	18.0	17.7
葡萄牙	-8.1	-6.1	-7.6	-9.5	-10.1	-9.8	-12.0	-12.7	-11.2
俄罗斯	8.4	8.2	10.1	11.0	9.5	5.9	6.5	3.4	-3.2
新加坡	12.6	23.2	16.7	18.6	21.8	24.3	19.1	17.0	17.5
西班牙	-3.3	-3.5	-5.3	-7.4	-8.9	-10.1	-10.1	-7.7	-5.6
瑞典	5.0	7.2	6.7	6.8	8.5	8.5	6.4	5.8	4.1
瑞士	8.3	12.9	12.9	13.6	14.7	16.6	9.3	8.7	12.0
中国台湾	8.9	10.0	6.0	4.9	7.2	8.6	7.8	6.5	4.9
英国	-1.7	-1.6	-2.1	-2.6	-3.4	-3.8	-3.6	-3.4	-3.0
美国	-4.4	-4.8	-5.3	-5.9	-6.0	-5.3	-4.6	-3.3	-2.8

注：①因为数据来源不同，本表中美国的经常项目差额数据与表 5－1 中并不完全一致；②这里的“其他先进经济体”指除去美国、欧元区国家和日本以外的先进经济体。③指 2002～2006 年间有债务拖欠或重组经历的国家。

资料来源：IMF，*World Economic Outlook*，2008 年 10 月。

表 5－3 储备资产变动*：部分国家和地区（2000～2007 年）

单位：亿美元

国家和地区	2000	2001	2002	2003	2004	2005	2006	2007
欧元区	161.5	164.5	－29.8	328.0	155.6	229.1	－25.6	－60.3
澳大利亚	13.6	－11.0	－1.2	－68.8	－11.7	－72.6	－97.2	351.5
巴西	22.6	－33.1	－3.1	－84.8	－22.4	－43.2	－305.7	－874.8
加拿大	－37.2	－21.7	1.9	32.6	28.4	－13.4	－8.3	－39.1
中国	－106.9	－474.5	－752.2	－1165.9	－2061.5	－2073.4	－2468.6	－4617.4
中国香港	－100.4	－46.8	23.8	－9.9	－32.9	－13.8	－60.2	－147.0
捷克	－8.4	－17.9	－66.2	－4.4	－2.6	－38.8	－0.9	—
丹麦	55.2	－33.2	－55.5	－46.7	14.3	15.1	59.9	2.1
埃及	13.1	5.1	－0.6	－3.9	－6.8	－63.2	－36.1	—
芬兰	－3.5	－4.1	1.2	5.1	－8.1	1.8	43.2	－3.2
法国	24.4	55.7	39.7	－12.9	－41.1	90.5	－117.8	3.3
德国	52.2	54.7	19.8	6.8	18.1	26.0	36.5	－12.3
希腊	－25.7	57.0	－18.6	47.2	32.8	1.0	－2.8	—
印度	－60.2	－86.9	－188.5	－256.6	－236.5	－145.5	－237.4	—
印度尼西亚	－50.5	13.7	－40.1	－42.4	6.9	6.6	－69.0	－125.3
爱尔兰	－1.2	－4.0	2.9	18.9	14.3	17.8	1.1	－0.2
以色列	－10.1	1.0	8.0	－10.8	－2.8	－20.4	－4.3	16.9
意大利	－32.5	5.9	－31.7	－11.1	28.4	10.3	5.7	－18.9
日本	－489.6	－404.9	－461.3	－1871.5	－1608.5	－223.3	－319.8	－365.2
韩国	－237.9	－75.9	－117.7	－257.9	－386.8	－198.6	－220.9	－151.1
马来西亚	10.1	－10.0	－36.6	－101.8	－220.5	－36.2	－68.6	－131.4
墨西哥	－28.6	－73.4	－73.8	－98.3	－41.2	－69.8	12.9	—
荷兰	－2.2	3.5	1.3	4.4	9.1	17.9	－7.8	9.0
新西兰	1.4	1.9	－10.9	－7.8	－6.3	－24.2	－42.5	－30.9
巴基斯坦	0.1	－27.2	－45.2	－30.0	17.3	－1.8	－15.4	－19.8
菲律宾	0.7	－4.7	2.5	3.6	16.4	－16.2	－29.4	－85.7
葡萄牙	－3.7	－8.5	－10.2	64.6	18.6	17.4	23.6	—
俄罗斯	－160.1	－82.1	－113.8	－263.6	－452.4	－614.6	－1074.7	－1489.3
沙特阿拉伯	－26.6	19.1	－27.4	－16.1	－45.0	4.6	－8.9	—
新加坡	－68.2	9.2	－12.6	－67.0	－121.9	－123.1	－170.1	—
南非	－4.8	0.2	3.2	3.5	－63.2	－57.7	－37.1	－57.4
西班牙	28.8	13.4	－36.9	154.9	64.1	19.2	－5.8	－2.1
瑞典	－1.7	10.5	－6.7	－20.8	11.0	－2.5	－12.9	—
瑞士	12.1	－6.2	－25.5	－34.0	－16.2	182.1	－3.7	－34.6
土耳其	－3.8	27.2	－61.8	－40.3	－7.9	－178.5	－61.0	－80.7
英国	－53.0	44.6	6.3	25.9	－4.1	－17.3	13.0	－25.7
美国	－2.9	－49.3	－36.9	15.3	28.0	141.0	23.9	－1.3

注：*指一国货币黄金、特别提款权、在国际货币基金组织的储备头寸、外汇储备、其他债权等方面本年末与上年末余额之间的差额。负号表示储备资产增加，正号表示储备资产减少。

资料来源：IMF，Balance of Payments Statistics，2008 年 7 月；中国统计年鉴 2008 年。

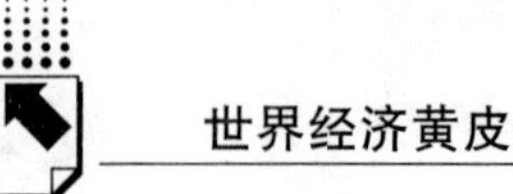

（六）国际贸易形势回顾

表 6－1　货物贸易进出口：世界部分国家和地区（2004～2007 年）

单位：亿美元

2007 年位次	国家和地区	货物出口			
		2004	2005	2006	2007
	世　界	92180	104820	121080	138980
1	德　国	9099	9709	11081	13265
2	中　国	5933	7620	9689	12179
3	美　国	8185	9043	10366	11632
4	日　本	5657	5949	6470	7128
5	法　国	4521	4634	4959	5522
6	荷　兰	3574	4064	4636	5506
7	意大利	3538	3731	4169	4915
8	英　国	3475	3845	4487	4356
9	比利时	3069	3344	3669	4323
10	加拿大	3165	3605	3881	4185
11	韩　国	2538	2844	3255	3716
12	俄罗斯	1832	2438	3039	3552
13	中国香港	2655	2921	3227	3497
14	新加坡	1986	2296	2718	2993
15	墨西哥	1891	2139	2504	2720
16	中国台湾	1824	1978	2237	2464
17	西班牙	1826	1926	2137	2420
18	沙特阿拉伯	1260	1807	2113	2286
19	马来西亚	1265	1410	1607	1762
20	瑞　士	1228	1309	1477	1716
21	瑞　典	1233	1310	1478	1682
22	奥地利	1184	1252	1368	1622
23	巴　西	967	1185	1378	1606
24	阿联酋	910	1173	1425	1540
25	泰　国	962	1102	1308	1525
26	印　度	766	996	1209	1452
27	澳大利亚	866	1061	1234	1411
28	挪　威	825	1038	1221	1394

续表6－1

2007年位次	国家和地区	货物进口			
		2004	2005	2006	2007
	世　界	95650	108530	124270	142110
1	美　国	15257	17327	19181	20170
2	德　国	7157	7771	9067	10594
3	中　国	5612	6600	7915	9558
4	日　本	4545	5149	5796	6210
5	英　国	4706	5137	6012	6172
6	法　国	4709	5041	5419	6132
7	意大利	3553	3848	4426	5046
8	荷　兰	3197	3638	4168	4906
9	比利时	2856	3187	3520	4158
10	加拿大	2799	3224	3577	3897
11	西班牙	2583	2888	3287	3736
12	中国香港	2729	3002	3358	3707
13	韩　国	2245	2612	3094	3566
14	墨西哥	2066	2318	2682	2966
15	新加坡	1736	2000	2387	2632
16	俄罗斯	974	1254	1647	2231
17	中国台湾	1692	1826	2030	2196
18	印　度	998	1428	1752	2167
19	土耳其	975	1168	1396	1700
20	澳大利亚	1094	1253	1393	1653
21	奥地利	1199	1273	1372	1618
22	波　兰	897	1016	1270	1608
23	瑞　士	1158	1265	1413	1608
24	瑞　典	1004	1117	1275	1500
25	马来西亚	1053	1146	1312	1470
26	泰　国	944	1182	1306	1413
27	巴　西	664	776	959	1266
28	阿联酋	721	847	979	1211

资料来源：WTO, Statistics Database Online, 2008年9月。

表 6－2　服务贸易进出口：世界部分国家和地区（2004～2007 年）

单位：亿美元

2007 年位次	国家和地区	服务出口			
		2004	2005	2006	2007
	世　界	22099	24694	27657	32573
1	美　国	3270	3616	3978	4544
2	英　国	1937	2058	2259	2634
3	德　国	1363	1496	1669	1973
4	日　本	949	1079	1225	1356
5	法　国	1118	1179	1176	1304
6	西班牙	853	939	1055	1275
7	中　国	621	739	914	1267
8	意大利	833	881	972	1089
9	荷　兰	718	782	802	909
10	爱尔兰	522	594	687	871
11	印　度	379	555	751	864
12	中国香港	551	637	723	818
13	比利时	506	541	573	729
14	新加坡	466	526	590	664
15	韩　国	405	437	504	643
16	瑞　典	386	425	499	627
17	丹　麦	363	440	527	615
18	加拿大	485	539	577	612
19	瑞　士	406	460	507	611
20	卢森堡	334	405	507	600
21	奥地利	375	421	457	538
22	希　腊	330	338	357	431
23	澳大利亚	278	304	324	397
24	挪　威	250	291	331	390
25	俄罗斯	205	247	307	383
26	中国台湾	255	256	289	304
27	泰　国	189	200	239	280
28	波　兰	134	162	205	280
29	马来西亚	170	195	217	280
30	土耳其	227	263	242	272

续表6－2

2006年位次①	国家和地区	服务进口			
		2004	2005	2006	2007
	世　　界	21233	23613	26270	30591
1	美　　国	2597	2822	3083	3356
2	德　　国	1899	2009	2133	2454
3	英　　国	1452	1601	1710	1933
4	日　　本	1303	1326	1440	1574
5	法　　国	973	1046	1069	1201
6	中　　国	716	832	1003	1289
7	意 大 利	817	883	980	1167
8	荷　　兰	686	724	787	890
9	爱 尔 兰	653	714	785	925
10	西 班 牙	588	667	779	968
11	加 拿 大	582	645	717	800
12	韩　　国	494	581	698	848
13	印　　度	353	475	631	781
14	新 加 坡	500	549	617	701
15	比 利 时	483	504	523	663
16	丹　　麦	334	376	461	556
17	俄 罗 斯	322	379	437	569
18	瑞　　典	330	351	396	480
19	中国香港	310	338	365	400
20	奥 地 利	279	307	332	373
21	中国台湾	299	314	326	352
22	泰　　国	229	270	322	379
23	澳大利亚	274	299	316	381
24	挪　　威	239	288	312	371
25	卢 森 堡	208	245	302	355
26	瑞　　士	236	272	286	326
27	巴　　西	161	224	271	336
28	阿 联 酋	147	189	241	—
29	马来西亚	190	218	235	271
30	墨 西 哥	193	209	223	243

注：①因为部分国家和地区2007年服务进口数据暂时无法得到，所以该表按2006年进口额排序。
资料来源：WTO，Statistics Database Online，2008年10月。

表 6-3　原油进出口量：世界部分国家和地区（2005～2007 年）*

单位：千桶/天，%

国家和地区	原油进口量			
	2005	2006	2007	2007 年占世界比重
北美	11024	10943	10855	24.8
加拿大	898	825	838	1.9
美国	10126	10118	10017	22.9
拉美	1937	1950	1944	4.4
巴西	420	427	434	1.0
智利	212	222	191	0.4
东欧	1097	1173	1206	2.8
保加利亚	124	142	143	0.3
罗马尼亚	177	179	176	0.4
前苏联	40	44	62	0.1
西欧	12035	11815	11672	26.7
比利时	645	637	666	1.5
法国	1722	1671	1646	3.8
德国	2301	2247	2190	5.0
意大利	1805	1753	1776	4.1
荷兰	1052	960	986	2.3
西班牙	1189	1208	1150	2.6
土耳其	470	484	473	1.1
英国	1078	1049	1018	2.3
中东	507	511	515	1.2
巴林	227	228	230	0.5
非洲	912	892	915	2.1
肯尼亚	36	37	38	0.1
摩洛哥	141	144	147	0.3
亚太地区	15538	16102	16622	38.0
澳大利亚	383	388	427	1.0
中国①	2547	2916	3277	7.5
印度	2053	2207	2396	5.5
印度尼西亚	342	290	298	0.7
日本	4131	4063	3986	9.1
新西兰	95	95	93	0.2
菲律宾	212	214	204	0.5
新加坡	1106	1184	1268	2.9
韩国	2329	2413	2392	5.5
中国台湾	1046	999	965	2.2
泰国	827	828	801	1.8
世界	43050	43386	43727	100.0

续表 6－3

国家和地区	原油出口量			
	2005	2006	2007	2007年占世界比重
北美	1378	1393	1422	3.2
加拿大	1358	1373	1401	3.1
美国	20	21	21	0.0
拉美	4739	4900	5164	11.5
哥伦比亚	231	234	244	0.5
厄瓜多尔	380	376	342	0.8
墨西哥	2021	2048	2115	4.7
委内瑞拉	1788	1919	2116	4.7
东欧	7727	8199	8553	19.1
前苏联	7723	8195	8550	19.1
西欧	3649	3765	3919	8.7
挪威	2314	2314	2333	5.2
英国	987	1091	1210	2.7
中东	16895	16944	16968	37.8
伊朗	2395	2377	2467	5.5
伊拉克	1472	1468	1643	3.7
科威特	1651	1723	1613	3.6
阿曼	761	769	783	1.7
卡塔尔	677	620	615	1.4
沙特	7209	7029	6962	15.5
阿联酋	2195	2420	2343	5.2
非洲	6482	6583	6883	15.4
阿尔及利亚	970	947	1254	2.8
安哥拉	947	1010	1158	2.6
刚果	237	238	239	0.5
加蓬	202	204	207	0.5
利比亚	1306	1426	1378	3.1
尼日利亚	2326	2248	2144	4.8
亚太地区	1961	1877	1923	4.3
澳大利亚	230	235	239	0.5
文莱	199	201	204	0.5
中国	161	126	76	0.2
印尼	374	301	319	0.7
马来西亚	383	391	401	0.9
越南	363	365	386	0.9
OPEC	23310	23491	24011	53.6
世界	42831	43661	44832	100.0

注：＊数据包括转口数据，每个地区只列出主要的而非全部国家和地区。①中国的原油进口量根据2006～2008年《中国统计年鉴》公布的进口吨数，按7.33桶/吨、一年365天估算而来。

资料来源：OPEC，*Annual Statistical Bulletin 2007*，www.opec.org。

（七）国际投资与资本流动回顾

表 7－1　国际投资头寸表*：部分国家和地区（2000～2007 年）

单位：亿美元

国　家	2000	2001	2002	2003	2004	2005	2006	2007
美　国								
金融账户总资产	62388	63087	66491	76381	93406	119616	143813	176400
对外直接投资	15316	16931	18670	20545	24985	26517	29360	33328
证券投资	24255	21697	20767	31695	38080	45987	59884	70485
股本证券	18528	16127	13740	20794	25604	33177	43290	51706
债务证券	5727	5571	7027	10901	12476	12810	16594	18779
金融衍生品	—	—	—	—	—	11900	12390	22846
其他投资	21532	23159	25467	22305	28445	33331	39981	46969
储备资产	1284	1300	1586	1836	1896	1880	2199	2772
金融账户总负债	75694	81776	86871	97246	115861	138867	166071	200818
外来直接投资	14210	15185	15000	15810	17427	19060	21516	24228
证券投资	38626	41538	43305	55463	66212	73378	88436	102982
股本证券	16432	15727	13358	18395	21233	23040	27919	31078
债务证券	22194	25812	29947	37068	44980	50338	60517	71904
金融衍生品	—	—	—	—	—	11321	11792	22011
其他投资	22858	25052	28566	25973	32221	35108	44328	51597
金融账户净投资	－13306	－18689	－20380	－20865	－22455	－19251	－22258	－24418
日　本								
金融账户总资产	29696	28815	30521	35998	41670	42909	46919	53552
对外直接投资	2784	3001	3042	3355	3705	3866	4496	5426
证券投资	13065	12898	13945	17213	20097	21149	23435	25236
股本证券	2623	2274	2108	2745	3647	4086	5104	5735
债务证券	10442	10624	11837	14469	16450	17063	18331	19501
金融衍生品	33	30	34	49	57	263	230	390
其他投资	10204	8882	8823	8650	9385	9201	9811	12827
储备资产	3610	4004	4676	6731	8425	8430	8948	9674
金融账户总负债	18117	15214	15899	19862	23825	27591	28838	31603
外来直接投资	503	503	781	897	970	1009	1076	1329
证券投资	8843	6658	6104	8672	11534	15424	17629	19429
股本证券	5502	3760	3399	5610	7433	11261	12550	12459
债务证券	3341	2897	2705	3061	4101	4164	5079	6970
金融衍生品	32	35	37	68	108	332	302	435
其他投资	8738	8018	8977	10225	11214	10826	9831	10410
金融账户净投资	11579	13601	14622	16136	17845	15318	18081	21949

续表 7－1

国　家	2000	2001	2002	2003	2004	2005	2006	2007
欧元区								
金融账户总资产	64271	68305	77810	100983	119950	129833	164707	207937
对外直接投资	16231	18376	21036	27421	31637	33168	40471	51529
证券投资	22061	22116	24035	33548	41362	45720	58445	69224
股本证券	11044	9822	8932	13778	17026	20344	26481	30122
债务证券	11017	12294	15103	19770	24335	25377	31964	39102
金融衍生品	985	1145	1396	1921	2151	2629	3732	6005
其他投资	21475	23208	27504	34220	40972	44540	57767	76066
储备资产	3520	3461	3839	3874	3828	3775	4292	5114
金融账户总负债	69019	71797	85307	110923	131984	139647	178312	226749
外来直接投资	12943	14658	19153	26303	30531	28856	34991	44106
证券投资	29801	29491	33902	45341	55655	60345	78598	99006
股本证券	15442	14488	14308	19850	24064	28724	38625	48059
债务证券	14359	15003	19594	25491	31591	31621	39973	50948
金融衍生品	965	1123	1528	2171	2658	3174	4305	5319
其他投资	25309	26525	30724	37108	43140	47272	60418	78317
金融账户净投资	－4748	－3492	－7497	－9940	－12034	－9814	－13605	－18812
中　国								
金融账户总资产	—	—	—	—	9299	12226	16442	22881
对外直接投资	—	—	—	—	527	645	906	1076
证券投资	—	—	—	—	920	1167	2292	2395
股本证券	—	—	—	—	—	—	15	189
债务证券	—	—	—	—	920	1167	2278	2206
其他投资	—	—	—	—	1666	2157	2515	4061
储备资产	—	—	—	—	6186	8257	10728	15349
金融账户总负债	—	—	—	—	6371	8001	10328	12661
外来直接投资	—	—	—	—	3690	4715	6125	7424
证券投资	—	—	—	—	566	766	1207	1426
股本证券	—	—	—	—	433	636	1065	1250
债务证券	—	—	—	—	133	130	142	176
其他投资	—	—	—	—	2115	2519	2996	3810
金融账户净投资	—	—	—	—	2928	4225	6114	10220

注：＊International Investment Position，表中数据为存量。

资料来源：IMF，International Financial Statistics，2008 年 9 月。

表 7-2-1 FDI 流量：世界部分国家和地区（2005~2007 年）

单位：亿美元

国家和地区	流入量			流出量		
	2005	2006	2007	2005	2006	2007
世界	9587	14110	18333	8808	13232	19965
发达国家	6113	9409	12476	7489	10872	16921
欧洲	5055	5993	8485	6898	7369	12165
比利时	343	644	406	326	566	497
法国	850	782	1580	1150	1214	2247
德国	420	552	509	689	947	1674
意大利	200	392	402	418	421	908
卢森堡	58	286	-365	90	36	516
荷兰	477	80	994	1358	471	312
瑞典	102	232	210	265	220	377
英国	1779	1482	2240	800	868	2658
北美	1317	2995	3415	450	2608	3676
加拿大	270	628	1087	296	391	538
美国	1048	2367	2328	154	2217	3138
其他发达国家	-259	421	576	141	895	1080
澳大利亚	-353	257	223	-335	226	242
百慕大	0	1	0	0	4	4
日本	28	-65	225	458	503	735
发展中国家	3164	4130	4997	1176	2123	2531
非洲	295	458	530	23	78	61
埃及	54	100	116	1	1	7
赤道几内亚	19	17	17	—	—	—
南非	66	-5	57	9	67	37
拉美和加勒比国家	764	929	1263	358	633	523
巴西	151	188	346	25	282	71
英属维尔京群岛	-76	68	46	79	120	226
墨西哥	209	193	247	65	58	83
亚太地区	2106	2743	3205	795	1411	1948
中国	724	727	835	123	212	225
中国香港	336	451	599	272	450	532
印度	76	197	230	30	128	136
印度尼西亚	83	49	69	31	27	48
韩国	71	49	26	43	81	153
马来西亚	40	60	84	30	60	110
新加坡	139	247	241	69	122	123
中国台湾	16	74	82	60	74	111
东南欧和独联体国家	310	572	859	143	237	512
东南欧地区	48	100	119	3	4	14
独联体地区	261	472	740	140	233	499
哈萨克斯坦	20	62	103	-1	-4	32
俄罗斯	129	324	525	128	232	457
除中国外所有发展中国家	2440	3403	4162	1053	1911	2307

资料来源：联合国贸发会，*World Investment Report*，2008。

表7－2－2　FDI存量：世界部分国家和地区（1990～2007年）

单位：亿美元

国家和地区	流入存量			流出存量		
	1990	2000	2007	1990	2000	2007
世界	19413	57867	152106	17853	61482	156023
发达国家	14126	39876	104586	16404	52651	130422
欧洲	8089	23086	72671	8875	33297	88484
法国	978	2598	10261	1124	4451	13990
德国	1112	2716	6297	1516	5419	12360
意大利	600	1212	3648	602	1803	5201
荷兰	687	2437	6734	1069	3055	8513
瑞典	126	940	2545	507	1233	3086
英国	2039	4386	13477	2293	8978	17051
北美	5078	14696	26138	5153	15539	33120
加拿大	1128	2127	5207	848	2376	5207
美国	3949	12569	20930	4305	13162	27913
其他发达国家	959	2094	5777	2376	3815	8818
澳大利亚	736	1111	3123	305	854	2779
日本	99	503	1329	2014	2784	5426
新西兰	79	249	713	44	85	142
发展中国家	5286	17383	42467	1449	8618	22881
非洲	590	1526	3934	198	442	728
埃及	110	200	505	2	7	18
尼日利亚	85	238	628	12	41	55
南非	92	44	935	150	323	546
拉美和加勒比国家	1105	5029	11400	581	2047	4932
巴西	371	1223	3285	410	519	1298
英属维尔京群岛	1	321	616	9	671	1549
墨西哥	224	972	2657	27	83	447
亚太地区	3591	10827	27133	669	6130	17221
中国	207	1933	3271	45	278	958
中国香港	2017	4555	11845	119	3884	10266
印度	17	175	762	1	19	294
印度尼西亚	87	251	590	1	69	214
韩国	52	381	1196	23	268	662
马来西亚	103	527	767	8	159	582
菲律宾	45	182	190	4	20	56
沙特阿拉伯	219	176	761	21	50	221
新加坡	305	1126	2497	78	568	1495
中国台湾	97	195	486	304	667	1584
泰国	82	299	857	4	22	70
越南	17	206	402	—	—	—
东南欧和独联体国家	0	608	5052	—	213	2721
俄罗斯	—	322	3241	—	201	2552
除中国外所有发展中国家	5079	15449	39197	1404	8341	21923

资料来源：联合国贸发会，*World Investment Report*，2008。

（八）全球大公司排名

表8－1　全球竞争力指数：部分国家和地区（2008年）*

国家和地区	全球竞争力总指数		基本环境指数		效率促进指数		创新因素指数	
	位次	分数	位次	分数	位次	分数	位次	分数
美　国	1	5.74	22	5.50	1	5.81	1	5.80
瑞　士	2	5.61	2	6.14	8	5.35	2	5.68
丹　麦	3	5.58	4	6.14	3	5.49	7	5.37
瑞　典	4	5.53	6	6.00	9	5.35	6	5.53
新加坡	5	5.53	3	6.14	2	5.52	11	5.16
芬　兰	6	5.50	1	6.18	13	5.21	5	5.53
德　国	7	5.46	7	5.96	11	5.22	4	5.54
荷　兰	8	5.41	10	5.81	7	5.38	9	5.20
日　本	9	5.38	26	5.36	12	5.22	3	5.65
加拿大	10	5.37	8	5.84	5	5.44	16	4.96
中国香港	11	5.33	5	6.05	6	5.43	21	4.69
英　国	12	5.30	24	5.46	4	5.45	17	4.93
韩　国	13	5.28	16	5.71	15	5.15	10	5.20
奥地利	14	5.23	9	5.81	20	5.03	12	5.16
挪　威	15	5.22	14	5.76	14	5.19	18	4.91
法　国	16	5.22	13	5.76	16	5.09	14	5.08
中国台湾	17	5.22	20	5.53	18	5.06	8	5.26
澳大利亚	18	5.20	15	5.75	10	5.31	22	4.66
比利时	19	5.14	18	5.60	21	5.02	15	5.02
冰　岛	20	5.05	11	5.80	22	4.89	19	4.82
马来西亚	21	5.04	25	5.42	24	4.82	23	4.63
爱尔兰	22	4.99	32	5.24	19	5.05	20	4.72
以色列	23	4.97	41	5.06	23	4.84	13	5.10
新西兰	24	4.93	19	5.58	17	5.07	28	4.26
卢森堡	25	4.85	12	5.78	27	4.69	24	4.51
卡塔尔	26	4.83	21	5.50	31	4.53	35	4.14

续表 8－1

国家和地区	全球竞争力总指数		基本环境指数		效率促进指数		创新因素指数	
	位次	分数	位次	分数	位次	分数	位次	分数
沙　特	27	4.72	34	5.21	45	4.35	37	4.09
智　利	28	4.72	36	5.15	30	4.58	44	4.00
西班牙	29	4.72	27	5.34	25	4.75	29	4.25
中　国	30	4.70	42	5.01	40	4.41	32	4.18
泰　国	34	4.60	43	4.97	36	4.45	46	3.91
葡萄牙	43	4.47	37	5.14	34	4.47	43	4.03
南　非	45	4.41	69	4.41	35	4.46	36	4.13
意大利	49	4.35	58	4.53	42	4.38	31	4.19
印　度	50	4.33	80	4.23	33	4.49	27	4.29
俄罗斯	51	4.31	56	4.54	50	4.29	73	3.56
波　兰	53	4.28	70	4.39	41	4.39	61	3.70
印度尼西亚	55	4.25	76	4.25	49	4.29	45	3.98
墨西哥	60	4.23	60	4.47	55	4.16	70	3.60
匈牙利	62	4.22	64	4.43	48	4.31	55	3.75
巴　西	64	4.13	96	3.98	51	4.28	42	4.04
希　腊	67	4.11	51	4.66	57	4.16	68	3.65
越　南	70	4.10	79	4.23	73	3.94	71	3.59
菲律宾	71	4.09	85	4.17	68	4.02	67	3.65
埃　及	81	3.98	83	4.18	88	3.70	74	3.54
秘　鲁	83	3.95	94	4.02	69	4.01	83	3.40
阿根廷	88	3.87	89	4.12	81	3.76	81	3.43
巴基斯坦	101	3.65	110	3.67	89	3.67	85	3.39
委内瑞拉	105	3.56	111	3.65	94	3.55	116	2.98
乍　得	134	2.85	133	2.96	134	2.69	131	2.70

注：＊全球竞争力总指数由基本环境指数、效率促进指数和创新因素指数三个子指数加权组成。其中基本环境指数包括体制、基础设施、宏观经济稳定、医疗和基础教育4个方面；效率促进指数包括高等教育和培训、产品市场效率、劳动力市场效率、金融市场发展程度、技术条件、市场规模6个方面；创新因素指数包括商务环境和创新2个方面。共有134个国家和地区参加排名。

资料来源：世界经济论坛（World Economic Forum），*Global Competitiveness Report 2008－2009*。

表 8－2－1 《财富》全球前 50 家大公司排名(2007 年)

排名		公司名称	总部	营业收入		利润		总资产	股东权益		雇员人数	
2007年	2006年			亿美元	年增长率(%)	亿美元	年增长率(%)	亿美元	亿美元	排名	万人	排名
1	1	沃尔玛	美国	3788	7.9	127	12.8	1635	646	37	206	1
2	2	埃克森美孚	美国	3728	7.4	406	2.8	2421	1218	8	11	154
3	3	皇家壳牌石油	荷兰	3558	11.6	313	23.1	2695	1240	6	10	161
4	4	英国石油	英国	2914	6.2	209	-5.3	2361	937	17	10	180
5	6	丰田汽车	日本	2302	12.4	150	7.0	3261	1193	10	32	29
6	7	雪佛龙	美国	2108	5.1	187	9.0	1488	771	22	7	262
7	13	荷兰国际集团	荷兰	2015	27.3	127	31.1	19190	544	49	12	135
8	10	道达尔	法国	1873	11.2	180	22.2	1660	656	33	10	181
9	5	通用汽车	美国	1824	-12.1	-387	—	1489	-371	500	27	40
10	9	康菲石油	美国	1786	3.5	119	-23.5	1778	890	18	3	389
11	8	戴姆勒	德国	1772	-6.8	55	34.5	1975	537	51	27	37
12	11	通用电气	美国	1767	5.0	222	6.6	7953	1156	11	33	25
13	12	福特汽车	美国	1725	7.7	-27	—	2793	56	403	25	44
14	20	富通	比利时/荷兰	1649	36.0	55	0.1	12737	483	55	6	268
15	15	安盛	法国	1628	16.5	78	21.6	10570	667	32	10	164
16	17	中国石化	中国	1593	21.0	42	12.5	1363	484	54	63	5
17	14	花旗集团	美国	1592	8.5	36	-83.2	21876	1136	13	38	18
18	16	大众汽车	德国	1491	12.6	56	63.5	2125	466	58	33	24
19	36	德克夏银行	比利时	1477	54.0	35	0.5	8839	212	162	4	375
20	22	汇丰控股	英国	1465	27.0	191	21.2	23543	1282	5	32	27
21	25	巴黎国民银行	法国	1407	28.9	107	16.8	24774	787	21	16	91
22	19	安联	德国	1406	12.2	109	23.8	15515	698	30	18	77
23	18	农业信贷银行	法国	1382	7.5	82	-9.0	22528	647	16	16	90
24	29	国家电网	中国	1329	24.0	44	97.6	1864	714	29	149	2
25	24	中国石油	中国	1298	17.4	149	12.5	2189	1418	4	112	3

续表 8－2－1

排名		公司名称	总部	营业收入		利润		总资产	股东权益		雇员人数	
2007年	2006年			亿美元	年增长率（%）	亿美元	年增长率（%）	亿美元	亿美元	排名	万人	排名
26	35	德意志银行	德国	1226	27.6	89	18	29539	542	50	8	217
27	26	埃尼	意大利	1206	10.6	137	18.5	1483	591	42	8	225
28	21	美国银行	美国	1192	1.9	150	－29.1	17158	1468	3	21	57
29	86	美国电话电报公司	美国	1189	88.6	120	62.5	2756	1154	12	31	31
30	33	伯克希尔哈撒韦	美国	1183	20.0	132	20.0	2732	1207	9	23	54
31	27	瑞银集团	瑞士	1172	8.7	－37	－137.4	20074	314	100	8	203
32	31	摩根大通	美国	1164	16.4	154	6.4	15622	1232	7	18	78
33	32	家乐福	法国	1156	15.2	32	10.6	759	156	230	49	7
34	30	忠利保险	意大利	1138	11.8	40	32.3	5593	216	158	7	254
35	23	美国国际集团	美国	1101	－2.8	62	－55.9	10605	958	15	12	143
36	54	苏格兰皇家银行	英国	1084	33.8	151	28.4	37832	1056	14	23	53
37	28	西门子	德国	1064	－0.8	51	35.8	1302	412	70	39	16
38	46	三星电子	韩国	1060	18.5	80	－3.8	998	552	48	14	113
39	99	安赛乐米塔尔	卢森堡	1052	78.7	104	98.4	1336	567	46	31	30
40	37	本田汽车	日本	1051	10.9	53	3.8	1267	457	61	18	81
41	41	惠普	美国	1043	13.8	73	17.2	887	385	78	17	83
42	34	墨西哥石油	墨西哥	1040	6.7	－17	－140.4	1219	46	422	14	114
43	49	法国兴业银行	法国	1034	22.4	13	－80.2	15670	398	73	13	123
44	38	麦克森	美国	1017	8.7	10	8.4	246	61	390	3	388
45	58	哈利法克斯苏格兰银行	英国	1003	26.5	81	13.4	13276	435	64	7	260
46	42	国际商用机器	美国	988	8.1	104	9.8	1204	285	114	39	15
47	52	俄罗斯天然气工业	俄罗斯	986	21.6	193	－5.2	2798	2023	1	44	10
48	48	日立	日本	983	12.2	－5	—	1058	218	156	39	14
49	43	瓦莱罗能源	美国	968	6.3	52	－4.2	427	185	189	2	432
50	45	日产汽车	日本	948	5.9	42	7.2	1200	389	77	16	99

资料来源：美国《财富》杂志，2008年7月。

表8-2-2 《财富》全球500家大公司行业表现排名（2007年）

排名	行　业	公司数	营业收入亿美元
1	商业及储蓄银行	67	37937.2
2	石油加工	39	32938.5
3	汽车与零部件制造	33	20754.1
4	食品与药物销售	22	10526.6
5	电讯	22	10513.2
6	人寿健康保险(股份)	19	9464.2
7	电子与电气设备制造	17	9152.7
8	财产意外保险(股份)	15	7493.3
9	公用事业	19	7367.0
10	一般商品销售	8	6214.0
11	金属	13	4590.2
12	制药	12	4157.3
13	航天与国防	12	4157.3
14	计算机办公设备制造	11	4147.1
15	采矿与原油生产	12	3915.2
16	多元化金融	7	3681.8
17	化学	11	3675.4
18	专业零售	10	3648.5
19	能源	6	3618.0
20	工程建筑	14	3348.8
21	邮递、包裹与货运	7	3244.6
22	批发业:健康保健	5	3158.2
23	贸易	10	3101.0
24	证券	4	2990.7
25	人寿健康保险(互助)	8	2631.8
26	消费类食品	5	2414.8
27	健康服务:保险,管理式医疗保健	5	2070.8

续表 8-2-2

排名	行　业	公司数	营业收入亿美元
28	网络及其他通讯设备	5	1938.6
29	工业农业设备制造	7	1934.5
30	航空	7	1641.5
31	其他行业	6	1577.9
32	建筑材料与玻璃制造	5	1564.8
33	信息技术服务	3	1423.7
34	娱乐服务	4	1368.3
35	家庭及个人产品	4	1359.9
36	海运	4	1128.9
37	食品生产	3	1087.6
38	财产意外保险(互助)	3	1053.4
39	饮料制造	5	1038.0
40	铁路	3	989.6
41	健康服务:药房及其他	3	897.4
42	半导体及其他	3	877.5
43	烟草	3	807.5
44	批发业:食品杂货	3	752.0
45	计算机软件	2	691.2
46	食品服务	3	618.5
47	林业和造纸业	3	598.8
48	批发业:电子办公设备	2	584.7
49	临时救助	2	493.7
50	管道	2	471.1
51	汽车零售及服务	2	374.0
	合　　计	500	236184.8

资料来源：美国《财富》杂志，2008年7月。

表 8-2-3 《财富》全球 500 家大公司之中国公司（2007 年）

排名		公司名称	营业收入		利润		总资产	股东权益		雇员人数	
2007年	2006年		亿美元	比上年增长(%)	亿美元	比上年增长(%)	亿美元	亿美元	排名	万人	排名
16	17	中国石化	1593	21.0	42	12.5	1363	484	54	63	5
24	29	国家电网	1329	24.0	44	97.6	1864	714	29	149	2
25	24	中国石油天然气	1298	17.4	149	12.5	2189	1418	4	112	3
133	170	中国工商银行	515	39.9	107	73.4	11889	737	26	38	17
148	180	中国移动通信	471	31.0	84	34.6	997	637	38	15	110
159	192	中国人寿	434	28.9	29	1588.4	1649	100	314	11	151
171	230	中国建设银行	413	44.8	91	56.3	9034	576	44	30	34
187	215	中国银行	389	26.5	74	37.7	8203	576	45	24	48
223	277	中国农业银行	341	39.2	16	114.3	8283	121	269	45	9
226	237	中国南方电网	339	21.1	16	45.3	436	174	206	20	61
257	299	中化集团	302	30.7	6	86.9	149	35	446	2	420
259	307	宝钢集团	299	32.1	29	76.2	488	266	123	11	150
286	290	和记黄埔	280	18.5	39	52.1	1025	398	75	23	55
288	275	中国电信	279	12.4	22	-1.9	742	553	47	39	12
303	385	一汽集团	264	41.0	7	842.8	180	27	467	13	124
341	342	中国中铁	237	15.7	4	191.6	295	76	361	27	39
349	—	来宝集团	235	70.7	3	91.9	67	16	488	1	472
356	384	中国铁道建筑总公司	233	24.5	4	489.0	215	7	495	20	64

续表8－2－3

排名		公司名称	营业收入		利润		总资产	股东权益		雇员人数	
2007年	2006年		亿美元	比上年增长(%)	亿美元	比上年增长(%)	亿美元	亿美元	排名	万人	排名
373	402	上汽集团	226	25.5	7	643.9	230	62	389	7	257
385	396	中国建筑工程总公司	221	21.8	7	129.8	227	18	483	10	167
398	405	中粮集团	212	18.1	5	74.2	166	44	428	8	220
405	488	中国远洋运输总公司	208	35.2	37	236.5	292	174	205	7	244
409	469	中国海洋石油总公司	206	28.7	36	20.6	423	229	145	5	297
412	435	中国五矿集团	205	21.4	5	230.5	102	24	476	4	336
426	—	中烎集团	200	38.6	4	57.5	241	52	412	8	208
437	457	怡和洋行	195	19.4	18	35.6	222	85	344	23	52
476	—	中国铝业集团	176	35.9	11	13.9	278	68	375	20	60
480	—	中冶集团	175	54.1	4	106.9	213	17	484	17	87
499	—	联想集团	168	15.1	5	200.4	72	16	487	2	425
备注:中国台湾											
132	154	鸿海精密	518	27.7	24	28.5	267	108	295	55	6
300	343	国泰金融控股	268	31.2	9	187.8	1136	70	368	4	362
324	327	中油公司	248	13.8	4	—	184	104	303	1	452
344	447	广达电脑	237	43.1	6	41.4	101	27	468	5	335
363	427	华硕电脑	230	33.5	8	42.3	119	50	415	10	172
395	456	台塑石化	213	31.1	21	55.0	152	80	352	1	483

资料来源：美国《财富》杂志，2008年7月。

后　记

面对变幻莫测的世界经济形势，我们深感对未来经济走势作出预测越来越难。尽管在上年度的分析报告中，我们对世界经济形势的判断和实际经济走势总体上是吻合的，并得到了社会的认可，但对次贷危机的影响程度仍然估计不足。目前，美国次贷危机已经演变为一场国际金融危机，并开始波及实体经济领域。对于这场危机的影响程度和持续时间，国内外学术界存在极大的分歧。我们力图对过去预测的偏差进行反思和纠正，以此为基础做出自己的判断。

在年初讨论本报告的热点问题时，我们选择了全球通货膨胀问题。虽然进入2008年第四季度之后，发达国家的通货膨胀压力出现了缓解的迹象，甚至2009年还存在通货紧缩的风险，但我们认为各国为缓解危机而大规模注入流动性的举措为未来的通货膨胀埋下了隐患。我们希望对此要保持一个清醒的认识。在组织全球通货膨胀问题的研究中，高海红研究员和张斌博士做出了辛苦的努力。在此，对他们的努力表示感谢。同时，感谢参与本报告写作和编辑的所有人员，他们来自于不同的机构，却合作得非常愉快。最后，社会科学文献出版社编辑人员在本书的出版过程中体现出高度责任感，我们对此表示感谢。

主　编
2008 年 11 月

世界经济黄皮书
2009 年世界经济形势分析与预测

主　　编 / 王洛林　李向阳
副 主 编 / 王立强

出 版 人 / 谢寿光
总 编 辑 / 邹东涛
出 版 者 / 社会科学文献出版社
地　　址 / 北京市东城区先晓胡同 10 号
邮政编码 / 100005
网　　址 / http：//www. ssap. com. cn
网站支持 /（010）65269967
责任部门 / 皮书出版中心（010）85117872
电子信箱 / pishubu@ ssap. cn
项目经理 / 邓泳红
责任编辑 / 任文武
责任校对 / 崔冬梅　王国毅
责任印制 / 岳　阳
品牌推广 / 蔡继辉

总 经 销 / 社会科学文献出版社发行部
（010）65139961　65139963
经　　销 / 各地书店
读者服务 / 市场部（010）65285539
排　　版 / 北京中文天地文化艺术有限公司
印　　刷 / 北京季蜂印刷有限公司

开　　本 / 787 × 1092 毫米　1/16
印　　张 / 19
字　　数 / 324 千字
版　　次 / 2008 年 12 月第 1 版
印　　次 / 2008 年 12 月第 1 次印刷

书　　号 / ISBN 978 - 7 - 5097 - 0513 - 1/F · 0179
定　　价 / 49. 00 元（赠光盘）

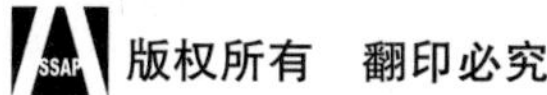